天津市哲学社会科学规划重点委托项目

（编号：TJKSZDWT1819-08）结项成果

臧学英 等◎著

一项历史性工程：

京津冀协同发展战略研究

天津出版传媒集团

天津人民出版社

图书在版编目(ＣＩＰ)数据

一项历史性工程:京津冀协同发展战略研究 / 臧学英等著. -- 天津:天津人民出版社,2021.9

ISBN 978-7-201-17592-8

Ⅰ.①一… Ⅱ.①臧… Ⅲ.①区域经济发展—协调发展—研究—华北地区 Ⅳ.①F127.2

中国版本图书馆 CIP 数据核字(2021)第 174505 号

一项历史性工程:京津冀协同发展战略研究
YI XIANG LISHIXING GONGCHENG

出　　版	天津人民出版社
出 版 人	刘　庆
地　　址	天津市和平区西康路35号康岳大厦
邮政编码	300051
邮购电话	(022)23332469
电子信箱	reader@tjrmcbs.com

策划编辑	王　康
责任编辑	王　玚
装帧设计	卢炀炀

印　　刷	天津新华印务有限公司
经　　销	新华书店
开　　本	710毫米×1000毫米　1/16
印　　张	19
插　　页	2
字　　数	220千字
版次印次	2021年9月第1版　2021年9月第1次印刷
定　　价	92.00元

序

  2014年2月26日，中共中央总书记、国家主席、中央军委主席习近平在北京主持召开座谈会，专题听取京津冀三地工作汇报，并在讲话中首次将京津冀协同发展上升为重大国家战略，由此掀开了京津冀区域发展新的历史篇章。近八年，习近平总书记亲自谋划、亲自部署、亲自推动，对京津冀协同发展作出一系列重要论述，京津冀协同发展取得显著成效。从一体化到协同发展，京津冀区域发展问题一直是国家区域发展战略的核心问题之一。作为中国北方最大的城市集聚发展区，相对于中部的长三角区域和南部的珠三角区域而言，京津冀区域规模更为庞大、结构更为复杂、内部发展不平衡不协调矛盾更为突出，这也是京津冀区域一体化研究由来已久，实践推进却进展缓慢的重要原因。2014年，以习近平同志为核心的党中央立足新起点、着眼新时代，做出推进京津冀协同发展的决策部署，将京津冀协同发展上升为重大国家战略，从而掀开了京津冀区域发展新篇章，启动了中国区域全面协调发展新航程。京津冀协同发展是在地域广阔、人口众多、内部极端不平衡现象严重区域，实现局域全面高质量发展的新探索，是以区域协同激发局部活力、引领全面协调发展、推进改革开放的新实践。

  将京津冀协同发展上升为国家重大战略，体现了京津冀区域在全国发展大局中的重要战略地位和作用，它不仅关乎祖国首都形象、关乎占全国近十分之一人口的全面小康、关乎中国经济区域发展第三极的崛起，也关乎全国实现全面协调可持续发展、实现改革开放新进展、实现中华民族伟大复兴中国梦的大局。

首先，建设以首都为核心的世界级城市群是深度融入经济全球化的需要。京津冀城市群规模大、结构清晰，是经济集聚发展的优质载体，但长期以来形成的空间结构矛盾和功能结构矛盾不仅限制了城市群整体发展，更阻碍了核心城市功能的发挥。通过推进区域协同发展，形成功能布局和空间结构合理的世界级城市群，特别是促进世界级城市功能发挥，有助于提升我国的国际竞争力和全球化发展的参与度。

其次，建设优势互补互利共赢的高质量发展区是中国区域全面协调发展的本质要求。京津冀区域地域广阔、体量庞大，总面积21.71万平方千米，约占全国总面积的2.3%，总人口11248万，占全国人口总数的8.1%，占全国国内生产总值的9.5%，是中国三个较成熟的集聚发展区之一。作为中国北方最成熟的经济发展区，京津冀区域在带动整个环渤海地区发展，辐射东北、西北广大内陆地区发展等方面发挥了重要的龙头作用，也就是说，京津冀区域的高质量发展不仅意味着占全国比重近10%的经济发展、占全国总人口近10%的人民生活有了更高水平的保障，也意味着对广大不发达地区形成了更强大的带动力量。

最后，构筑联结东西联通内外的对外交往高平台是融入开放型世界经济体系的必然要求。京津冀区域紧拥渤海湾、遥望太平洋，拥有多个优质港口，区位优势明显，是中国对外开放的前沿阵地，是内陆地区对外交往的重要通道，是"一带一路"建设的关键节点。京津冀区域高质量发展的过程实际上也是中国建设高水平对外开放桥头堡的过程，在一个日益开放的世界经济体系中，有助于中国更快更好地在全球化发展中发挥更重要作用。

京津冀协同发展意义重大，需要系统布局、科学规划、全面落实。京津冀区域协同发展战略实施五年多以来，关于如何推动京津冀协同发展，习近平做出了许多高屋建瓴的指示，体现了他对中国经济社会发展阶段的精准把握、对市场经济发展规律的灵活运用、对京津冀区域现实问题的深刻思考，是习近平新时代中国特色社会主义思想的重要体现。五年来，京津冀协同发展取得的重大成就得益于京津冀协同发展重大国家战略的正确指引，更得益于习近平对京津冀协同发展战略思想的理论指导。而如何进一步深化京津冀协同发展战略、推动京津冀协同发展取得更大突破性进展，也是理论界需要探讨研究的重大课题。基于此，本书系统地研究梳理了京津冀协同发展战略提出的背景、发展蓝图和各领域实践成果，从理论高度深入挖掘了京津冀协同发展战略所体现的习近平治国理政的大思维、大视野、大手笔。全书共分为九章，以分析京津冀协同发展战略提出的背景、阐述京津冀协同发展战略的科学内涵、明确京津冀协同发展战略的重大意义为基础，以京津冀协同发展战略实施五年来所取得的进展和成就为依托，以习近平关于京津冀协同发展的重要论述为主线，研究追溯了习近平提出京津冀协同发展战略所依据的马克思主义哲学及政治经济学原理、西方区域经济理论渊源，探讨梳理了京津冀协同发展战略对中国特色社会主义区域经济思想的传承、发展、完善的理论脉络，揭示了京津冀协同发展战略的理论价值。

通过对习近平关于京津冀协同发展重要论述的梳理、挖掘和研究，本书希望系统全面呈现京津冀协同发展战略的理论框架和实践本质，以更直观、更理性、更深入的方式呈现习近平统筹全面协调发展的大智慧，呈现马克思主义基本原理与中国改革实践相结合的最新成果。本书希望为各界提供一个全面了解京津冀、了解京津冀协同发展战略的视角，为全面实施京津冀协同发展重大国家战略、进一步推动京津冀协同发展贡献智慧与力量。

臧学英于津门

2021 年 7 月

目　录

Contents

第一章

绪论

　　党的十八大以来，以习近平同志为核心的党中央，带领全国人民，紧紧围绕实现两个百年的奋斗目标和中华民族伟大复兴的中国梦，举旗定向、谋篇布局、攻坚克难、强基固本，开创了治国理政和各项事业发展的新篇章。在治国理政的伟大实践中，习近平总书记以非凡的理论勇气、卓越的政治智慧、坚韧不拔的历史担当精神，把握新时代大趋势，顺应人民新期待，解答实践新要求，形成和提出了一系列治国理政新理念、新思想、新战略。京津冀协同发展战略即是其中的重要内容。党的十八大以来习近平新时代中国特色社会主义思想这一科学完整的理论体系，作为党和人民实践经验和集体智慧的结晶，是马克思主义基本原理与中国具体实践相结合的又一次历史性飞跃，是全党全国人民推进中国特色社会主义建设事业的行动指南。京津冀协同发展战略思想是习近平新时代中国特色社会主义思想的有机组成部分，不仅为实现京津冀协同发展指明了方向、规划了路线图，同时也展现了习近平新时代中国特色社会主义思想的理论价值和实践光辉。贯彻落实习近平关于京津冀协同发展的重要指示精神，准确把握京津冀协同发展战略思想的精神实质，积极投身于京津冀协同发展的伟大实践，是确保完成京津冀协同发展 2030 年奋斗目标的客观要求，也是夺取新时代中国特色社会主义伟大胜利、实现中华民族伟大复兴的必然选择。

第一节 京津冀协同发展战略提出的背景

京津冀协同发展是由习近平亲自谋划、亲自推动的重大国家战略。他一直十分关心京津冀一体化发展问题。2013 年 5 月，他在天津调研时就提出，要谱写新时期社会主义现代化的京津"双城记"。2013 年 8 月，习近平在北戴河主持研究河北发展问题时，提出要推动京津冀协同发展。此后，习近平多次针对京津冀协同发展作出重要指示。

2014 年 2 月 26 日，习近平主持召开座谈会，专题听取京津冀协同发展工作汇报，强调实现京津冀协同发展是一个重大国家战略。他指出："实现京津冀协同发展，是面向未来打造新的首都经济圈、推进区域发展体制机制创新的需要，是探索完善城市群布局和形态、为优化开发区域发展提供示范和样板的需要，是探索生态文明建设有效路径、促进人口经济资源环境相协调的需要，是实现京津冀优势互补、促进环渤海经济区发展、带动北方腹地发展的需要，是一个重大国家战略，要坚持优势互补、互利共赢、扎实推进，加快走出一条科学持续的协同发展路子来。"可见，京津冀协同发展重大国家战略的提出，不仅仅着眼于解决京津冀区域发展中的现实问题，也是基于党中央对国际国内发展大背景的深刻变化和对中国发展历史方位的精准判断而做出的战略安排。

一、构建开放型世界经济新体系需要中国的深度参与

随着世界经济的发展变化，由少数国家主导的世界经济格局逐渐被多方参与所取代。作为一个正在稳步前行的发展中大国，中国越来越多地参与

到世界经济运行体系中。当前,世界舞台上多种力量的持续博弈正在将世界经济推向一个更加开放的新阶段,在这一过程中,中国所发挥的正能量是举世瞩目的。从 2008 年爆发国际金融危机,到提出共建"一带一路",再到创办亚投行和主办 2016 年二十国集团杭州峰会,中国对世界经济的影响已经不再是简单的经济总量和增速的数字概念,而是参与和倡导着一种国际多边合作发展的新模式,这种新模式推动着世界经济格局的不断完善,推动着人类命运共同体的逐渐形成,推动着世界经济迈上一个更加开放的新层级。毫无疑问,开放型的世界经济体系需要中国的深度参与。而在这一过程中,区域经济的发展对于中国力量的发挥具有十分重要的战略意义。无论是日臻成熟的珠三角、长三角,还是正在成长中的京津冀,都是中国参与国际经济交往的重要平台,在世界区域经济板块的调整中发挥了重要作用。京津冀协同发展,着力点在区域经济,落脚点在全国发展,而着眼点却是更加开放的世界经济新体系建设。

(一)为世界格局调整贡献中国力量

当前,世界经济发展面临两大课题,即增长与全球化。这两个课题的破解和推动都对发展中国家的区域经济发展提出新的要求。

第一,破解世界经济增长步入瓶颈阶段的难题需要发展中国家贡献更多力量。根据世界银行的统计数据,世界经济增长从 20 世纪 60 年代以后就一直处于震荡下降的趋势中。在 1960—2018 年的五十多年间,世界经济每十年的平均增速也在以明显的速度递减着,2010—2018 年的 9 年平均增速在 3% 左右,这个水平仅相当于 20 世纪 60 年代平均水平的一半。在世界经济增长持续趋缓的过程中,有两种力量发挥了重要作用,但它们的作用方向正好相反。一方面,美国、日本等主要发达经济体经济持续低迷,对世界经济的贡献份额在不断缩减;另一方面,以中国为代表的新兴发展中国家经历了持续的高增长,对世界经济总量的贡献在不断增加,它们逐渐成为维持世界经济增长的稳定力量。但是推动全球经济回到中速甚至中高速增长轨道不仅是各国发展的迫切需求,也是人类发展的客观需要。在发达国家无力承担这一重任的前提下,发展中国家不可避免地成为拉动全球经济增长的希望。然而受国际环境和自身问题的双重影响,2008年以来,大多数发展中国家相继步入调整期,要想发挥其对世界经济增长的拉动作用,就必须激发发展中国家新的增长活力。众所周知,发展中国家普遍存在区域发展不平衡问题,虽然在一定程度上成为影响其整体发展的障碍,但也为其经济持续增长预留了更大的发展空间。许多发展中国家存在增长潜力巨大的发展区域,不断激发这些地区的增长活力能够有效推动发展中国家整体增长,对于世界经济的恢复和增长能够贡献不可小觑的力量。

第二,尽管世界经济增长举步维艰,但经济全球化的发展趋势是不可逆转的。在全球经济日益走向融合发展的大背景下,任何逆全球化的力量最终都会退出历史舞台。而深度参与经济全球化、融入经济全球化是世界各国包括中国都必须坚持的最终方向。当前,一些逆全球化的现象正在以伪自由化的面貌频繁出现,例如,个别发达国家的新贸易保护主义抬头;一些区域性的经济贸易联盟打着自由贸易的幌子行贸易壁垒之实;由于在世界政治格局中的地位不对等,发展中国家在国际经济交往中受到发达国家的不公正对待。造成这些现象的根本原因在于,在全球经济正在向更加开放的新体制过渡的背景下,一些在国际经济旧秩序中的既得利益者希望凭借各种手段仍然保持其在国际经济交往中的单边主导地位。但是随着发展中国家力量的日益增强,一个多方参与、合作共赢的世界经济新体系正在日渐成型。在这种多边参与的开放型世界经济体系中,各国之间的经济贸易往来以及在发展中的合作日益频繁和紧密。继续推进这种开放型世界经济格局的完善和稳定,要求世界各国、各地区之间进一步深化交流与合作。在这一过程中,不仅国家的整体实力和整体作用非常重要,其中的一些特殊发展区域也发挥着越来越重要的作用。特别是对于一些在国际政治经济板块中具有特殊战略地位的发展区域而言，充分发挥它们在国际经济交流合作中的重要战略作用，对于调整世界经济政治格局具有重大意义。

在推动世界经济增长和平衡全球经济格局的众多力量中，中国是最不容忽视的重要力量。而作为中国一个至关重要的发展区域，京津冀区域则具有非同寻常的战略地位和重大使命。

首先，京津冀区域发展潜力巨大，是拉动中国经济新一轮增长的重要潜在力量。尽管相对更加发达的长三角和珠三角区域而言，京津冀区域无论在经济发展水平、经济发展方式还是区域一体化程度上都相对落后。而正因如此，相对于比较成熟的长三角和珠三角区域而言，京津冀区域具有巨大的增长空间。通过区域协同发展充分调动区域内优势资源实现合理配置，激发创新发展活力，并进一步发挥区域集聚优势，形成新的增长高地，这一过程不仅是京津冀实现快速发展的过程，同时也是其发挥辐射带动作用，调动环渤海区域、东北地区和西北地区加快发展的过程。可见，加快京津冀区域发展是解决我国区域发展不平衡问题的关键，也是激发我国经济全面增长活力的关键。并且在世界经济增长亟须发展中国家力量推动的背景下，京津冀区域的总体发展不仅具有全局性战略意义，亦充分体现了党中央开放的世界眼光。

其次，京津冀区域具有独特的地理区位，在中国融入开放型世界经济中发挥着重要作用。京津冀区域是中国北方对外交往的重要通道，是辐射整个东北亚地区的国际性经济交往平台。提高京津冀区域的发展力、竞争力、承载力，将直接辐射带动东北亚地区形成新的世界区域发展力量，提高亚洲地区和发展中国家在国际经济事务中的话语权，在一定程度上平衡"北方"主导的世界经济格局，推动形成多方参与的、更加开放的世界经济新体系。

（二）为世界城市体系建设贡献中国智慧

在当今世界，经济发展的空间特征日益明显，一种新的区域增长力量正在迅速崛起并已经成为国际经济舞台上的关键角色，它们被称为世界城市群。自 20 世纪 70 年代末进入公众视野以来，世界城市群的发展日新月异，它们不仅是本国或者区域内经济增长的引擎，个别城市群甚至在某些特定时期成为世界经济增长的引擎。统计数据显示，2016 年世界六大城市群①经济总量几乎与整个欧盟的经济总量持平。当前，世界城市群的发展呈现以下主要特征：

第一，在世界城市体系中，城市群取代原有的中心城市成为影响世界城市格局的主要力量。城市群是城市发展到成熟阶段的最高空间组织形式。随着世界经济的快速发展，城市之间的经济联系日益紧密，特别是集聚在同一发展区域的若干城市之间，往往通过发达的交通、信息网络而形成空间组织紧凑、经济交往紧密的城市体系。与单纯的世界性政治、经济、文化、金融等中心城市相比，城市群能够更好地发挥整体优势，提高其在世界城市体系中的话语权。

第二，城市群已经成为区域经济增长的重要力量。从世界城市群发展的实践来看，它们均在不同时期，为本国或本地区经济发展发挥了重要的引擎作用。例如，包括芝加哥、底特律、克利夫兰、匹兹堡等城市在内的北美五大湖城市群，在 20 世纪初期，以钢铁工业、汽车制造业等为支撑开始了快速工业化进程，成为推动美国经济增长最重要的黄金经济带。

第三，城市群逐渐成为所在国参与国际竞争的主要力量。城市群的发展不仅体现了一个国家城市的发展水平和城市体系的成熟状态，还体现了区域整体发展能力，已经成为国际经济交往的重要平台，也是各国参与国际竞争的主要载体。但是世界级城市群在全球范围内的空间分布呈明显的不均衡性，目前公认的世界六大城市群两个分布在北美，两个分布在欧洲，两个分布在环太平洋沿岸，覆盖了北半球 50% 以上的地域。而南半球和北半球的整个

---

①　美国东北部城市群、北美五大湖城市群、日本太平洋沿岸城市群、英国中南部城市群、欧洲西北部城市群、中国长三角城市群。见米锦欣.世界城市群视角下中国三大城市圈的特征比较[J].商业经济研究,2017,(13):173–177.

东北亚地区没有世界级城市群分布。完善世界城市体系、带动世界经济均衡发展客观需要新的城市群的崛起。京津冀城市群地处东北亚地区核心位置，是东北亚地区国际经济交往的平台和枢纽。推动京津冀城市群协调发展、形成完善成熟的城市体系，提升城市群整体发展能力，能够有效提升整个东北亚地区城市转型升级，提高东北亚城市在世界城市体系中的地位，对于平衡世界城市体系空间布局具有重要意义。

推动京津冀区域打造世界级城市群不仅是顺应世界城市发展趋势的需要，同时也是中国深度融入开放型世界经济的需要。改革开放以来，伴随着中国经济的快速发展，中国城市迅速崛起，北京、上海、深圳等逐渐跻身世界中心城市之列，以这些城市为核心的城市群也处在不断发展的过程中。目前，中国已经形成规模较大的三个城市群——珠三角城市群、长三角城市群和京津冀城市群，但三个城市群发展水平和成熟度还存在较大差距。长三角城市群和珠三角城市群较为成熟，城市群整体集聚优势十分明显，经济发展水平较高，国际竞争力较强。特别是长三角城市群是目前国内发展能力最强的综合性城市群，是整个亚太地区重要的国际门户，全球重要的先进制造业基地，已经跻身世界六大城市群之列；珠三角城市群是中国参与经济全球化的主体区域，是具有全球影响力的加工制造和出口基地。这两个城市群的发展不仅提高了中国参与国际竞争的整体实力，同时也提升了中国在国际城市体系中的影响力。相对而言，京津冀城市群发展较为滞后，尽管京津冀城市群的体量远远大于长三角城市群和珠三角城市群，但经济总量和发展水平均落后于两大城市群。同时，从城市群内部结构来看，京津冀城市群城市间发展不平衡现象严重，卫星城对核心城市的支撑能力不强，尚未形成健康有序的城市群协同发展系统。在一个多方参与的开放型经济体系中，城市群作为区域经济的新生力量对国际经济交往的影响力越来越大。世界主要国家和地区都在努力发挥城市群的整体优势，以便在国际竞争中占据主导优势。城市群作为中国深度融入开放型世界经济体系的重要载体，也是中国提升国际地位的重要途径。近年来,长三角城市群和珠三角城市群的发展已经在很大程度上提升了中国的综合竞争能力,也提升了中国在世界城市体系中的地位。但是对于一个发展中大国来讲,两个城市群的带动能力仍是远远不够的。特别是在东北亚地区,中国的带动和辐射能力并没有充分发挥。京津冀城市群的培育和发展不仅是在中国广大北方地区打造一个新的增长极,同时也是为整个东北亚地区构建一个新的集聚高地和活力中心,从而打通中国经由东北亚参与世界经济舞台的廊道,同时也将整个东北亚地区推上世界经济发展的更高舞台。

(三)为发展中国家区域协调发展贡献中国方案

经过改革开放四十多年的发展,中国从世界不发达国家发展成为世界第二大经济体,用了几十年的时间走过了西方发达国家几百年时间才走完的工业化、城市化发展道路,创造了令世界惊叹的"中国奇迹"。与中国形成鲜明对比的是,一些发展中国家不顾本国国情,盲目信奉西方经济发展模式,照搬新自由主义经济模式和经验,结果要么是"水土不服",要么引发政局动荡,使国家和社会陷入混乱。综观世界经济发展史,中国总结经验,汲取教训,始终坚持走中国特色社会主义发展道路,拓展了发展中国家走向现代化的途径,走出了一条与发达国家不同的发展道路,创造了经济发展的"中国模式",创建了中国特色社会主义经济发展的智慧和方案,打破了西方国家鼓吹的经济发展固有模式,超越了西方经济理论的解释范畴,为广大发展中国家提供了另一种道路选择。

作为发展中大国,中国与很多发展中国家一样,存在着区域经济发展不平衡、城乡二元结构明显等问题。长期以来,中国经济呈现的南快北慢、东高西低发展态势,严重影响了中国经济整体高质量发展。与此同时,城乡之间差距较大,城市居民人均收入水平远高于农村居民,城市的道路、通信、卫生、教育、养老等基础设施和公共服务也远比农村发达。京津冀地区就是全国区域经济发展不平衡的一个缩影，其不仅反映了我国南北区域之间发展的不平衡，也暴露了区域内部发展的不平衡状态。从全国范围来看，在珠三角和长三角区域的引领下，中国华东和华南地区经济发展水平显著高于华北、西北、东北地区。虽然同为中国三大发展区域，但京津冀区域的整体发展水平远远落后于长三角地区和珠三角地区。从区域内部来看，京津冀三地之间发展的不平衡现象也十分突出。河北省的人均收入长期以来低于北京、天津两大直辖市。在北京、天津两大现代化大都市周边，河北省还存在一个环京津深度贫困带，曾经一度还有 28 个国家级贫困县。

中国经济发展的奇迹表明，因地制宜地走适合发展中国家的发展道路远远优于照搬西方发展模式。同样，中国区域协调发展的实践也将为发展中国家区域均衡发展提供一条新的发展路径和一种新的发展模式。中国以京津冀地区为标杆和示范，力求通过实施京津冀协同发展战略破解区域发展不平衡问题，走出一条中国特色的区域协调发展道路。其既能够示范中国特色社会主义区域协调发展模式的成功，向发展中国家展示中国方案，贡献中国智慧，又能够为既想实现快速发展又想保持自身独立性的广大发展中国家提供中国经验和中国方案。

二、中国特色社会主义进入新时代的新要求

党的十九大报告指出："中国特色社会主义进入新时代，这是我国发展新的历史方位。"站在新的历史方位，中国经济社会的发展不仅面临国际环境的挑战，其内部发展的诸多深层次问题也不断显现。推动中国的可持续发展迫切需要树立新理念、探索新模式、走出新道路。京津冀区域是一个十分特殊的区域。首先，在全国区域经济发展格局中具有重要战略地位；其次，虽然同为中国三大发展区域，但与珠三角和长三角区域相比，京津冀区域发展较为落后，但却具有极大发展空间；最后，京津冀区域发展中的各种矛盾和

问题是当前中国整体发展问题的集中体现。因此,推动京津冀协同发展,提升区域整体发展能力和辐射带动作用,是新时代解决中国区域不平衡发展问题、转型期发展模式选择问题、增长动力转换问题以及深化改革开放等的客观需要。

(一)中国区域协调发展战略的新调整

对于中国这样一个发展中大国而言,区域发展不平衡问题是客观存在的。新中国成立至今,中国区域发展战略历经多次调整,导致中国区域发展格局不断变化。新中国成立之初,出于国家安全和平衡生产力布局的考虑,国家大规模开展"三线"建设,使西南、西北地区具备了一定的工业基础,在一定程度上扭转了新中国成立初期工业化水平向东南沿海一边倒的状态。改革开放以后,东南沿海地区在优先发展政策的推动下迅速实现了经济的跨越式发展,而广大中西部地区却发展相对缓慢,由此形成了我国南快北慢、东高西低的区域非均衡发展空间格局。进入 21 世纪以后,为缓解区域发展差距过大的矛盾,加快西北内陆地区经济发展,国家相继启动西部大开发、东北振兴和中部崛起等战略。尽管这些战略的实施并没有从根本上改变中国区域发展的非均衡局面,但在一定程度上激发了中西部地区的发展活力,为实现区域协调发展奠定了基础。可见,中国区域发展战略经历了一个从均衡到不均衡再到均衡协调的调整过程,虽然区域非均衡发展的局面得到一定缓解,但区域发展差距仍然是阻碍中国经济实现全面可持续发展的客观因素。根据木桶原理,只有提高不发达地区的发展水平才能有效推进中国经济的全面发展。特别是在新时代、新阶段,中国经济的稳定健康运行需要在更加广阔的范围内激活发展动力,提高资源跨区域配置效率,进一步提高广大不发达地区发展能力,形成经济增长新优势,形成更加全面协调可持续发展的新局面,这是当前我国区域发展战略调整的客观需求。

对于动态发展的区域经济而言,平衡是目标,不平衡是常态。区域经济正是在"平衡—不平衡—平衡"的交替过程中实现螺旋式上升。目前,中国不发达区域仍然占到全国总面积的60%以上。短时间内实现这些区域的全面共同发展并不现实。选择发展基础好、战略区位重要的地区率先发展,一方面凭借其特殊的区位优势发挥对其他地区的辐射带动作用;另一方面通过发挥先发优势探索区域发展新模式新路径,从而为其他区域发展提供经验借鉴。这是在长期均衡发展战略进程中的一个短期非均衡发展战略,实现局部非均衡发展的目的是为了达到全局范围内的均衡发展。在中国区域经济发展格局中,京津冀区域不仅具备一定的发展基础,同时也具有独特的区位优势。京津冀区域地处华北北部,是联结我国西北地区和东北地区的关键节点。西北、东北等地区地域广阔,发展相对落后,区域内部相对发达地区和城市带动能力较弱,客观需要区域外部的辐射带动。所以无论从中国区域布局调整的趋势还是从推动不发达区域的短期发展来看,都客观需要一个关键战略节点的带动,这个关键战略节点就是京津冀区域。京津冀协同发展战略是新时代中国区域发展战略向更加协调更加均衡的新战略体系升级的集中体现,是激发中国区域经济发展新活力、平衡中国区域经济发展新格局的重要战略支撑。

京津冀地区整体发展水平较高,是我国经济最具活力、开放程度最高、创新能力最强、吸纳人口最多的地区之一,是拉动我国经济发展的重要引擎。但与此同时,京津冀也是我国区域发展差距悬殊的典型区域。京津过于肥胖,"大城市病"严重,强大的"虹吸效应"将环京津地区的资本、人才大量吸附到京津,周边城市呈断崖式发展态势。同时,京津冀还是东部地区人与自然关系最为紧张、资源环境超载矛盾最为严重、生态联防联治最为迫切的区域。通过京津冀协同发展,疏解北京非首都功能,实现资源优化配置,才能带动京津周边中小城市共同发展,实现区域产业结构转型升级,遏制资源生态环境恶化,打好京津冀脱贫攻坚战,率先实现京津冀区域全面建成小康社会的目标。

（二）中国经济进入新常态的新引擎

改革开放以后的短短 30 年间，中国由一个贫穷落后的发展中大国跻身为世界第二大经济体。但 2010 年后，中国经济增长进入又一个下行周期，国内生产总值增速持续放缓，由 2010 年的 10.6% 逐步下降到 2019 年的 6.0%，2020 年受疫情影响下降到 2.3%，如图 1-1 所示。国内生产总值增速的平稳放缓虽然让中国经济增长的压力增大，但经济稳定运行避免了经济波动的过多干扰，为结构调整和转型升级带来新机遇。在中国经济稳增长、转方式、调结构的特殊时期，有三个问题必须要解决好。一是增长动力问题，在旧有增长动力逐渐乏力的背景下，必须寻找新的增长引擎以保证经济稳定增长，从而为调结构转方式预留空间。二是发展理念问题，当以往的粗放式发展模式以及"先污染后治理"的西方道路被实践证明"后患无穷"的情况下，必须树立一种全新的发展理念，以实现全面协调可持续的发展。三是发展模式和发展问题，无论是中国式改革还是中国式发展，"摸着石头过河"都是被实践证明行之有效的方式。新常态下，新的发展模式和发展道路的选择仍然需要前期的实验和探索。

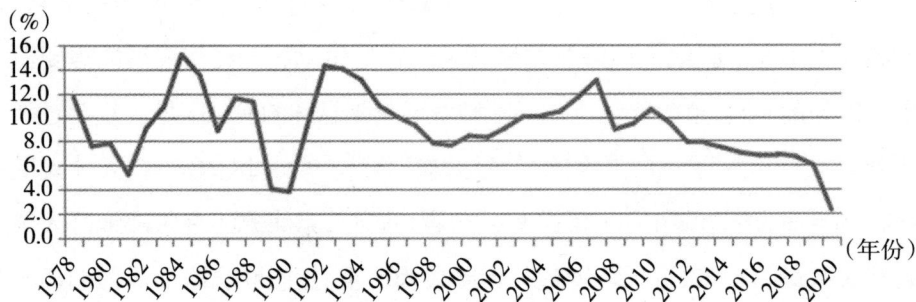

图 1-1　中国国内生产总值增速（1978—2020 年）

首先，从增长动力来看，改革开放的前 20 年，东南沿海地区发挥了巨大的先发优势，特别是发达的珠三角地区和长三角地区，当之无愧地成为中国经济增长的强大引擎。但是随着上述两个区域的发展逐渐进入成熟期，经济增长的边际效益在递减，加之在新区域平衡发展战略的作用下，这两个区域的政策优势也有所减弱，尽管其对中国经济增长的拉动作用始终存在，但贡献度却有明显下降。统计数据显示，2000 年，珠三角地区和长三角地区的各城市地区生产总值增速普遍在 10% 以上，而到了 2019 年，这些城市的增长速度已经下滑到 7% 左右，2020 年受疫情影响下降到 3% 左右。目前，珠三角和长三角的增长率虽然仍处在一个中高速的水平，维持自身发展不成问题，但对于撬动全国经济增长来说稍显乏力。要将中国经济增长维持在一个中高速的稳定水平，甚至拉动新一轮的经济增长，客观上需要一个新的引擎、新的增长点。相对于成熟的珠三角和长三角区域而言，京津冀区域虽然发展较为落后，但增长潜力却更大。虽然滨海新区的开发开放曾经迅速带动京津冀区域增长，并一度成为中国经济增长第三极，但区域内部发展不协调问题阻碍了滨海新区作用的进一步发挥，也阻碍了京津冀区域对整个北方地区辐射作用的发挥。推动京津冀协同发展，发挥区域整体发展合力，提升区域整体增长能力和辐射作用，是打造中国经济增长新引擎的客观需要。

其次，从发展理念来看，党的十八届五中全会针对中国经济发展新阶段新特征新任务，提出了落实"创新、绿色、开放、协调、共享"五大发展理念的战略部署。考察创新型国家建设经验，我们发现，以创新型城市为核心的创新型城市群已成为带动国家创新能力提升的重要引擎。我国实施创新驱动发展战略，迫切需要打造若干个具有较强国际竞争力的世界级城市群。京津冀城市群是我国创新资源最密集、创新潜力最大、创新能力较强的区域之一，具备参与全球科技竞争的条件，理应努力打造成为全国创新驱动新引擎。从绿色发展角度来考量，京津冀区域是我国生态环境问题较为突出的发展区域之一。北京、天津两大核心城市生态超载问题十分严重，且依靠这两个城市自身的生态环境修复能力很难在短时间内解决日趋严重的生态环境问题。只有通过打造京津冀区域一体化的生态环境系统，有效发挥生态环境的正外部性，才能实现整个区域的低碳发展、循环发展和绿色发展。从开放发展视角出发，京津冀区域是西北部内陆地区对外经济交往的通道，但目前对外贸易压力主要集中在津冀临海地区的若干港口。因此，需要通过港口协同，发挥京津冀区域的整体合力，打造国际化、综合性、立体化的交通枢纽，进一步提升京津冀区域对外开放承载力。从协调发展来看，京津冀区域发展不平衡问题一直是阻碍区域集聚能力有效发挥的短板。通过协同发展提升区域整体优势能够突破发展障碍，发挥更大的系统动能。从共享发展来看，无论是平衡南北收入差距还是平衡区域内部发展差距，推进京津冀协同发展，提升区域整体发展能力，发挥区域辐射带动作用，是促使发展成果在更广范围内实现共享的客观需要。

　　最后，从探索新的发展模式和发展路径来看，中国改革之所以能够以最低的成本取得最大的成效有赖于我们坚持了"摸着石头过河"的探索精神。从家庭联产承包到国有企业改革，从引进外资到走出国门再到开放国门，任何新的改革举措的推广都是在前期实践探索和经验积累的基础上，由点到面、由局部到全面渐次推广。当前，中国经济处于结构调整和转型升级的关键时期，从资源消耗型的粗放式增长向科技引领的可持续型增长转变，从第二产业主导向第三产业主导转变，从高耗能高污染的重工业和低端制造业支撑向高科技环保型高端制造业支撑转变。要顺利实现这一过渡，需要解决包括资源开发、产业规划、市场体系完善、政府职能转变等诸多问题，且各区域发展基础不同，采取一刀切的方式全面铺开成本高昂。选择发展基础好、条件适宜的地区作为试验区，通过政策引导推动其走出一条符合当前中国发展需求的内涵式增长模式，能够有效降低改革成本，为其他区域的发展提供参考借鉴，树立标杆。京津冀区域增长方式转变滞后明显、结构性矛盾十分突出，对转方式调结构的需求更加迫切，同时也具备良好的发展基础和先试先行的改革精神，理应肩负起探索新的发展方式和发展路径的历史使命。

(三)中国改革开放战略体系的新升级

中国人民从站起来到富起来的过程中，改革开放政策发挥了决定性作用。从本质上讲,改革与开放是自我完善与自我提高的统一。改革就是对内开刀，破除阻碍经济发展和社会进步的旧体制旧机制的束缚，实现自我突破，是一个"强身健体"的过程;开放就是向外发力,在世界经济舞台唱响中国声音、展现中国力量,深度融入经济全球化,努力参与构建人类命运共同体,是一个"价值实现"的过程。随着改革开放向纵深推进,最初的政策红利在减弱,面对越来越多深层次矛盾和越来越复杂的国际政治经济形势,中国改革开放的战略体系在不断发展和完善,这些都对中国区域经济发展,特别是处于改革开放新战略体系关键节点的京津冀区域提出了新的要求。

中国改革的成功验证了制度变革对经济增长的巨大推动作用，也验证了在市场经济不发达地区的经济发展过程中政府主导型制度变迁的独特优势。改革至今,在不断的自我完善和破旧立新中,中国特色社会主义市场经济框架已经基本确立,支撑其运行的体制机制也日趋稳固。但是随着改革进入深水区,新的活力需要被激发出来以推动更高层次的发展,而原有对旧体制机制的修补已经接近极限,没有进一步的提升空间,要想激发新的活力,就必须向更深层次的制度变革要动力、要空间。因此,通过体制机制创新激发经济增长新动力是将中国改革推向深入的必然要求。京津冀区域一体化发展基础良好,却长期无法深入推进,体制机制障碍是一个不容忽视的重要因素。一方面,三地旧有体制障碍,特别是中央政府与地方政府之间行政地位的不对等,客观上限制了地区间的有效沟通;另一方面,一些已有的区域协调机制过于陈旧,不能适应新的发展形势,在实际操作中困难重重,从而阻碍了区域合作的深层次开展。作为中国区域协同发展的示范区,通过体制机制创新推动协同发展是京津冀区域的必然选择，也是作为中国改革先行区和试验田将改革推向深入的必然要求。

从封闭落后的发展中大国到世界第二大经济体,进而成为"金砖四国"、二十国集团、亚太经合组织等国际组织的主要成员国,使中国与世界的交往日益紧密,国际地位不断提升。改革开放政策的实行开启了中国走向世界的新篇章,在经历了量与质的双重蜕变后,中国的对外开放也逐步由政策引导型的局部开放走向制度保障型的全面开放。随着国际经济政治环境的深刻变化以及国内经济社会发展进入新阶段,中国的对外开放也进入新时代。一方面,渐进式开放所导致的东高西低的不均衡发展格局需要改变;另一方面,世界经济形势的复杂多变也客观要求中国加强与世界各国和地区的交往与合作,承担起一个负责任的大国所应承担的责任。因此,随着改革开放向纵深发展,一个以"一带一路"建设为引领、以长江经济带、粤港澳大湾区和京津冀协同发展为支撑的更加系统的全方位、多层次、宽领域的对外开放新格局正在形成。在这个格局中,京津冀区域是中国北方对外开放的桥头堡,是中国新一轮对外开放格局中的战略节点,肩负着引领占国土面积50%以上的欠发达地区走向世界市场的重要使命。但是由于京津冀区域内部发展不协调不平衡问题尚未解决,导致其区域整体辐射带动作用不够。为进一步提升京津冀区域对广大内陆地区的带动作用,发挥好作为中国对外开放的窗口作用,推动京津冀协同发展势在必行。

三、京津冀区域面临的现实矛盾需要通过协同发展加以解决

京津冀地区同属京畿重地,濒临渤海,背靠太岳,携揽"三北",是我国北方经济发展最具活力,开放程度最高,创新能力最强,吸纳人口最多的地区之一,在全国经济社会发展中具有重要的战略地位。首先,京津冀区域作为中国北方地区经济增长的引擎,是全国经济增长第三极,肩负着引领广大北方区域发展、平衡全国区域发展格局的重任;其次,京津冀区域是中国改革开放的先行区,是改革政策的发源地和改革实践的试验田,肩负着探索区域

协同发展新路径的重任；最后，京津冀区域是我国创新引领发展示范区，其技术溢出效应对北方地区老旧工业的转型升级具有重要意义，肩负着探索绿色发展、可持续发展等经济增长新方式的重任。上述战略定位对京津冀区域发展提出了较高的要求：一是要求京津冀区域具备较强的经济增长能力，并充分发挥对周边地区的辐射带动作用；二是要求京津冀区域具备锐意进取的改革精神，以改革动力突破区域协同发展阻力；三是要求京津冀区域统筹社会经济发展强度与资源环境承载力，转变固有的资源消耗型和环境破坏型发展方式，实现生态文明发展和高质量发展。但是京津冀区域发展的实际情况与其目标定位还存在明显差距，解决这些矛盾必须通过区域协同发展激发区域整体发展活力。

（一）增长动力不足，引擎作用不强

虽然近年来京津冀区域经济总量持续壮大，但经济发展速度和质量却不尽如人意。如图1-2、1-3所示，在2008—2020年间，尽管京津冀区域生产总值持续扩大，从3.4万亿元增长到8.6万亿元，但剔除价格因素的影响，地区生产总值的实际增长速度却在持续下滑，已经从2008年的10.9%下滑到2019年的6.1%，2020年更是下降到2.5%，仅比2020年全国国内生产总值增长速度（2.3%）高出0.2个百分点。显然，单从经济增长速度这一指标考察，京津冀区域与中国区域经济增长新引擎、中国经济增长第三极等目标还存在一定差距。从经济结构来看，虽然近年来京津冀一直处于产业不断升级和调整过程中，但产业结构调整的速度较慢，仍然没有形成布局合理的区域产业体系。如图1-4所示，从整个京津冀区域整体情况来看，第三产业已经超过第二产业成为经济增长的支柱，但产业结构进一步调整遭遇瓶颈，短期内很难突破。并且各地区产业结构的差异也较为明显，2020年北京市第三产业增加值的比重已经达到83.9%，超过发达国家平均水平，接近世界主要城市水平；而河北省2020年第三产业增加值占地区生产总值的比重仅为51.7%，仍低于第二产业比重。产业结构地区间差异较大,产业转移承接缺乏良好的对接机制,导致各地区产业结构调整缓慢,区域整体产业体系不完善,从而成为阻碍经济增长的一个重要因素。只有通过区域协同发展,促进资源在区域内合理优化配置,激发区域主体活力,打造布局合理、优势互补的区域协同发展体系,发挥"1+1>2"的系统效果,才能提升区域整体发展能力。

（单位:亿元）

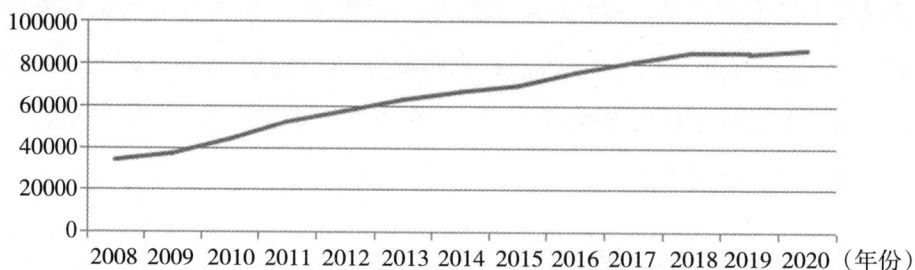

图 1-2　京津冀区域生产总值(2008—2020 年)

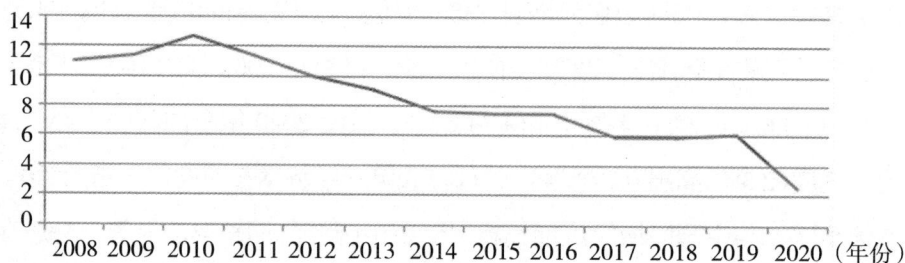

图 1-3　京津冀区域生产总值增长率(2008—2020 年)

(%)

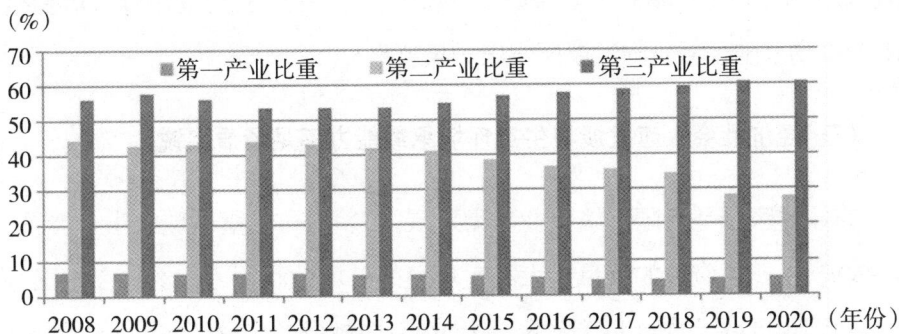

图 1-4 京津冀区域三次产业结构（2008—2020 年）

（二）区域内部发展不平衡、不协调问题突出

从全国层面来看，京津冀发展不协调、不平衡的矛盾最为突出、最为复杂，关注度最高，解决难度最大。京津冀地区包括北京、天津和河北三地，13个城市，共21.8万平方千米，总人口1亿多。京津冀地区除北京和天津为直辖市，属于两座特大城市以外，河北省11个城市都是发展程度不高的中小城市。京津两极过于肥胖，由过度集聚导致的人口过度膨胀、交通日益拥堵、环境污染严重、房价持续高涨、上学难看病难等"大城市病"严重，在不断缩小自身发展空间的同时，挤占了周边地区大量的发展资源，导致区域发展不平衡现象持续加剧。而周边中小城市过于瘦小，发展能力不强，产业低端化严重，北京50千米以外即是河北省的广大贫困农村以及环北京的低端制造业区域。区域发展差距悬殊不仅阻碍了区域间协同发展的进程，同时也引发了诸多的社会问题，严重影响了中国的整体国家形象。

京津冀区域发展不协调、不平衡是个长期存在的关键问题，严重影响区域整体的高质量发展和竞争力的提升。发展不协调不平衡问题在京津冀地区长期存在，与京津冀要素流动面临诸多显性和隐性壁垒，区域发展的统筹机制欠缺等方面密切相关。推动京津冀协同发展也是探索改革路径，构建区域协调发展体制机制的需要。推动京津冀协同发展，必须通过深化改革，打破行政壁垒,构建开放的区域,统一市场,建立区域统筹,建立协同发展新机制,为推动全国区域协同发展探索出一条新路。

(三)经济社会快速发展与生态环境承载能力不足矛盾尖锐

京津冀区域是我国传统工业集聚发展区,发展方式落后现象十分严重。经济增长主要以资源的大量投入和对环境的破坏性利用为代价。在中国资源环境问题日益严峻的大背景下,近年来京津冀区域经济社会的持续发展已经对生态环境造成了难以承受的压力。研究表明,进入21世纪以来,京津冀区域资源枯竭和环境恶化的情况不断加剧,生态环境对社会经济发展的承载能力在持续降低。①其中,水资源问题是京津冀协同发展的突出制约。京津冀区域水资源匮乏现象严重,人均水资源量仅为全国人均水资源量的1/9。京津冀地区最近10年的年用水量均在250亿立方米左右。除了2012年以外,其他年份产水量均小于用水量,资源性缺水问题十分突出。京津冀地下水严重超采。由于人口众多,高耗水行业企业大量存在,加上水的再生利用程度不高,导致除外流域调水之外,超采地下水成为当前解决水资源供需矛盾的重要途径。环境污染问题突出,以水污染为例,京津冀是全国水污染严重区域,2014年京津冀劣V类水体断面占比超过40%,接近全国平均水平的5倍。可见,京津冀已成为我国东部地区生态联防联治要求最为迫切的区域。良好的生态环境是经济社会发展的基础和保障,同时,由于生态环境具有显著外部性特征,打造区域生态环境共同体是推动区域协同发展的关键环节。

在上述背景下,京津冀地区迫切需要国家层面加强统筹,有序疏解北京非首都功能,推进京津冀三省市整体协同发展。推动京津冀协同发展,是适应我国经济发展新常态,应对资源环境压力加大,区域发展不平衡,矛盾日益突出等挑战,加快转变经济发展方式,培育增长新动力和新的增长极,优化区

---

① 王坤岩,臧学英.京津冀地区生态承载力可持续发展研究[J].理论学刊,2014,(1):64-68.

域发展格局的现实需要。有利于破解首都发展长期积累的深层次矛盾和问题,优化提升首都核心功能,走出一条中国特色,解决大城市病的路子,有利于完善城市群形态,优化生产力布局和空间结构,打造具有较强竞争力的世界级城市群。有利于引领经济发展新常态,全面对接"一带一路"建设等重大国家举措,增强对环渤海地区和北方腹地的辐射带动能力,为全国转型发展和全方位对外开放做出更大贡献。

第二节 京津冀协同发展战略思想的科学内涵

以习近平同志为核心的党中央从京津冀一体化现实和实现我国区域协调发展的大局出发,指出京津冀协同发展不仅仅是解决北京、天津、河北发展面临的矛盾和问题的需要,而是优化国家发展区域布局、优化社会生产力空间结构、打造新的经济增长极、形成新的经济发展方式的需要,是一个重大国家战略。习近平站在统筹推进"五位一体"总体布局和协调推进"四个全面"战略布局、实现"两个一百年"奋斗目标和中华民族伟大复兴的中国梦的战略高度,强调"推动京津冀协同发展,对于深入实施国家区域发展总体战略、全面建成小康社会、实现中华民族伟大复兴的中国梦,具有重大现实意义和深远历史意义"。因此,要贯彻实施好京津冀协同发展重大国家战略,必须准确理解和把握京津冀协同发展战略思想的科学内涵。

一、京津冀协同发展的指导思想和战略目标

推动京津冀协同发展的指导思想是:以有序疏解北京非首都功能、解决北京"大城市病"为基本出发点,坚持问题导向,坚持重点突破,坚持改革创新,立足于各自比较优势、立足于现代产业分工要求、立足于区域优势互补

原则、立足于合作共赢理念，以资源环境承载能力为基础、以京津冀城市群建设为载体、以优化区域分工和产业布局为重点、以资源要素空间统筹规划利用为主线、以构建长效体制机制为抓手，着力调整优化经济结构和空间结构，着力构建现代化交通网络系统，着力扩大环境容量生态空间，着力推进产业升级转移，着力推动公共服务共建共享，着力加快市场一体化进程，加快打造现代化新型首都圈，努力形成京津冀目标同向、措施一体、优势互补、互利共赢的协同发展新格局，打造中国经济发展新的支撑带。

京津冀协同发展的目标是：近期到 2017 年，有序疏解北京非首都功能取得明显进展，在符合协同发展目标且现实急需、具备条件、取得共识的交通一体化、生态环境保护、产业升级转移等重点领域率先取得突破，深化改革、创新驱动、试点示范有序推进，协同发展取得显著成效。中期到 2020 年，北京市常住人口控制在 2300 万人以内，北京"大城市病"等突出问题得到缓解；区域一体化交通网络基本形成，生态环境质量得到有效改善，产业联动发展取得重大进展。公共服务共建共享取得积极成效，协同发展机制有效运转，区域内发展差距趋于缩小，初步形成京津冀协同发展、互利共赢新局面。远期到 2030 年，首都核心功能更加优化，京津冀区域一体化格局基本形成，区域经济结构更加合理，生态环境质量总体良好，公共服务水平趋于均衡，成为具有较强国际竞争力和影响力的重要区域，在引领和支撑全国经济社会发展中发挥更大作用。

二、推动京津冀协同发展的基本原则

（一）改革引领，创新驱动

京津冀区域不仅是中国经济增长的重要引领区，也是中国经济发展典型性问题突出的区域，解决京津冀发展问题，实现京津冀协同发展必须加大改革力度,消除隐形壁垒,破解影响协同发展的深层次矛盾和问题,加快建立有利于疏解北京非首都功能、推动协同发展的体制机制。同时,协同发展不是在原有发展模式下的简单地区联合,而是实现转型发展,是在更高水平、更高质量、更高效益上的系统发展。因此,必须首先明确发展动力问题。在中国经济增长动力转换的大背景下,创新成为推动发展的第一动力。京津冀区域发展模式亟待转变和创新,只有牢固树立创新引领发展理念,不断强化创新驱动,以科技创新为核心,建立健全区域创新体系,整合区域创新资源,加快形成京津冀协同创新共同体,才能解决发展动力问题,真正实现区域协同发展。

(二)优势互补,一体发展

协同发展的根本目的是实现区域内部要素资源的充分自由流动和有效配置,以提升区域整体发展能力和竞争力。这就要求京津冀三地在明确功能定位的基础上,充分发挥各自比较优势,调整优化区域生产力布局,加快推动错位发展与融合发展,创新合作模式与利益分享机制,在有序疏解北京非首都功能的进程中实现区域良性互动,促进三省市协同一体化发展。但是一体化发展并不是三个地区的简单加总,而是需要从系统论的角度将整个区域看作一个发展整体,区域内部的各个地区是这个整体系统的有机部分,各个部分不仅要实现空间上的相互联系,更要实现运行机制的相互衔接,通过相互关联、相互影响、相互作用实现区域发展系统的整体功能目标定位。

(三)市场主导,政府引导

明确市场与政府的作用边界是宏观经济政策不可回避的根本性问题。中国改革的各项举措均是围绕着市场与政府关系的不断平衡而展开的。无论政府与市场的边界如何变化,其目的只有一个,就是充分激发市场活力,保证市场机制的有效运行。京津冀区域是我国经济相对发达、市场灵活度相对较高的区域之一，市场在经济发展中的作用极其重要。实现区域协同发展，首先要解决区域市场之间的协同问题，避免市场机制不协调阻碍协同发展进程。推动京津冀协同发展必须要加快完善市场机制，充分发挥市场在资源配置中的决定性作用，有序推动北京非首都功能疏解，促进生产要素在更大范围内有序流动和优化配置。加大简政放权力度，切实转变政府职能，更好发挥统筹协调、规划引导和政策保障作用。

（四）整体规划，分步实施

京津冀区域作为一个整体，推进协同发展必须从顶层设计着手进行整体规划。首先，要打破"一亩三分地"的思维定式，摈弃各自为政的思想，不仅整体规划要着眼区域发展全局，各地的规划也要以区域发展全局为重，不仅要有利于地方发展更要有利于推动协同发展。其次，区域协同发展不可能一蹴而就，要集中力量解决当前区域发展的主要矛盾和主要问题，即紧紧牵住非首都功能疏解这个"牛鼻子"，以疏解北京非首都功能为切入点，加强战略设计，推进布局调整。明确实现总体目标和重大任务的时间表、路线图，研究制定科学管用的实施方案，分阶段、有步骤地加以推进。

（五）统筹推进，试点示范

京津冀协同发展不仅关乎京津冀区域的前途命运，也是关系中国发展全局的重要战略举措，需要探索一条具有实践价值的内涵式发展道路。京津冀区域广阔、人口众多、区域发展形势良好。推进区域协同发展不能采取齐步走的平面式推进模式，而是要立足区域发展现实基础和长远需要，统筹区域内部各地区之间的发展、统筹城乡发展、统筹经济社会政治文化生态各领域发展，把握好发展的主要矛盾和主要问题，控制好协同发展的步骤、节奏和力度，争取实现重点领域率先突破，选择有条件的区域率先开展试点示范，发挥引领带动作用。发挥试点示范作用有两个层次含义，一是通过在京津冀区域内部培育协同发展、创新发展、科学发展的试点,总结经验推广到京津冀区域发展全局,这样有利于节约探索成本,提高探索效率;二是总结京津冀协同发展的经验,推广应用到全国其他区域的发展中,为中国区域经济发展的实践提供京津冀模式。

三、京津冀协同发展的功能定位

2015 年出台的《京津冀协同发展规划纲要》(以下简称《规划纲要》)对京津冀区域以及三省市分别作出了明确的功能定位。其中,京津冀区域整体的功能定位是"以首都为核心的世界级城市群、区域整体协同发展改革引领区、全国创新驱动经济增长新引擎、生态修复环境改善示范区";北京市的功能定位为"全国政治中心、文化中心、国际交往中心、科技创新中心";天津市的功能定位为"全国先进制造研发基地、北方国际航运核心区、金融创新运营示范区、改革开放先行区";河北省的功能定位为"全国现代商贸物流重要基地、产业转型升级试验区、新型城镇化与城乡统筹示范区、京津冀生态环境支撑区"。由此可见,京津冀区域的功能定位是一个有机整体,各地区的功能定位与区域整体定位之间是相互关联、互为支撑的关系。区域整体定位体现了三省市"一盘棋"思想,突出了功能互补、错位发展、相辅相成的区域协调发展理念;而对三省市的定位则突出了三地必须服从和服务于区域整体定位,增强整体性,这是京津冀协同发展的战略需要。

(一)创建世界城市体系的中国模式

京津冀城市群既是中国的政治、文化中心,也是中国北方经济重要核心区。与发达国家或地区的城市群相比,京津冀城市群人口集聚程度高,但发展不平衡。在这种情况下,实现城市群功能的提升没有现成的经验可循,必须通过实践探索出一条具有中国特色的城市群发展之路。京津冀区域整体功能定位中提出,要建设"以首都为核心的世界级城市群"。2018 年 11 月,《中共中央国务院关于建立更加有效的区域协调发展新机制的意见》进一步明确,以疏解北京非首都功能为"牛鼻子"推动京津冀协同发展,调整区域经济结构和空间结构,推动河北雄安新区和北京城市副中心建设,探索超大城市、特大城市等人口经济密集地区有序疏解功能、有效治理"大城市病"的优化开发模式。这无疑为我国世界城市群建设进一步指明了方向,即以建设京津冀世界级城市群为引领,遵循城市发展规律,转变城市发展方式,优化城市空间布局,完善城市治理体系,改善城市生态环境,创新城市管理体制,不断提升城市环境质量、人民生活质量和城市竞争力,努力打造富有活力、和谐宜居、各具特色的现代化城市,走出一条具有中国特色的城市发展道路,为世界城市体系建设提供中国方案。

(二)打造创新驱动发展新引擎

随着中国经济进入新常态,推动我国经济增长动力必须从要素和投资驱动转向创新驱动。京津冀协同发展对中国经济发展全局至关重要,必须在创新发展中率先垂范。因此,京津冀区域整体功能定位中包含"全国创新驱动经济增长新引擎",这一功能的实现需要以北京市功能定位中的"科技创新中心"功能、天津市功能定位中的"全国先进制造研发基地"功能,以及河北省功能定位中的"产业转型升级示范区"功能等为支撑。京津冀三地要紧紧围绕各自的功能定位,充分发挥各自在科技创新、研发、制造基地等方面的优势,通过产业(产业链)创新推动区域经济发展方式转变、结构调整、产业转型升级,实现创新引领发展,逐渐实现由"中国制造"向"中国智造"转变。

(三)树立区域协同发展新标杆

京津冀协同发展肩负着探索中国特色区域协同发展新型道路的重要使命,因此要打造成为"区域整体协同发展改革引领区",这一功能的实现需要以北京功能定位中的"文化中心"、天津功能定位中的"金融创新运营示范区"和"改革开放先行区"功能,以及河北省功能定位中的"新型城镇化与城乡统筹示范区"功能等为支撑,要求天津继续利用好先行先试的政策优势,不断推动体制机制创新,增强改革示范作用。同时,以自由贸易试验区建设为契机,加快对外开放步伐,实现更高水平和更大范围内的商贸和金融集聚,打造京津冀对外经济交往新平台。河北省则需凭借建设城乡融合发展示范区的先决条件,积极探索城乡统筹发展的新路径。

(四)"五位一体"全面发展的引领区

新时代的京津冀协同发展是包括经济、政治、文化、社会和生态文明在内的"五位一体"的全面发展。其中,生态文明的发展尤为重要。构筑"生态修复环境改善示范区"是京津冀区域实现绿色发展和可持续发展的重要保障,这一功能可以河北省功能定位中的"京津冀环境支撑区"为支撑,以天津中新生态城为样板,把"两山论"贯彻落实到京津冀生态文明建设中,在生态修复环境改善中建功立业。在京津冀三地中,北京和天津经济社会发展强度较大,对资源环境的消耗惊人,已呈现资源环境承载能力严重不足的态势,只有河北省地域相对广阔,资源丰富,拥有多个生态涵养区。因此,打造京津冀生态修复环境改善示范区,必须充分发挥河北省生态环境的支撑作用。图1-5显示了在京津冀协同发展战略中,整体定位与三省市各自功能定位的关系。

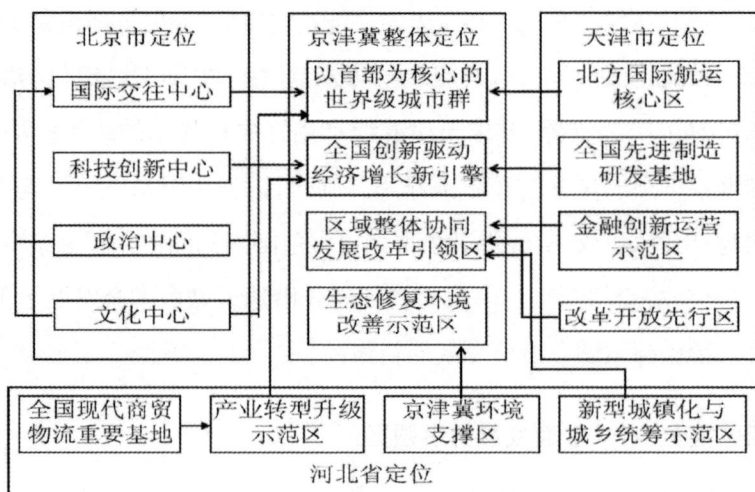

图1-5 京津冀协同发展功能定位图

四、京津冀协同发展的空间布局

空间布局是京津冀功能定位在空间上的具体体现，也是优化资源配置、实现协同发展的重要基础。根据《规划纲要》，京津冀协同发展空间布局遵循"功能互补、区域联动、轴向集聚、节点支撑"的总体思路，明确了以"一核、双城、三轴、四区、多节点"为基本架构，推动非首都功能疏解，构建以重要城市为支点，以战略性功能区平台为载体，以交通干线、生态廊道为纽带的网络型空间格局。

"一核"即指北京。按照北京市功能定位，以建设"国际交往中心""科技创新中心""政治中心""文化中心"为目标，强化首都核心功能，有序疏解非首都功能。"双城"是指北京、天津两个中心城市，这两个城市不仅是京津冀协同发展的引擎，同时也是京津冀建设世界级城市群的重要支撑。习近平多次强调要加强京津联动，唱好新时期社会主义现代化"双城记"。京津双城联动发展具有深厚的历史、地理、经济、社会和文化基础，进一步加强京津合作需要全方位拓展合作空间,加强合作的广度和深度,加快实现同城化发展,共同发挥高端引领和辐射带动作用。"三轴"指的是京津、京保石、京唐秦三个产业发展带和城镇聚集轴,这是支撑京津冀协同发展的主体框架。"三轴"连接京津冀区域多个主要城市,构成了京津冀区域经济发展的主体带,是带动整个京津冀区域实现协同发展的关键链条。"四区"分别是中部核心功能区、东部滨海发展区、南部功能拓展区和西北部生态涵养区,每个功能区都有明确的空间范围和发展重点。四个功能区以区域整体功能定位以及三地各自功能地位为依据,通过明确的功能定位发挥不同区域的比较优势,实现优势互补、功能协调、协同发展。"多节点"是指石家庄、唐山、保定、邯郸等区域性中心城市和张家口、承德、廊坊、秦皇岛、沧州、邢台、衡水等节点城市。尽管河北省的多个城市发展水平较低,但是在京津冀协同发展的总体框架下,这些城市均是支撑区域中心城市乃至国际性中心城市发展、提升区域整体功能和城市群国际地位的重要支撑。因此,要加强和推进这些城市的发展,重点是提高其城市综合承载能力和服务能力,有序推动产业和人口聚集。同时,立足于三省市比较优势和现有基础,加快形成定位清晰、分工合理、功能完善、生态宜居的现代城镇体系,走出一条绿色低碳智能的新型城镇化道路。

2017 年 4 月 1 日,中共中央、国务院决定设立河北雄安新区,并明确指出, 设立河北雄安新区是以习近平同志为核心的党中央作出的一项重大的历史性战略选择,是继深圳经济特区和上海浦东新区之后又一具有全国意义的新区,是千年大计、国家大事。对于集中疏解北京非首都功能,探索人口经济密集地区优化开发新模式,调整优化京津冀城市布局和空间结构,培育创新驱动发展新引擎,具有重大现实意义和深远历史意义。规划建设的北京城市副中心和河北雄安新区,将形成北京新的两翼,拓展京津冀区域发展新空间。(见图 1-6)雄安新区在起步之初,就要加强同北京、天津、石家庄、保定等城市的融合发展,特别是要同北京中心城区、城市副中心在功能上有所分工，实现错位发展。统筹生产、生活、生态三大布局，努力打造贯彻落实新发展理念的创新示范区，雄安新区将充分发挥京津冀各自比较优势，形成京津冀目标同向、措施一体、优势互补、互利共赢的协同发展新格局。

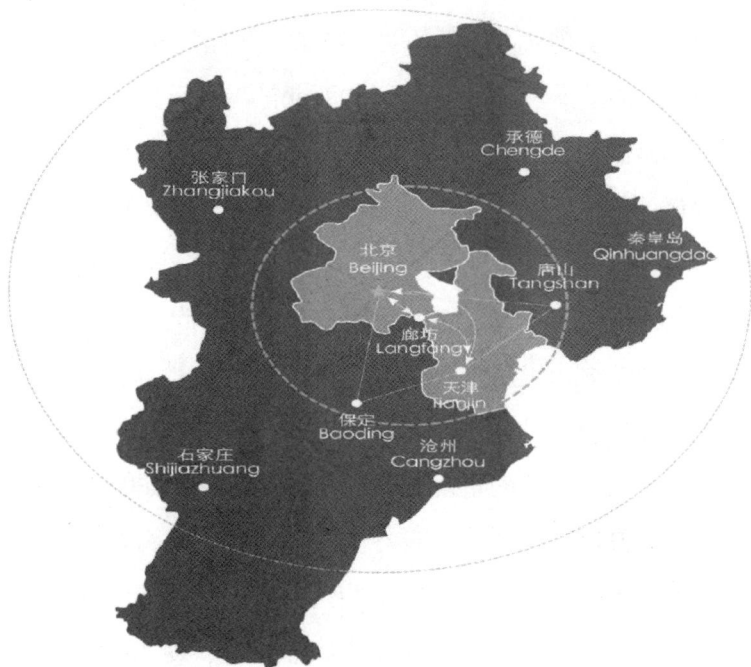

图1-6　京津冀协同发展空间新布局

五、京津冀协同发展的重点领域

京津冀协同发展是一个长期的、全面的、系统的重大国家战略，涉及多领域、多层次的协同发展，整体推进难度大，需要在着眼长远目标的前提下，选择重点领域率先突破。2014年6月18日，京津冀协同发展领导小组第一次会议提出，对看准的事情要先做起来，对符合目标导向、现实急需、具备条件的领域要先行启动，对一些带动性、互补性、融合性强的重大项目要抓紧实施，争取早起作用、早见实效，并要求在交通、生态环保、产业三个重点领域集中力量推进,力争率先取得突破。①

(一)交通一体化

京津冀交通一体化是按照网络化布局、智能化管理和一体化服务的要求,构建以轨道交通为骨干的多节点、网格状、全覆盖的交通网络,提升交通运输组织和服务现代化水平,建立统一开放的区域运输市场格局。选择在交通一体化方面率先突破,原因有三:第一,交通作为基础设施属于政府公共政策范畴,便于从全局进行规划和指导;第二,基础设施建设以政府投资为主,效率更高;第三,交通基础设施属于经济社会发展的基础,率先实现交通一体化能够在区域内形成有效的联系网络,对于加强三地之间的经济、社会、文化交往具有重要的推动作用。推动京津冀交通领域率先突破需要解决两个问题:一是解决三地在交通基础设施建设过程中积累的遗留问题,包括跨区域交通线路的连接问题以及交通管理体制的衔接问题,实现京津冀区域交通网络的全面通畅;二是在现有交通网络全面通畅的基础上,规划建设全方位立体化的交通枢纽体系,包括联通京津冀三地的高速公路网络和轨道交通网络,以津冀港口为主体构建现代化区域港口群,以北京新机场为核心构建国际航空枢纽。

(二)生态环境保护一体化

京津冀生态环境保护一体化是按照"统一规划、严格标准、联合管理、改革创新、协同互助"的原则,打破行政区域限制,推动能源生产和消费革命,促进绿色循环低碳发展,通过加强生态环境保护和治理,扩大区域生态空间。京津冀区域资源环境问题日益严重,除河北省生态环境能够支撑经济社

---

① 京津冀协同发展是大思路大战略[EB/OL].中国共产党新闻网,http://cpc.people.com.cn/n/2015/0824/c83083-27506946.html.

会发展外,北京和天津的生态环境承载力均表现为严重的相对承载能力不足。因此,生态环境问题是京津冀协同发展所需要解决的首要问题,是关系协同发展的基础问题。根据《规划纲要》,解决京津冀协同发展中的生态环境问题需要"双管齐下",从生态环境和经济社会发展两个方面共同采取措施。在生态环境治理和保护方面,针对不同损害程度的生态环境,应该采取不同的治理措施,对于尚未受到损害或受到损害不严重可自行恢复的生态环境采取严格的保护措施,必要时以法治手段作为保障;对于受到严重损害但尚可治理的生态环境采取必要的治理措施,加大环境治理投入力度;对于受到严重损害并不可恢复的生态环境可利用技术手段进行人工替代项目的建设。在经济社会发展方面要转变经济发展方式,倡导绿色循环低碳的生产方式和消费方式,构建京津冀区域低碳循环产业体系,在社会形成绿色低碳的发展理念。

(三)推动区域产业转型升级

从优化全国生产力总体布局出发,明确三省市产业发展定位,理顺产业发展链条,加快产业转型升级,打造立足区域、服务全国、辐射全球的优势产业集聚区。首先,要做好非首都功能转移的相关产业转移和承接工作,特别是天津和河北两地,要根据各自发展规划及产业比较优势,积极创造条件承接北京相关产业转移,并推动转移产业与当地产业融合发展,形成有特色的地区产业体系;其次,明确各地产业发展定位,从构建现代化产业体系的角度出发规划产业发展,推动三地产业转型升级;最后,根据产业梯度发展原则,明确三地各自产业梯次,推动不同地区不同梯次产业之间有效衔接,形成区域产业协同发展体系。

第三节　实施京津冀协同发展战略的重大意义

习近平指出,北京、天津、河北人口加起来一亿多,土地面积有 21.8 万平方千米,京津冀同属京畿重地,地缘相接、人缘相亲,地域一体、文化一脉,历史渊源深厚、交往半径相宜,完全能够相互融合、协同发展。

一、京津冀协同发展战略思想的理论意义

(一)马克思主义中国化的重要理论成果

区域经济体系是现代化经济体系的重要组成部分,实施区域协同发展战略是依据我国区域经济社会发展中出现的新趋势、新变化和存在突出矛盾问题所作出的新的战略部署。习近平新时代中国特色社会主义经济思想作为中国化、时代化的马克思主义政治经济学,传承了马克思主义政治经济学的基本原理与方法,传承了中国共产党在探索社会主义现代化建设过程中对发展中国区域经济作出的理论联系实际的科学判断,是在总结我国区域经济发展实践经验基础上提出的独创性观点,作出的新的理论概括。作为习近平新时代中国特色社会主义经济思想的重要组成部分和习近平新时代中国特色社会主义思想有机组成部分,京津冀协同发展战略思想是对马克思主义政治经济学研究范畴的进一步拓展,既继承了马克思主义政治经济学基本原理,又具有中国特色社会主义的时代内涵,是在我国区域经济发展实践中,特别是党的十八大以来的新时代区域经济建设实践中形成的创新性理论观点,具有鲜明的中国特色、中国风格、中国气派。

（二）中国特色社会主义政治经济学的重大理论创新

党的十八大以来，以习近平同志为核心的党中央坚持观大势、谋全局、干实事，在充分把握国际、国内两个大局的基础上，在推动京津冀协同发展的实践中形成了一系列新理念新思想新战略，是在顺应全球区域经济发展趋势基础上，对马克思主义政治经济学的主要观点和研究方法的继承和发展。京津冀协同发展战略思想立足中国区域经济发展实际，着眼中国现代化经济体系构建和实现两个一百年奋斗目标，是中国特色社会主义政治经济学的重大理论创新和马克思主义中国化重要理论成果。习近平关于京津冀协同发展的若干重要论述是京津冀协同发展战略思想的集中体现，为丰富和发展马克思主义政治经济学中区域经济理论作出了原创性贡献，开辟了马克思主义政治经济学的新境界。

（三）中国特色社会主义区域经济思想的丰富和发展

2017 年 12 月召开的中央经济工作会议首次提出"习近平新时代中国特色社会主义经济思想"，这是根据党的十八大以来习近平关于中国特色社会主义经济建设的若干重要论述所做出的概括与总结，为未来中国经济发展建设指明了方向。习近平新时代中国特色社会主义经济思想对于中国区域经济发展问题有明确的论述，即"实施区域协调发展战略"和"建立更加有效的区域协调发展新机制"。①

这一思想在党的十九大报告第五部分"贯彻新发展理念，建设现代化经济体系"有明确表述。从一定意义上讲，习近平关于京津冀协同发展的设计和构想，不仅完善了中国区域经济发展理论，也丰富和创新了习近平新时代中国特色社会主义经济思想。

---

① 中央经济工作会议举行 习近平李克强作重要讲话［EB/OL］.新华网,http://www.xinhuanet.com/politics/leaders/2017-12/20/c_1122142392.htm.

　　由于受区位、资源、要素、环境等多重因素的影响,区域经济发展不平衡是全球各国经济发展中的常态,也是各国区域发展中面临的难题。我国幅员辽阔,区域之间发展不平衡的问题长期存在。基于对区域经济发展趋势和规律的深刻认识,基于对京津冀区域发展的殷切期望和对发展现实问题的准确把握,习近平亲自谋划、亲自部署、亲自推动了京津冀协同发展战略,突出体现了他对我国区域协调发展的顶层设计、超前布局、深刻思考和战略谋划,为中国特色社会主义区域经济思想创新奠定了重要的实践基础。

二、京津冀协同发展战略思想的时代特征

(一)京津冀协同发展战略思想闪耀着当代马克思主义思想光辉,具有深邃的思想性

　　京津冀协同发展是以习近平同志为核心的党中央为了应对新时代我国社会发展不平衡、不充分的问题所作出的一项重大战略部署,是我国建设现代化经济体系的重要内容,是习近平新时代中国特色社会主义思想的重要组成部分,是马克思主义基本原理与中国实践相结合的又一次历史性飞跃。在中国改革开放四十多年的发展中,马克思主义在中国大地上一次又一次放射出科学的、真理的光芒,马克思主义在中国也得到了不断地创新和升华,它的开放性、时代性和发展性在中国得到了充分彰显。

　　在指导京津冀协同发展实践上,马克思主义依然闪耀着时代光辉。正如习近平在纪念马克思诞辰 200 周年大会上的讲话中指出:"两个世纪过去了,人类社会发生了巨大而深刻的变化,但马克思的名字依然在世界各地受到人们的尊敬,马克思的学说依然闪烁着耀眼的真理光芒!"因为"马克思主

义是科学的理论,创造性地揭示了人类社会发展规律"。①直到今天,我们仍然处在马克思主义所指明的历史时代。马克思主义对人类科学认识世界、改造世界、推动经济社会发展进步仍然具有不可替代和难以估量的作用。

马克思主义以实现人的自由全面发展和全人类解放为己任,反映了人类对理想社会的美好憧憬。习近平的这些重要论述,深刻揭示了马克思主义的时代意义和现实意义,为中国继续运用马克思主义这个"伟大的认识工具"解决现实问题提供了思想武器,为新时代马克思主义中国化指明了方向。

马克思为我们正确认识当代世界及其变化趋势,提供了一套科学的、超越时空界限的分析工具。马克思强调,社会生产力不断向前发展,分工不断深化必然会引起生产关系的变革,从而推动社会向前发展。马克思主义经典作家构想社会主义社会资源配置的主要模式是平衡布局生产力。他们认为,任何事物的发展都是渐进性与飞跃性、前进性与曲折性的统一,都会经历由不平衡到平衡的过程,地区经济的不平衡发展是资本主义经济不平衡发展规律的空间形式,而社会主义应当由国家有计划地均衡配置生产力,逐步消灭地区差距。习近平关于京津冀协同发展的重要论述沿袭了马克思主义经典作家的区域经济发展思想,是用马克思主义的立场观点和方法来指导中国区域经济发展实践的新探索,是将马克思主义基本原理同中国具体实际和时代特征紧密结合起来的具体体现,不仅为从根本上改变京津冀发展不平衡和破解北京"大城市"病指明了方向,也闪耀着马克思主义的时代光辉。

(二)京津冀协同发展战略思想是对中国特色社会主义理论的继承和发展,具有鲜明的实践性

京津冀协同发展战略思想是中国共产党在现代化建设的实践中对继承、发展和创新马克思主义所做出的重大贡献,是建设现代化经济体系的重要内

---

① 习近平. 在纪念马克思诞辰 200 周年大会上的讲话[EB/OL]. 新华网,http://www.xinhuanet.com/politics/leaders/2018-05-04/c_1122783997.htm.

容,体现了中国共产党人秉持新发展理念,探索符合中国国情的区域经济发展和社会治理道路的新理念、新思路和新模式。京津冀协同发展战略思想,既坚持辩证唯物主义的立场观点方法,又实事求是地从中国区域发展实际出发,丰富和发展了马克思主义区域经济思想。这一重大战略思想与马克思始终致力于解放生产力和发展生产力的思想一脉相承,体现了中国在区域经济社会治理中的首创精神,是新时代马克思主义中国化的重要成果。

京津冀协同发展战略思想创造性地提出了中国特色首都治理体系和区域治理体系的概念,通过区域协同发展疏解北京非首都功能,破解首都的"大城市病",具有重要的理论创新价值和实践指导意义。习近平关于京津冀协同发展的重要论述,深化了全党全社会对区域协同发展的历史必然性、科学真理性和理论意义、现实意义的认识,丰富了习近平新时代中国特色社会主义经济思想,是习近平新时代中国特色社会主义思想的有机组成部分,为新时代沿着中国特色社会主义方向推进马克思主义中国化奠定了坚定的理论基础和实践基础。

(三)京津冀协同发展和雄安新区建设开辟了中国城市发展与生产力空间布局新境界,具有超前的引领性

习近平指出,京津冀城市群是我国三大城市群之一。目前,京津冀地区在城市空间布局方面存在的主要问题是,京津两极人口和功能过于集中,而周边的中小城市发展不充分,不同规模城市间没有形成合理的分工和分布格局。因此,京津冀区域要统筹空间结构,提高国土空间利用效率,提升城市群内部分工协作能力,推动京津冀走城市群一体化发展的新路。

实现城市群一体化发展是从根本上解决首都发展难题,推动京津冀实现区域协同发展的有效途径。从国内外发展成功经验来看,超大城市周边往往都建有多座相对独立的卫星城市,与之保持密切联系,形成完善的城市系统,实现整个区域共同发展繁荣。

可见,习近平正是在深刻认识区域经济发展规律,把握世界城市群发展趋势的基础上,作出京津冀协同发展的重大战略决策,并提出建设以首都为核心的世界级城市群的发展目标。2014年2月26日,习近平在北京考察工作时明确提出:"要加强规划和建设,提高城市综合承载能力和内涵发展水平,突出城市地域特点和人文特色,围绕首都形成核心区功能优化、辐射区协同发展、梯度层次合理的大首都城市群体系。"①

雄安新区定位是疏解北京非首都功能集中承载地,正如2016年5月27日习近平在主持召开的中共中央政治局会议上所指出:"建设北京城市副中心和雄安新区两个新城,形成北京新的'两翼'。这是我们城市发展的一种新选择。"②

习近平还强调:"发展城市群,不能只考虑居住空间,还要考虑就业容量、配套设施、服务功能、资源环境等。如果能培育若干集聚人口能力较强的城市,就能完善城市群结构,从京津双城记发展到多城记,有效吸引过于密集的中心城区人口自愿向外转移。"③可见,打造京津冀城市群,可以更好地优化城市群空间布局,从根本上解决北京的"大城市病"问题,提升城市群总体功能。所以,雄安新区建设是京津冀协同发展战略思想的具体落实,开辟了中国城市发展与生产力空间布局新境界,必将对于中国长江经济带、粤港澳大湾区等区域经济协同发展起到示范和引领作用。

---

① 习近平论坚持新发展理念[EB/OL]. 学习强国,https://www.xuexi.cn/lgpage/detail/index.html?id=3258579388478748103.

② 千年大计、国家大事——以习近平同志为核心的党中央决策河北雄安新区规划建设纪实[EB/OL].新华网,http://www.xinhuanet.com/politics/2017-04/13/c_1120806042.htm.

③ 实施"一带一路"建设、京津冀协同发展、长江经济带发展三大战略[EB/OL].人民网,http://theory.people.com.cn/n1/2017/0703/c412914-29377905.html.

（四）京津冀协同发展战略思想是新发展理念在京畿大地上的生动实践，具有科学性

2017 年 12 月中央经济工作会议在总结党的十八大以来我国经济发展历程时明确指出："5 年来，我们坚持观大势、谋全局、干实事，成功驾驭了我国经济发展大局，在实践中形成了以新发展理念为主要内容的习近平新时代中国特色社会主义经济思想。"①可见，新发展理念作为习近平新时代中国特色社会主义经济思想的核心内容也是引领京津冀协同发展的目标导向和基本原则。京津冀协同发展战略是党中央在新的历史阶段，适应把握引领中国经济新常态的重要举措。目标是从根本上解决京津冀长期以来区域发展中出现的结构性问题，而创新、协调、绿色、开放、共享五大发展理念正在成为京津冀协同发展生动实践和持续发力的指路明灯。

京津冀协同发展坚持创新发展理念，国家统计局公布的数据显示，2019 年京津冀区域创新发展指数为 162.99，比上年提高 4.72 个点。即三地率先实现从要素驱动、投资驱动向创新驱动转型，积极营造鼓励创新、包容失败的营商环境，激发企业家精神，努力把京津冀打造成为"全国创新驱动经济增长新引擎"。

比如三地通过实施政策规划创新、体制机制创新，推动整体产业转型升级。京津冀已经建立起常态化的跨区域联席会议机制，签署了《关于推进京津冀产业协同发展战略合作框架协议》等一批框架协议，并率先在"通武廊"推出了人才绿卡、科研人员双向兼职等先行先试政策。②

目前，京津冀三省市着力加强海港、空港方面协作，推进人流、物流、资

---

① 中央经济工作会议举行 习近平李克强作重要讲话［EB/OL］.新华网，http://www.xinhuanet.com/politics/leaders/2017–12/20/c_1122142392.htm.

② 京津签署战略合作框架协议 助推协同发展［EB/OL］.人民网，http://bj.people.cn/n2/2018/1016/c82840–32160671.html.

金流、技术流、信息流等要素市场一体化,不断打破阻碍区域要素自由流动的体制机制性障碍,为京津冀协同发展深入推进打下坚实基础。

京津冀协同发展坚持协调发展理念,2019 年京津冀协高发展指数为122.66,比上年提高 0.58 个点。三地通过发挥各自比较优势,找准各自功能定位,从同构性、同质化的竞争性发展转变为差异化的互补性发展,不仅注重区域产业合理分布和构建上下游联动机制,而且在城乡协调方面,区域城乡一体化发展取得成效, 城镇化率从 2013 年的 60.6%上升到 2019 年的66.7%,年均提高 1.0 个百分点。在精神文明与物质文明协调方面,京津冀逐渐加大文体娱乐方面的投入,不断丰富居民精神文化生活,2019 年区域文体娱乐业固定资产投资比 2013 年增长 24.8%。与此同时,三地也非常重视区域协调机制建设。因为《关于建立更加有效的区域协调发展新机制的意见》中明确提出,建立以中心城市引领城市群发展、城市群带动区域发展新模式,推动区域板块之间融合互动发展。其中包括以北京、天津为中心引领京津冀城市群发展,带动环渤海地区协同发展。①因为京津冀世界级城市群的建设也主要是依靠中心城市的带动来实现内部联动。另外,三省市根据各自城市功能定位和比较优势,积极签订了数十项合作协议,这种明确合作意向和合作意识的举措,也能够给中国其他区域协同发展提供学习借鉴的经验。

北京出台的《北京城市副中心控制性详细规划(街区层面)(2016—2035年)》中明确,城市副中心与河北省廊坊北三县地区协同发展,由原来的统一规划、统一政策、统一管控"三统一"变为"四统一",新增统一标准。等等,这些对于探索省际交界地区协调发展新机制具有重要意义。

京津冀协同发展坚持绿色发展理念。环境改善是京津冀三地协同发展的重要目标。为此,三地协同完善了区域大气、水、土壤污染防治协作机制,

---

① 中共中央 国务院关于建立更加有效的区域协调发展新机制的意见[EB/OL]. 中华人民共和国中央人民政府门户网站,http://www.gov.cn/zhengce/2018-11/29/content_5344537.htm.

签署了《京津冀区域环境保护率先突破合作框架协议》。①京津风沙源治理、张承地区生态清洁小流域治理等生态工程持续推进。京津冀正在实现从资源能耗型发展到资源节约型、环境友好型可持续发展的重大转变。

京津冀协同发展战略实施以来,区域生态环境总体逐年向好,生态环境联防联治效果非常显著,绿色发展水平显著提高。2019 年,区域绿色发展指数为 164.65,比 2017 年提高 17.81 个点。与 2013 年相比,平均每年提高近 10 个点,快于 2010—2013 年期间年均提高水平 6.41 个点。

京津冀协同发展坚持开放发展理念。京津冀三地自觉打破自家"一亩三分地"的思维定式,充分融入京津冀协同发展的大格局。北京紧紧抓住疏解非首都功能这个"牛鼻子",舍弃"摊大饼"式旧有发展模式,加快疏解相关产业和人口,推动创新、可持续发展。天津发挥自身产业发展优势,积极承接北京非首都功能。河北强力化解过剩产能,加快产业结构调整步伐,有效承接京津两地的产业外溢。同时,京津冀地区对外开放从"大进大出""引进来",向"走出去"、全方位高水平开放转变。2014 年以来区域开放发展指数上升幅度较大,2016 年达 172.24,比 2013 年年均提高 20.73 个点,自 2017 年开始受高基数影响,指数有所回落,2019 年为 128.51。在全球经济增速放缓背景下,外需拉动相对乏力,而内需对经济增长的贡献率进一步提升,成为拉动经济增长的重要动力。在利用外资方面,2019 年京津冀三地实际利用外资额分别为 142.1 亿美元、47.3 亿美元和 102.8 亿美元,占地区生产总值的比重分别为 2.8%、2.3%和 2.0%。在对外投资方面,区域对外直接投资占地区生产总值的比重从 2013 年的 0.6%增至 2019 年的 1.1%,提高 0.5 个百分点。在贸易开放方面,2019 年区域货物进出口额突破 4 万亿,占区域生产总值比重达到 47.4%。

---

① 中共中央 国务院关于建立更加有效的区域协调发展新机制的意见［EB/OL］. 中华人民共和国中央人民政府门户网站,http://www.gov.cn/zhengce/2018−11−29/content_5344537.htm.

京津冀协同发展坚持共享发展理念。共享就是要推进基本公共服务均等化,弥合三地发展鸿沟,实现区域整体协同发展。近年来,京津冀在教育和医疗领域的合作持续深化。从发展成果自享到三地共享乃至全国共享,京津冀的共建共享机制正在逐步建立,稳步发展。据国家统计局报道,京津冀区域共享发展指数呈现快速上升趋势,2019 年为 259.78,比 2018 年提高 11.51个点。与 2013 年相比,平均每年提高 19.7 个点,较 2010—2013 年期间年均提高水平快 7.83 个点。基本公共服务共享、基础设施共享、教育公平、脱贫攻坚等方面均有明显改善。在基本公共服务共享方面,区域人均一般公共服务支出稳步增长,且京津冀三地之间差距逐步缩小,三地人均一般公共服务支出之比从 2013 年 2.8:2.3:1 缩小至 2019 年的 2.1:1.5:1。区域每千人口卫生技术人员数总体呈上升态势,从 7.1 人增加至 7.8 人。在基础设施共享方面,区域基础设施投资占固定资产投资比重从 2013 年的 20.5% 提高至 2019 年的26.7%,提升 6.2 个百分点。区域高速公路里程稳步增加,2019 年高速公路路网密度达到 460.1 千米/万平方千米, 比 2013 年增长 30.4%。在教育公平方面,三地人口受教育程度稳步提升,北京大专及以上学历人数占 6 岁及以上常住人口比重由 2013 年的 35.1% 提高到 2018 年的 38.9%,天津由 21.1% 提高到 26.2%,河北由 7.4% 提高到 10.7%;在脱贫攻坚方面,区域脱贫攻坚取得较大突破,尤其是 2019 年河北已全面实现农村脱贫。

(五)京津冀协同发展战略思想开创了发展中国家统筹城乡、建设世界级城市群的新路径,具有国际性

京津冀协同发展的整体功能定位之一是建设以首都为核心的世界级城市群,目的是将京津冀及城市群打造成为推动中国经济发展的新增长极,建设成为提升中国国际竞争力和影响力的重要载体, 在引领和支撑全国经济社会发展、融入世界经济体系中发挥更大作用。

习近平曾指出:"城市群是京津冀实现区域合作、优势互补、互联互通、协同发展的重要载体。"①京津冀协同发展的战略意义不仅在于解决区域经济发展不平衡问题,优化区域社会生产力布局和空间结构,更重要的是建设我国参与国际竞争的重要载体,打造具有国际竞争力的世界级城市群。

因此,就要把城市发展置于世界级城市群建设的大格局中去谋划、研究和推动,加快形成与协同发展相适应的人力资源、空间结构、功能布局、产业布局、基础设施体系、交通枢纽、生态环境,着力增强区域吸引辐射功能,提升城市群开放程度和国际化水平。

统筹城乡发展是优化城市群空间布局、提升城市群整体功能的客观需要。通过协同发展在京津冀区域内率先实现城乡统筹,助力乡村振兴,实现2020年全面建成小康社会目标,为全国其他地区提供示范学习的样本。习近平强调:"健全城乡发展一体化体制机制,让广大农民共享改革发展成果。"②立足区域协同发展视角,率先解决京津冀地区城乡关系,实现统筹发展和一体化发展,处理好城市和乡村、发达和落后这两对突出矛盾,为我国城乡融合发展探路,为发展中国家统筹城乡发展提供中国方案,因而具有世界眼光和国际意义。③

(六)京津冀协同发展和雄安新区建设是新时代我国建设绿色城市群、铸就生态家园的试验场和示范园,具有示范性

雄安新区与北京城市副中心通州成为首都北京的"两翼",将在承接非首都功能和人口转移、推动京津冀协同发展方面发挥十分重要的作用。同时,雄安新区将在建设绿色生态宜居城市,实现创新发展、协调发展、开放发展方

①　习近平2014年2月26日在北京市考察工作结束时的讲话 // 习近平论坚持新发展理念(2014年)[EB/OL]. 学习强国,https://www.xuexi.cn/lgpage/detail/index.html?id=3258579388478748103.

②　习近平:健全城乡发展一体化体制机制 让广大农民共享改革发展成果[EB/OL]. 新华网,http://www.xinhuanet.com/politics/2015-05/01/c_1115153876.htm.

③　习近平主持中共中央政治局第十二次集体学习并发表重要讲话[EB/OL]. 中华人民共和国中央人民政府门户网站,http://www.gov.cn/xinwen/2019-01/25/content_5361197.htm.

面提供示范。

雄安新区的定位为"绿色生态宜居新城区"。《河北雄安新区规划纲要》明确指出,坚持把绿色作为高质量发展的普遍形态,充分体现生态文明建设要求,坚持生态优先、绿色发展,贯彻绿水青山就是金山银山的理念,划定生态保护红线、永久基本农田和城镇开发边界,合理确定新区建设规模,完善生态功能,统筹绿色廊道和景观建设,构建蓝绿交织、清新明亮、水城共融、多组团集约紧凑发展的生态城市布局,创造优良人居环境,实现人与自然和谐共生,建设天蓝、地绿、水秀美丽家园。

按照中央部署,雄安新区要抓好建设绿色智慧新城、打造优美生态环境、发展高端高新产业、提供优质公共服务、构建快捷高效交通网、推进体制机制改革、扩大全方位对外开放七大重点任务,建设绿色生态宜居新城区、创新驱动发展引领区、协调发展示范区、开放发展先行区,努力打造贯彻落实新发展理念的创新发展示范区。

雄安新区坚持以资源环境承载能力为刚性约束条件,以承接北京非首都功能疏解为重点,科学确定新区开发边界、人口规模、用地规模和开发强度,形成规模适度、空间有序、用地节约集约的城乡发展新格局。雄安新区践行生态文明理念,尊重自然、顺应自然、保护自然,坚持生态优先,严格控制建设用地规模,划定规划控制线,严守生态保护红线,严格保护永久基本农田,严控城镇开发边界和人口规模,将建设成新时代的生态文明典范城市。

按照雄安新区规划建设目标,到2020年,雄安新区对外骨干交通路网基本建成,起步区基础设施建设和产业布局框架基本形成,白洋淀环境综合治理和生态修复取得明显进展,新区雏形初步显现;到2030年,一座绿色低碳、信息智能、宜居宜业,具有较强竞争力和影响力,人与自然和谐共生的现代化新城将绽放光芒。

（七）京津冀协同发展和雄安新区建设是我国社会主义现代化强国建设的新引擎，具有战略性

习近平在党的十九大报告中庄严宣告："中国特色社会主义进入新时代，意味着近代以来久经磨难的中华民族迎来了从站起来、富起来到强起来的伟大飞跃，迎来了实现中华民族伟大复兴的光明前景。"[①]"我们既要全面建成小康社会、实现第一个百年奋斗目标，又要乘势而上开启全面建设社会主义现代化国家新征程，向第二个百年奋斗目标进军。"[②]可见，"强起来"是中国特色社会主义进入新时代的主题，是当代中国共产党和中国人民共同追求的新的逻辑起点和奋斗目标，是全党全国人民共同奋斗的新的思想基础。广大中国人民在中国共产党的领导下，积极投身到建设社会主义现代化强国的伟大奋斗和实践中去，不断拼搏进取、奋勇前进，共同谱写中华民族伟大复兴的新乐章。

习近平在党的十九大报告中明确指出，我国经济发展已经由高速增长阶段转向高质量发展阶段。[③]我国发展的战略安排，正朝着建设社会主义现代化强国迈进。2020 年全面建成小康社会，之后进入第二个百年目标奋斗期，经过两个十五年的努力，最终实现社会主义现代化强国的目标。

要实现建设社会主义现代化强国的奋斗目标，首先要实现创新驱动，将我国建设成为科技强国。京津冀地区是我国科技资源优势最强的地区，全国大部分的高校、科研院所和大型企业的研发中心都聚集在北京。京津冀具有建设创新型区域的潜力，能够在建设科技强国中走在前列。

---

① 习近平. 决胜全面建成小康社会　夺取新时代中国特色社会主义伟大胜利——在中国共产党第十九次全国代表大会上的报告[M]. 人民出版社，2017：10.
② 同上 28.
③ 同上 30.

三、实施京津冀协同发展战略的实践价值

（一）贡献了融入全球化的中国道路

习近平指出:"开放带来进步,封闭必然落后,中国开放的大门不会关闭,只会越开越大",要积极"推动形成全面开放新格局"。①区域开放是中国全面开放的重要组成部分,是中国改革开放的应有之义和地区实践。回顾中国改革开放四十多年的发展历程,我国开放主要表现为通过区域开放向全方位、深层次、多领域的全面开放不断推进。

由于中国区域发展差异性较大,区域开放发展只能根据各自的资源要素禀赋,从"摸着石头过河"开始,探索符合区域实际的开放之路,京津冀是中国区域开放的重要试点之一,为中国全面开放积累成功经验。在中国特色社会主义的新时代,我国的对外开放也进入一个崭新时代,开放型体制机制建设正在加快进行,新一轮的区域开放也在续写新篇章。

京津冀区域作为中国北方对外开放的重要门户,既肩负着中国开放型经济体制改革创新的神圣使命,又要服务于"一带一路"建设,同时还要通过自身的发展和开放,增强对环渤海乃至广大中国北方地区的辐射带动作用,为中国全面开放和更好融入世界经济做出更大的新贡献。

（二）贡献了发展中国家城市群发展的中国模式

建设世界级城市群,发挥城市群在人才、资金、技术、信息、产业等方面的集聚作用,优化城市群的空间布局,实现发展质量变革、效率变革、动力变革。京津冀协同发展战略的实施,是我国实施城市群发展路径的重大实践探

---

① 习近平.决胜全面建成小康社会 夺取新时代中国特色社会主义伟大胜利——在中国共产党第十九次全国代表大会上的报告[M].人民出版社,2017:34.

索。党的十九大报告指明了我国城市群发展方向,即以城市群为主体构建大中小城市和小城镇协调发展的城镇格局。

城市群崛起是区域经济发展到一定阶段的必然产物,同时能够促进经济进一步高质量发展。世界级城市群的发展经验表明,具有竞争力的城市群可以作为一个国家参与国际竞争的重要载体,带动整个国家经济实现跨越式发展。贯彻落实习近平关于京津冀协同发展重要指示精神,推进京津冀协同发展战略落地生根,打造以首都为核心的世界级城市群,对于完善我国城市群发展新形态,优化生产力布局和空间结构,不断提高我国城市的国际竞争力和影响力具有重要意义,也必将对发展中国家城市群建设产生积极影响,贡献中国模式。

(三)贡献了优化区域协调发展的中国方案

京津冀协同发展战略思想对于我国这样一个发展中的人口大国,在现代化发展的攻坚期,如何破解首都发展长期积累的人地矛盾和"大城市病",从建设现代化国家和城市群协同发展的角度对首都的重新进行功能定位,探索出一条中国特色社会主义超大型城市治理的新路,具有十分重要的现实意义。

长期以来,京津冀地区资源配置行政色彩浓厚,市场机制作用发挥不充分,国有经济比重较高,国有企业资产总额占全国的比重超过60%。[①]同珠三角、长三角区域相比,京津冀区域市场化水平较低,形成壁垒长期存在阻碍了统一要素市场的形成,资本、技术、产权、人才、劳动力等生产要素自由流动受到限制,资源配置效率相对较低。京津冀协同发展实践,对于我国推进行政管理体制改革,打破行政区划壁垒,走城市群发展的新路,实现区域协调发展制度创新进行了有益探索。在京津冀协同发展战略提出之后,长江经济带、

①　京津冀协同发展需处理好四大关系[EB/OL].中国经济导报,http://www.ceh.com.cn/xwpd/2016/10/1006381.shtml,2018-11-15.

粤港澳大湾区也上升至重大国家战略。京津冀协同发展重大战略思想及其成功实践也必然能够进一步指导和带动长江经济带和粤港澳大湾区的建设,为我国区域经济协调发展实践提供理论指引。

第四节　京津冀协同发展战略稳步推进

京津冀协同发展战略实施以来,组建了京津冀协同发展领导小组和相关专家咨询委员会。同时京津冀三地和国家相关部门认真实施贯彻《规划纲要》,积极开展重大项目合作,协同发展势头向好。

一、"一亩三分地"思维定式正在被打破

习近平在北京市考察工作结束时的讲话中指出:"行政区划并不必然就是区域合作和协同发展的障碍和壁垒。行政区划本身也是一种重要资源,用得好就是推动区域协同发展的更大优势,用不好也可能成为掣肘。这就需要大家自觉打破自家'一亩三分地'的思维定式,由过去的都要求对方为自己做什么,变成大家抱成团朝着顶层设计的目标一起做。"①

实现区域协同发展并不容易,需要各级相关部门提高认识、齐心协力,为了建设社会主义现代化国家的伟大目标,为了实现中华民族伟大复兴,秉持大局观相向而行,携手破除旧的制度藩篱,推进全面深化改革,不断进行体制机制创新。

国务院设立京津冀协同发展领导小组,小组办公室设在国家发改委,发挥全面领导、顶层设计、协调各方的作用。京津冀三地认识同向、行动同步,

---

① 实施"一带一路"建设、京津冀协同发展、长江经济带发展三大战略[EB/OL]. 人民网,http://theory.people.com.cn/n1/2017/0703/c412914-29377905.html.

自觉跳出"一亩三分地"的思维定式,朝着实现"1+1+1>3"的目标共同迈进。2015年4月30日,中共中央政治局召开会议,审议通过《规划纲要》。京津冀协同发展的顶层设计正式出台,为京津冀协同发展制定路线图和任务书。《规划纲要》明确了京津冀整体功能定位与三地各自功能定位,京津冀地区正在着力建设以首都为核心的世界级城市群、区域整体协同发展改革引领区、全国创新驱动经济增长新引擎、生态修复环境改善示范区。

京津冀三地形成了比较完整的规划体系,明确协同发展的方向和路径;针对区域协同发展的瓶颈,在交通一体化、生态环境保护、产业升级转移三个重点领域率先实现突破,不断取得重要成果;加快构建协同发展体制机制,推动实施一批重大改革创新试验;致力于补齐协同发展短板,公共服务共建共享取得实质性突破;强化基础设施支撑,一批重大工程和重要项目落地建设。加快北京城市副中心规划建设,疏解北京非首都功能工作稳妥有序推进;实行集中疏解和分散疏解相结合,推动一批疏解示范项目向北京周边和天津、河北转移。设立雄安新区,与规划建设的北京城市副中心一道,将在承接适宜非首都功能和人口转移、推动京津冀协同发展方面发挥重要的作用,同时,雄安将在建设绿色生态宜居城市,贯彻落实新发展理念等方面进行示范。

二、协同发展的体制机制正在建立

政府主导型制度变迁在中国改革的实践中取得了巨大成功,一方面,它有效发挥了制度环境对于经济增长的推动作用;另一方面也补充了市场体制、特别是不完善市场体制的诸多缺陷,实现了政府力量与市场力量的完美结合。京津冀协同发展战略实施以来,习近平提出要建立和完善京津冀协同发展相关体制机制。协同发展、体制先行,已经成为三地推动协同发展的共识。经过多年的努力,京津冀协同发展体制机制的基本框架已经初具雏形,从国家层面到地区层面的协同发展体制机制也逐渐形成,一些体制机制创新的实践也在不断进行中。

(一)国家层面的顶层设计出台并不断完善

推动京津冀协同发展是一项系统工程,通过顶层设计统领全局、协调各方是发挥区域整体动能、提升协同发展效率的有效举措,2015 年 6 月,国务院印发《规划纲要》,标志着京津冀协同发展的顶层设计已经基本完成,推动京津冀协同发展的总方针已经确立。《规划纲要》对京津冀区域的功能定位、空间布局、重点领域发展等都绘制了详尽的蓝图,明确了京津冀协同发展的总基调和大方向, 是从国家整体层面对京津冀协同发展进行引领的战略框架。①随着《规划纲要》的实施,一系列国家层面的推动京津冀协同发展的政策措施相继出台。2016 年 2 月《“十三五”时期京津冀国民经济和社会发展规划》发布,明确了京津冀协同发展未来五年的发展目标,并出台了产业、交通、科技、生态环保等 12 个专项规划和一系列政策。②《京津冀空间规划》正在不断完善中,通过协同发展总体规划和专业性的行业规划,京津冀协同发展的顶层设计不断夯实。

(二)地方政府沟通联络机制初步形成

在协同发展顶层设计的引领下,京津冀各地政府积极出台配套措施,进一步加强地区间的交流合作,为实现体制机制的协同不断探索新路径。目前,三地政府正在努力建立健全协同发展工作推进体系,完善对接机制,共同建立京津冀协同办主任联席会议制度和有关部门联席会商制度,协同发展在各

---

①　京津冀协同发展 3 省市功能定位公布[EB/OL]. 央视网,http://news.cntv.cn/2015/08/23/ARTI 1440303833287235.shtml.

②　推动京津冀协同发展(认真学习宣传贯彻党的十九大精神)[EB/OL]. 人民网,http://politics. people.com.cn/n1/2017/1120/c1001-29655288.html.

领域扎实推进。2017 年 8 月,天津市武清区政协与北京市通州区政协、河北省廊坊市政协共同签署《"通武廊"三地政协沟通联络机制》。三地政协将重点围绕贯彻中央关于京津冀协同发展的重大工作部署和"通武廊"战略合作发展框架协议要求,在破解影响合作发展的突出问题、破除制约合作发展的体制障碍、完善合作发展的区域政策等方面共同开展专项视察和专题协商等工作,联合提出解决办法和对策措施,为党委、政府科学决策提供参考。①建立"通武廊"三地政协沟通联络机制,旨在全面贯彻落实三地政府共同签署的《推进通武廊战略合作发展框架协议》,立足三地政协人才、智力和组织优势,搭建跨区域协商平台,以改革创新精神开展务实合作,充分发挥协调关系、汇聚力量、建言献策、服务大局的重要作用,为加快推进京津冀协同发展进程贡献智慧和力量。

(三)区域内部利益协调机制加快建立

合理的利益协调机制是保障区域内部各地区实现利益共享、合作共赢的基础和保障。为了推进三地的利益共享,2015 年 6 月 3 日,《京津冀协同发展产业转移对接企业税收收入分享办法》,办法经国务院批准后,由财政部、国家税务总局印发,目的是为推动京津冀协同发展,促进资源要素合理流动,实现京津冀地区优势互补、良性互动、共赢发展。②产业转移过程中合理的税收分享,是推动三地一体化的重要组成部分。京津冀三地要协同发展,就要科学合理的产业转移和布局。对于产业迁出地而言,财税收入、就业乃至国内生产总值可能会在一定程度上受到影响,地方利益可能会使产业转移产生困难,因此合理的税收分享机制,将有助于推动合理的产业转移,对于保护和提

---

① 京津冀"通武廊"三地政协建立沟通联络机制[EB/OL]. 中国网,http://www.china.com.cn/cp-pcc/2017-08/02/content_41331858.htm.

② 财政部 国家税务总局关于印发《京津冀协同发展产业转移对接企业税收收入分享办法》的通知[EB/OL]. 中华人民共和国财政部门户网站,http://www.mof.gov.cn/zhengwuxinxi/caizhengwengao/wg2015/wg201508/201601/t20160107_1645695.html.

高迁出地区和迁入地区的积极性都有很好的作用。

在京津冀三地中，北京对资源和要素的集聚作用和吸附能力相当大，在财税方面出台相关政策，有利于调节区域内部营商成本差异，促进相关产业向其他城市转移，有利于优化城市群产业空间布局、增强城市之间产业关联度，推动京津冀协同发展。

（四）跨区域生态补偿机制逐步确立

京津冀自然资源匮乏，是中国生态环境保护压力最大的地区之一，尤其是水资源严重短缺，已成为制约区域发展的主要瓶颈之一，必然率先建立跨区域生态补偿机制。

目前，以北京、张家口为主的京津冀西北部地区初步形成了以中央纵向补偿为主，地方横向补偿为辅，经济和技术为主要补偿方式的跨区域生态补偿机制。中共中央、国务院《生态文明体制改革总体方案》提出："推动在京津冀水源涵养区开展跨地区生态补偿试点。"《环渤海地区合作发展纲要》提出："鼓励地区间探索建立横向生态补偿制度，在流域生态保护区与受益区之间开展横向生态补偿试点。"在原环保部、财政部的组织协调下，河北省与天津市首先就引滦入津上下游横向生态补偿达成一致意见，在前期合作的基础上，两地人民政府共同签订了《关于引滦入津上下游横向生态补偿的协议》。

为切实保护密云水库上游流域水环境，保障首都供水安全，实现京冀生态环境保护协同发展，北京市与河北省水源涵养区生态环境保护补偿机制建立工作于 2017 年正式启动。2018 年底，北京、河北两省共同签署了《密云水库上游潮白河流域水源涵养区横向生态保护补偿协议》，将以水量、水质、上游行为管控三方面指标，对张家口市相关县区进行生态保护补偿。

三、京津冀重点领域协同发展取得突破性进展

自京津冀协同发展上升至国家战略以来,三省市各级政府部门积极拥护,积极贯彻,统一部署,已经在多项重点领域均取得重大突破。

(一)区域交通一体化取得突破性进展

习近平指出:"交通一体化是京津冀协同发展的骨骼系统。这个系统立起来了,协同发展的基础和条件就立起来了,人流、物流、信息流一体化就很容易实现了。要把交通一体化作为推进京津冀协同发展的先行领域,通盘考虑、统筹规划、共同推进区域重大基础设施建设和交通格局优化,科学规划并建设现代化、智能化的交通网络体系,加快构建三地快速、便捷、高效、安全、大容量、低成本的互联互通综合交通网络,为京津冀协同发展提供坚实基础和保障条件。"[①]

京津冀交通一体化加快推进,"轨道上的京津冀"逐渐成形。《京津冀地区城际铁路网规划》明确,以京津、京保石、京唐秦三大通道为主轴,到2030年将基本形成"四纵四横一环"城际铁路网。[②]目前,京津城际实现月票制,津秦、津保、张唐等铁路建成通车,京沈高铁及京滨、京唐铁路等加快建设;未来,国家干线铁路、城际铁路、市郊铁路、城市地铁,将构成京津冀之间的四层轨道交通网络。[③]

三地加快交通一体化落实步伐。在大兴国际机场建成投运的基础上,北京市进一步加快区域交通一体化建设,京台高速建成通车,京开高速拓宽工

---

① 习近平在北京市考察工作结束时的讲话(2014年2月26日)// 中共中央文献研究室编.习近平关于社会主义经济建设文献摘编[M].中央文献出版社,2017.

② 《京津冀城际铁路网规划》发布[EB/OL].中华人民共和国中央人民政府门户网站,2019-01-27.

③ 京津冀协同发展一年一大步(事件新闻)[EB/OL].人民网,http://politics.people.com.cn/n1/2018/0206/c1001-29807261.html,2019-01-07.

程主路完工,京秦高速、首都地区环线高速(通州—大兴段)、新机场高速、延崇高速等项目加快建设。未来,高速公路、轨道交通和普通公路三层叠落共构的路段将在北京首次亮相。天津完善连接雄安新区、京冀周边城市的交通网络,推进津承城际、天津至北京新机场联络线、京沪高铁二通道等项目建设,启动津石高速公路建设,打通了一批高速公路"断头路"、国省干道"瓶颈路",京津冀机场一体化运营机制初步形成,加密航班航线,大力发展海铁、海空、空陆联运。①天津港通关效能提升和成本节约效果显著,2020 年完成集装箱吞吐量 1835 万标箱,②海铁联运吞吐量 80.5 万标箱,对外开放平台功能不断提高。河北省以疏解北京交通压力为重点,坚持做好与京津的沟通衔接,确保京秦高速公路遵化至秦皇岛段、京新京藏联络线、京北公路开工建设,京新高速公路胶泥湾至冀晋界段、京秦高速公路大安镇至平安城段、唐廊高速公路唐山段建成通车。

(二)生态环境保护取得初步成效

推动京津冀协同发展,生态是基础。三省市坚持生态优先,加强顶层设计,逐步实现生态共建共管共享。2015 年 12 月底,国家发改委发布《京津冀协同发展生态环境保护规划》,提出了建设区域生态屏障、着力保障区域水安全、打好大气污染防治攻坚战、积极改善土壤和农村环境、强化资源节约和管理,以及加强生态环境监管能力建设六大重点任务。该规划提出到 2017 年,京津冀地区 $PM_{2.5}$ 年平均浓度要控制在 73 微克/立方米左右;到 2020 年,$PM_{2.5}$ 年平均浓度要控制在 64 微克/立方米左右,比 2013 年下降 40%左右。③

京津冀生态环保联防联控不断深化。京津冀成立了环境执法联动工作机

---

① 京津冀协同发展迈向中期目标 透过三地报告看政策利好[EB/OL]. 新华网, http://www.xin-huanet.com/fortune/2018-02/26/c_129817564.htm, 2019-01-12.

② 时习之 累累硕果 习近平指引京津冀协同发展迈上新台阶 [EB/OL]. 中国经济网. http://www.ce.cn/xwzx/gnsz/szyw/202103/18/t20210318_36390816.shtml. 2021-08-03.

③ 京津冀协同发展生态环保规划发布[J]. 环境监控与预警, 2016,(1):66。

制领导小组,严厉打击环境违法行为。京津冀环保部门开展了重污染天气联合会商和跨区域环境问题处置,试行统一的重污染天气预警分级标准,使空气质量和重点污染源数据实现信息共享,积极推进落实《关于开展规划环境影响评价会商的指导意见(试行)》实施。在一系列组合拳的作用下,三地大气污染治理取得明显成效。2020 年, 京津冀 PM_{2.5} 平均浓度比 2013 年下降 58.9%,[1]下降幅度超过长三角、珠三角同期下降幅度。2020 年,北京市 PM_{2.5} 年均浓度 38 微克/立方米,同比下降 9.5%,较 2013 年下降 57.8%。2021 年上半年,京津冀及周边地区"2+26"城市 PM_{2.5} 浓度为每立方米 49 微克/立方米,同比下降 14.0%。[2]

京津保生态过渡带、三北防护林、京津风沙源治理等一批重大生态工程加快实施,区域水污染治理成效显著。白洋淀治理"十四五"实施方案和 2021 年行动计划相继制定出台,雄安新区 606 个有水纳污坑塘全部治理完毕,治理涉水企业 1000 多家,淀区水质已由劣 V 类转为 IV 类,通过补水使淀区水位保持在 6.8 米以上。张家口首都水源涵养功能区和生态环境支撑区加快建设。累计退减坝上地区水浇地 40 多万亩,完成营造林 1100 多万亩,可再生能源装机容量超过 1800 万千瓦,首都生态屏障功能更加突出。[3]天津取消集港煤炭公路运输,建立引滦水环境生态补偿机制。今后,三地将继续加强生态环保联防联控,深化大气、水、土壤污染防治协作。

(三)产业升级转移进程加快

习近平指出:"推进京津冀协同发展,要立足各自比较优势、立足现代产

①　时习之　累累硕果　习近平指引京津冀协同发展迈上新台阶[EB/OL]. 中国经济网. http://www.ce.cn/xwzx/gnsz/szyw/202103/18/t20210318_36390816.shtml. 2021-08-03.

②　京津冀协同发展:落子布局,一核两翼同频共振[EB/OL]. 中国金融新闻网. http://www.heb.chinanews.com/jjjjj/20180729380916.shtml.2018-07-26.

③　时习之　累累硕果　习近平指引京津冀协同发展迈上新台阶 [EB/OL]. 中国经济网. http://www.ce.cn/xwzx/gnsz/szyw/202103/18/t20210318_36390816.shtml. 2021-08-03.

业分工要求、立足区域优势互补原则、立足合作共赢理念,以京津冀城市群建设为载体、以优化区域分工和产业布局为重点、以资源要素空间统筹规划利用为主线、以构建长效体制机制为抓手,从广度和深度上加快发展,努力打造现代化的新型首都经济圈。""要着力加快推进产业对接协作,理顺三地产业发展链条,形成区域间产业合理分布和上下游联动机制,对接产业规划,不搞同构性、同质化发展。"①

习近平在北京市考察工作结束时的讲话中指出:"产业一体化是京津冀协同发展的实体内容和关键支撑。从北京、天津、河北现有经济结构看,如果各自封闭调整只会是小循环,加重分布不均衡问题,但若能搞好大挪移,做到互通有无、有效互补,对三地转变经济发展方式都能起到事半功倍的成效。现在,中央给大家解除了一个紧箍咒,就是不要简单以国内生产总值增长率论英雄,不拿这个作为唯一考核标准,不要怕因为某些产业不留在北京会影响政绩,政绩最后看综合指标,看总体要求的实现程度。产业规划要对接,你们已经在晒各家的图纸了,这很好,互相保密、恶性竞争没有必要,同构性、同质化发展不行,能差别化就要差别化。北京不宜发展的产业要明晰化,不要再继续发展了,在这方面要痛下决心、壮士断腕。如果三地在产业发展上各干各的,那协同发展就只能是一句空话。要在更高层面整合京津冀产业发展,合理安排三地产业分工特别是制造业分工,着力理顺京津冀产业发展链条,形成区域间产业合理分布和上下游联动机制。可以考虑,把北京现有高端制造业的制造环节、其他制造业的整个产业链转移到天津、河北,把北京的部分产业发展功能疏解到天津、河北。北京则集中资源把创新的事业做大做强,创新成果到天津、河北实现孵化和转化。"②

2017 年底,京津冀三地共同研究制定实施《关于加强京津冀产业转移承

---

① 习近平.用顶层设计指导引领推动京津冀发展合作[EB/OL].人民网,http://cpc.people.com.cn/xuexi/big5/n1/2017/0703/c385474-29378048.html.

② 习近平.用顶层设计指导引领推动京津冀发展合作[EB/OL].人民网,http://cpc.people.com.cn/xuexi/big5/n1/2017/0703/c385474-29378048.html.

接重点平台建设的意见》，初步明确了"2+4+46"平台方案，即北京城市副中心和河北雄安新区两个集中承载地，曹妃甸协同发展示范区、新机场临空经济区、张承生态功能区、滨海新区等四大战略合作功能区及46个专业化、特色化承接平台。①

京津冀三地产业联动效果初显。三地协同打造科技创新园区链，截至2020年，中关村企业在津冀设立分支机构8600多家，北京流向津冀技术合同成交额累计超1400亿元，科技成果转移"灯下黑"状况明显改观。北京现代汽车沧州工厂建成投产以来累计产销整车超过50万辆，北京·沧州生物医药园共吸引95家北京医药企业签约落户，北京大数据产业链部分环节加快向张北云计算产业基地集聚。河北省有关部门数据显示，近8年，河北累计签约批发市场商户4万余户，承接京津转入法人单位24771个、产业活动单位9045个。天津市以滨海新区等地为重要平台，吸引了亚投行灾备中心、滨海－中关村科技园、奇虎360等一批优质项目布局，"十三五"期间，引进北京企业投资项目超4000个，投资到位额超6000亿元。②

可以预见，随着进一步深化改革与体制机制的不断完善，京津冀协同发展思想将持续在京畿大地上生动实践。

（四）基本公共服务均等化有序推进

实现基本公共服务均等化是疏解北京非首都功能的重要前提，也是京津冀协同发展的重要方面，更是践行以人民为中心的发展理念的本质要求。实现基本公共服务均等化要充分发挥市场在资源配置中的作用，积极发挥政府的引导作用，逐步引导优质公共服务资源合理配置，缩小区域内部公共服务水平之间的差距。

---

① 京津冀加强建设产业转移承接重点平台［EB/OL］. 新华网，http://www.xinhuanet.com/local/2017-12/20/c_1122142754.htm.
② 从数据看京津冀协同发展新变化：期中交"考卷"成绩单如何？［EB/OL］. 中国青年报. https://baijiahao.baidu.com/s?id=1693037150724508410&wfr=spider&for=pc.2021-08-05.

京津冀协同发展战略实施以来,三地着力推进基本公共服务均等化,三地之间基本公共服务的差距在逐步缩小,发展成果正在显现。京津冀共同签订了《京津冀卫生计生事业协同发展行动计划》,在公共卫生、贫困地区卫生帮扶、人口健康信息平台建设等方面深化合作,促进协同发展。三地将研究统一的区域性转诊制度和就诊预约渠道,建立绿色转诊通道;推进检查检验结果互认制度,探索建立区域医学影像和检查检验中心。此外,推进药品、医用耗材部分品种联合采购,推动三地药械信息互联互通。①

北京的优质医疗资源加速向河北、天津布局,京津冀之间正在加快构建分级诊疗、双向转诊的合作模式。京津冀卫生计生行政部门每年都要就三方医疗卫生体制改革的当年总体安排进行对接。京津冀三省市实现行政工作协同,启动了公立医院药品医用耗材联合采购,建立并运行联合采购平台。此外,京津冀签署合作协议,联合应对突发事件,加强卫生应急合作、疾病预防控制、卫生计生综合监督等。近年来,三地分别在北京怀柔、天津宁河、河北石家庄开展京津冀卫生应急综合演练。②

京津冀在全国率先完成了异地就医住院治疗联网直接结算任务,依托国家结算平台,三地参保群众不用来回跑,都能享受到方便的医保服务。下一步,人力社保部门将在总结医保异地住院直接结算经验的基础上,坚持问题导向和群众需求导向,进一步完善政策、健全机制,积极探索推进三地门诊医保联网直接结算,以三地医保协同的新成效,为三地群众就医带来新体验。自2017年1月起,京津冀异地就医即时报销试点正式启动。截至2018年1月,京津冀有1093家医院异地就医可直接结算,90%以上的三级定点医疗机构已实现与国家异地就医结算系统对接。超过80%的区县至少有一家定点医

① 京津冀医疗一体化加速推进 检查结果将互认[EB/OL]. 凤凰资讯. http://news.ifeng.com/a/2016
1207/50379771_0.shtml.
② 深化医疗合作 释放民生红利[EB/OL]. 天津市人民政府门户网站, http://www.tj.gov.cn/xw/
bdyw/201803/t20180314_3622519.html.

疗机构可以提供跨省异地就医住院医疗费用直接结算服务。①

　　京津冀教育协同发展也正在深入推进,三省市成立了高校协同创新联盟、卫生职业教育协同发展联盟。《京津冀教育协同发展"十三五"专项工作计划》提出,三省市高校有望学分互认、课程互选,组建一百多对合作学校。② 27项专业技术职称资格已实现互认,人才在京津冀范围内流动,可由用人单位直接聘任,不用再重新评定职称。

———————————————

　　① 京津冀千余医院异地就医可直接结算[EB/OL]. 人民网,http://bj.people.com.cn/gb/n2/2018/0119/c233081–31159600.html.

　　② [京津冀协同发展调研行]共享共建 公共服务均等化惠及百姓[EB/OL]. 中国日报中文网,http://china.chinadaily.com.cn/2017–02/20/content_28275086.htm.

第二章

关于京津冀协同发展战略重要论述的理论探究

京津冀协同发展战略思想是以习近平同志为核心的党中央站在我国发展新的历史起点，做出的顺应经济社会发展规律，顺应世界经济发展趋势，兼顾对内改革与对外开放，总揽全国发展大局的重大战略部署，也是中国特色区域经济发展实践探索与理论创新的有机结合。探寻京津冀协同发展战略思想的理论根源、科学内涵和理论价值，是深刻理解京津冀协同发展战略思想的客观需要，也是深入贯彻落实京津冀协同发展战略的必然要求。

第一节　京津冀协同发展战略的思想基础

京津冀协同发展战略不仅是新时代引领中国区域经济发展新实践的重要战略举措，也是在中国区域经济发展实践基础上的重大理论创新。新中国成立后，中国经济步入稳定发展轨道。特别是改革开放以来，在各种政策效应的作用下，中国经济快速发展起来，成为世界经济中一支崭新力量。对于中国这样一个快速发展的大国而言，区域经济协调发展相当重要，因为地理区位、资源禀赋、政策力度的差异导致了区域经济发展模式、发展速度和发展水平的最终差异，这决定了中国区域均衡发展的目标是不可能在短时间内实现的。从新中国建立之初到 2014 年的近七十年间，为了推动全国经济的发展，区域经济发展战略处于不断地调整之中，西南地区、东南沿海、西北内陆相继成为区域发展战略的重点，区域经济也不断实现着"不平衡—平衡—不平衡—平衡……"的螺旋式上升发展，这样的演化路径是符合历史发展规律也是符合经济发展规律的。新时代以习近平同志为核心的党中央提出了京津冀协同发展战略，是从历史维度和战略高度对中国区域经济发展问题的科学把握，是指导新时代我国区域经济发展实践的重大理论创新。

　　具有深邃的历史思维是习近平思维方式的重要特征，他对现实问题的精准分析和深刻解读源于其对历史规律的揭示与把握。习近平非常重视对历史的研究，善于从历史规律中把握发展趋势，他曾经指出："历史研究是一切社会科学的基础。"①京津冀协同发展战略思想正是体现了习近平严谨的历史思维和深邃的历史眼光。

一、京津冀协同发展战略体现了历史思维

　　习近平的历史思维是马克思主义的历史思维，贯穿着马克思主义唯物史观。马克思主义唯物史观坚持实事求是的思维方式，以揭示反映事物发展的内在规律并运用这种规律性认识指导实践行动为特征。习近平注重从历史中认识规律，认识中国当前和未来的发展，并以此作为谋划和解决中国发展问题的思想基础。习近平曾经要求领导干部，"通过学习历史不断深化对人类社会发展规律、社会主义建设规律和共产党执政规律的认识，不断丰富自己的历史知识，这样才能使自己的眼界和胸襟大为开阔，认识能力和精神

---

① 习近平.在第十二届全国人民代表大会第一次会议上的讲话[N].光明日报,2013-03-18(03).

境界大为提高,使自己的领导工作水平不断得以提升"①。习近平对具体问题包括京津冀发展问题的思考也贯穿了其对历史规律的把握,是站在历史维度,用历史发展的眼光来认识和解决现实问题。这种观点对于京津冀协同发展战略思想的形成具有重要作用,是习近平从传承与发展的双重维度探索京津冀协同发展问题的基础。

作为中国一个重要的发展区域,京津冀区域的发展有着自己的历史演变轨迹。京津冀区域的发展面临的现实问题是其历史发展的结果,也是其未来发展的基础。新中国成立之初到改革开放以前,由于行政区划频繁调整以及我国区域经济发展战略重心向"三线"地区转移,京津冀各地的发展并没有引起太多关注。同时,京津冀也没有作为一个特定的发展区域在全国经济总体发展中发挥作用。改革开放之初,东南沿海在改革开放政策的推动下快速发展起来,珠三角和长三角两大发展区域崭露头角,在这种示范效应的引导下,华北地区开始了经济合作的初步探索,这成为京津冀区域的雏形。20世纪90年代中期以后,环渤海地区迅速发展起来并表现出对广大西北内陆地区的巨大辐射效应,京津冀区域作为环渤海地区的重要增长中心受到了广泛的关注。2005年,京津冀区域一体化发展被提上日程,经过十年的发展,京津冀区域一体化取得了初步成效。进入新时代,我国经济社会发展站在新的历史方位上,出现许多新情况,京津冀区域的发展也面临诸多新问题,推动京津冀协同发展正是在充分尊重京津冀区域发展历史与我国经济社会发展现实需求的基础上,加快京津冀区域发展,推动京津冀区域发挥引擎作用的关键性战略举措。

---

① 领导干部要读点历史:习近平在中央党校2011年秋季开学典礼上强调[N].学习时报.2011-09-05(13).

二、京津冀协同发展战略体现了的辩证唯物史观

辩证唯物主义认为，主要矛盾和矛盾的主要方面决定着事物的发展方向，对事物发展起决定性作用。人类社会的发展轨迹是多种文明发展轨迹相互影响、相互交织的结果，其中，背离人类社会发展目标、发展规律的状况在历史上时有出现，并被证明会对全人类的发展起到延缓和阻碍作用。当前，国际形势错综复杂，世界上各种力量交织纵横，需要我们把握人类社会发展的主流方向，坚持走中国特色社会主义发展道路，避免被旁支侧流左右和影响。习近平注重对事物矛盾运动基本原理的把握，在此基础上对当前世界发展的主要矛盾进行深刻剖析，因而对世界发展形势和人类社会发展方向有了准确的判断。习近平认为，面对复杂的国际形势，不仅"要有全局观，对各种矛盾做到心中有数，同时又要优先解决主要矛盾和矛盾的主要方面，以此带动其他矛盾的解决"[①]。和平与发展作为当前世界两大主题，和平是发展的基础和保障，而发展是实现和平的必要手段。面对国际发展中的"南北矛盾"以及由此决定的国际经济旧秩序，只有加速发展中国家的发展，提高发展中国家的发展能力和国际竞争力，提升发展中国家在国际事务中的参与度和话语权，推动国际政治经济新秩序的形成，才能从根本上为人类社会的可持续发展营造一个良好的环境。作为最大的发展中国家，中国的发展是推动世界经济发展和人类社会进步的重要力量，因此中国的全面发展和国际地位的提升至关重要。

京津冀协同发展战略正是推进中国区域经济协调发展，提升中国国际影响力的一项重大战略举措。首先，京津冀区域是中国对内深化改革与对外扩大开放的重要战略交汇点。京津冀区域是我国改革开放的先行区和对外

① 习近平.坚持运用辩证唯物主义世界观方法论提高解决我国改革发展基本问题本领[N].人民日报，2015-01-25(1).

经济交往的重要平台，协同发展赋予京津冀区域更多体制机制创新和扩大对外开放的政策条件，因而赋予了京津冀探索深化改革路径和扩大对外开放平台的双重功能。其次,京津冀协同发展是推动中国区域经济协调发展的重要政策着力点。京津冀区域是中国三大发展区域之一,所辐射的中国北方地区占全国土地面积的60%以上,占全国人口的80%以上,京津冀区域的协同发展意味着其发展能力和辐射能力的提高，是带动中国北方经济振兴的关键抓手,是改善中国区域发展南北不平衡、东西不协调的有效举措,因而是实现中国区域协调发展的重大战略举措。最后,京津冀协同发展是提升中国国际竞争力和影响力的重要途径。京津冀区域的整体功能定位之一是建设世界级城市群,目的是通过城市和城市群的转型升级,扩大中国城市影响力,拓展中国参与国际事务的平台。

三、京津冀协同发展战略是基于对中国历史新方位的精准判断

习近平对于京津冀协同发展问题的思考是站在新时代中国发展新的历史方位上的全新探索,体现了习近平对当前我国所处历史方位的全面把握,是源于其大历史观的思维逻辑。习近平注重将中国发展的过去、现在、未来作为一个历史整体来考虑,"我们从哪里来? 我们走向何方? 中国到了今天,我无时无刻不提醒自己,要有这样的一种历史感"①。"一个民族、一个国家,必须知道自己是谁,是从哪里来的,要到哪里去,想明白了、想对了,就要坚定不移朝着目标前进。"中华民族五千年的发展历程,既有成功也有失败,既有辉煌也有衰落,既有顺利也有曲折,今天的成就是历史必然性与偶然性辩证统一的结果,未来的发展仍然要受这种规律的支配。明确我们今天所处的历史方位以及历史趋势将走向何方,有助于我们顺应历史发展潮流,制定能

---

① 阔步走在中华民族伟大复兴的历史征程上——记以习近平同志为总书记的党中央推进全方位外交的成功实践[N].人民日报,2016-01-05(01).

够推动历史发展的正确战略举措。正是基于这种思维，习近平深刻总结中国和世界历史的发展逻辑，对中国当前所处的历史方位有了精准的判断，对中国未来的发展方向有了正确的把握，提出了京津冀协同发展的重大战略构想并迅速付诸实施。京津冀协同发展战略是对以往中国区域经济发展战略的继承和延续，既是立足当下推进"四个全面"战略布局的有效举措，也是着眼未来中国"五位一体"全面发展可持续发展的长远战略步骤。

第二节　京津冀协同发展战略的理论溯源

区域经济理论是以经济学、经济地理学、区域经济学和社会学等学科为基础的综合理论体系，对于指导发达国家和发展中国家的区域经济发展与实践都具有重要的理论价值和现实意义，因而一直受到学术界和政府的高度关注。中国作为最大的发展中国家，其区域经济发展问题历来是理论界和政策制定者的研究重点，并取得诸多理论和实践成果。随着中国区域经济发展进入新阶段，习近平关于京津冀协同发展战略思想成为引领中国区域经济发展与实践的重要理论创新成果，不仅汲取了西方传统区域经济思想的精髓，也是对中国特色社会主义区域经济发展思想的理论传承与创新。

一、京津冀协同发展战略
是对马克思主义区域经济发展思想的完善和发展

京津冀协同发展战略是中国特色社会主义区域经济发展思想的有机组成部分，是马克思主义区域经济发展思想与中国区域经济发展实践相结合的最新理论成果，贯穿着马克思主义区域经济发展思想的理论精髓。在马克思主义区域经济思想中，对中国区域经济发展理论和实践具有指导意义的内容包括马克思、恩格斯关于区域经济发展的相关理论观点，也包括苏联革命领袖列宁和斯大林结合苏联经济建设实践对这一思想的继承和发展。

马克思和恩格斯一生致力于研究人类社会发展规律、揭示资本主义生产方式的本质、考察社会形态演进过程和世界经济发展，由此形成一系列有价值的区域经济思想，主要体现在对生产力布局、世界市场、科技、生态、城乡融合等问题的研究中。其中所涉及的丰富区域经济理论是马克思恩格斯关于区域经济发展的论述、观点和看法的集合，具体包括生产力布局理论、地域分工理论、协调生产力论等。生产力布局理论认为，资本主义生产方式所特有的无政府状态是导致区域经济发展不平衡的根本原因，只有在社会主义制度下，通过有计划地配置生产力才能实现生产力平衡布局和区域经济协调发展。基于该理论，马克思和恩格斯进一步指出，社会生产的发展必然引起产业部门之间、城市与乡村之间以及地域经济之间的分工与协作。各种生产要素在区域间的不同配置是决定各个地区产业布局的关键因素，但随着科学技术的发展，社会经济条件对区域经济产生的影响将越来越大。马克思和恩格斯在考察资本主义生产的基础上，对如何实现社会主义社会生产提出了许多构想，其中包括很明确的协调与统筹思想，这种协调发展思想体现在马克思的社会再生产理论中，具体表现为供求平衡思想、社会劳动按比例分配原则和产业结构协调发展原则。马克思主义的区域经济发展思想是社会主义国家进行区域经济建设的理论依据，在我国区域经济发展的过程中发挥了重要的指导作用。在新中国成立初期，区域经济发展战略受到生产力布局理论的极大影响，而改革开放以后的区域发展战略则更加侧重于协调和统筹。京津冀协同发展战略思想正是马克思主义区域经济发展思想与中国区域发展实践相结合的产物，对马克思区域经济发展思想中的生产力布局理论和区域统筹发展思想均有所体现，同时也体现了社会主义社会生产中的协调和统筹思想。

承袭马克思和恩格斯的区域经济思想脉络，苏联领导人列宁、斯大林对社会分工(包括地域分工)进行了更加深刻的阐述。列宁和斯大林先后对生产地域分工的形成、特点、作用进行了深入分析,并提出了社会生产力平衡布局理论,他们的思想在指导社会主义国家的区域经济发展实践中产生了巨大的作用。基于"经济和政治发展的不平衡是资本主义的绝对规律"①这一论断,列宁认为,社会主义国家生产力应平均布局,目的是促使社会主义经济"普遍高涨"。

斯大林总结了马克思主义经典作家的区域经济思想,进一步提出发挥区域比较优势合理布局生产力的主张。斯大林认为,只有合理布局生产力,发展"地方工业",才能有效发挥地方建设的积极性、主动性,从而更好地协调中央和地方的利益,起到加速国家工业化、实现整体国民经济"普遍高涨"的目标。

此外,列宁和斯大林还发展了马克思和恩格斯的城乡融合思想,形成了关于城市是经济中心以及城乡融合的理论观点,并将其应用于苏联经济区建设规划中。在列宁和斯大林的指导下,苏联的经济区规划在科学分析各经济区内专门化生产部门之间联系的基础上,将经济区内的核心专门化生产部门纳入整个国民经济系统中,要求各经济区根据生产地域分工规律承担国民经济的不同发展任务和经济职能。列宁和斯大林的区域经济思想不仅强调"普遍高涨",还强调发挥地方优势和中心城市的作用,协调中央与地方的关系等,实际上也是一种统筹协调的发展思想。同时,与马克思和恩格斯的区域经济理论相比,列宁和斯大林的区域发展思想在一定程度上得到了苏联区域经济发展的实践检验,因而更适合于指导中国区域经济发展政策的制定。京津冀协同发展战略思想着眼于区域统筹、协调、全面发展,要求发挥关键节点的作用,发挥各地区的比较优势,这在很大程度上与列宁和斯大林的区域经济发展政策主张是一致的。

---

① 列宁. 论欧洲联邦口号 // 中共中研马克思恩格斯列宁斯大林著作编译局编. 列宁选集(第二卷)[M]. 人民出版社,1995:554.

二、京津冀协同发展战略体现了毛泽东区域发展思想的精髓

新中国成立之初,区域经济发展政策的制定在很大程度上受到苏联"社会生产布局理论"的影响。该理论强调"生产关系决定论"和"均衡布局论",由于符合当时的平均主义思想而受到了国内的普遍认同,对新中国成立初期的产业布局以及之后大规模的经济建设起到了明显的推动作用。20 世纪五六十年代,为缓解当时中国生产力地域分布的极端不平衡现象并扶持基础相对薄弱的工业发展,在生产力平衡布局思想的影响下,中国区域发展战略以内地为重点,通过投资和建设重心的转移培育地方经济自我发展能力,推动形成完备的地方经济体系。在区域经济发展战略和策略的制定中,以毛泽东同志为核心的党的第一代中央领导集体十分重视沿海与内地之间关系的协调,主张沿海工业与内地工业并举,强调发挥沿海经济对内地经济的带动作用。在这种区域平衡发展战略的指导下,到 1976 年,我国基本扭转了 20 世纪 50 年代初以来经济失调的局面,经济基础逐步稳固。有别于列宁的生产力平均布局理论和西方区域经济学中的大推进理论,毛泽东的生产力平衡布局思想不是同时加大对所有地区和部门的投资,而是因地制宜地对不同地区和部门采取不同的投资政策,体现了平衡与非平衡的统一。京津冀协同发展思想既强调协同又强调发展,恰恰体现了毛泽东关于区域经济协调发展的思想精髓。

三、京津冀协同发展战略是对
中国特色社会主义区域经济发展思想的理论传承

由于自然的、历史的、政治的等多方面因素影响,中国区域经济发展空间不均衡现象十分突出也十分特殊,这在很大程度上制约了中国经济社会

的全面均衡发展。特别是改革开放以来,区域经济发展格局更是迅速变化。随着我国区域经济发展形势不断变化,中国共产党历代中央领导集体都在促进中国区域协调发展问题上进行了长期的实践探索,形成了符合中国国情而又各具时代特色的区域经济理论。这些理论成为京津冀协同发展战略思想形成的理论基础。

(一)区域经济非均衡发展思想

1978 年 12 月 23 日召开的党的十一届三中全会开启了中国历史的新篇章,是中国特色社会主义发展道路上的重要里程碑。以邓小平同志为核心的党的第二代中央领导集体在深刻剖析世情国情变化的基础上,对中国区域经济发展战略进行了重大调整,实现了中国区域经济发展指导思想由传统区域经济平衡发展向区域经济非均衡发展的重大转变。邓小平认为,我国经济发展的中心应该由内地转向东部沿海,率先发展条件较好的东部沿海地区,进而带动内地经济共同发展。具体而言,就是鼓励一部分地区一部分人先富起来,通过先富带动后富,最终实现共同富裕。在这一思想的指导下,中国经济发展政策逐渐向沿海地区倾斜,市场机制也得到了不断恢复,进而极大地激发了生产的积极性和活力,沿海地区由此得到了快速发展,但这并非是邓小平区域非均衡发展思想的最终目标。根据邓小平的"两个大局"战略思想,在区域经济非均衡发展的第一个阶段,内地要服从优先发展东部沿海地区的战略布局,保证沿海地区较快地发展起来,在沿海地区发展到一定程度以后,又要反过来拿出更多的力量帮助内地发展,从而实现所有区域的共同发展,这才是区域非均衡发展战略的最终目标。邓小平区域非均衡发展思想的本质是通过非均衡发展带动全面发展,这种具有全局观念的战略思想体现了中国共产党人为人民谋求共同富裕的本质追求,即实现发展区域乃至更大范围的全面发展。京津冀协同发展战略的短期目标是实现京津冀区域的快速发展,而长期目标则是通过京津冀协同发展平衡中国区域经济发展格局、探索区域发展创新路径、引领中国经济实现全面协调发展，也是经由不平衡而最终实现平衡和全面发展的重大战略构想。

（二）区域经济协调发展思想

区域经济非均衡发展战略在改革开放初期发挥了巨大作用，迅速打破了我国生产效率低下、经济发展缓慢的局面，使局部地区快速发展起来，并在一定程度上带动了全国的普遍发展，但也不可避免地造成了区域间经济发展不平衡的客观现象。随着经济的快速发展，东西部之间日益扩大的差距开始影响国民经济发展的全局和社会主义现代化建设的总体进程。由此引起的贫富两极分化现象成为严重的社会问题，为社会稳定发展和国家的长治久安埋下隐患。以江泽民同志为核心的党的第三代中央领导集体高度重视东西部发展差距问题，认真总结了区域经济非均衡发展战略的经验与不足，针对新形势下中国区域经济发展的新要求，创造性地提出了处理东西部发展关系的新思路，形成了区域经济协调发展战略。区域经济协调发展战略既注重保持东部沿海地区的高速发展，同时更加重视对中西部地区的开发，强调充分发挥东部地区发达的经济优势和中西部丰富的资源优势，加强交流合作，实现优势互补，推动中国经济健康有序和持续高速发展。区域经济协调发展思想的核心是促进区域合理分工和优势互补，具体举措是西部大开发战略。这是继邓小平东部沿海地区优先发展战略之后，国家在区域经济发展方面的又一重大战略部署，是对邓小平"两个大局"战略思想的继承和发展，是"第二个大局"的具体体现和落实。事实上，西部大开发战略可以看作京津冀协同发展战略的战略基础。京津冀区域是西部内陆地区对外交流的窗口，与广大西部地区经济联系紧密，对西部地区经济发展具有直接和显著的辐射作用。无论是西部大开发战略还是京津冀协同发展战略，其目的都是为了实现中国经济的全面协调可持续发展。

(三)区域经济统筹发展思想

区域经济协调发展战略有力地推动了我国落后地区的发展，在一定程度上缓解了东西部地区的发展矛盾,推动中国区域经济发展取得新飞跃。但非平衡仍是区域经济发展的常态,一系列矛盾和问题也是客观存在的,这些仍然是阻碍我国经济可持续健康发展的障碍,必须逐一解决。基于中国经济发展的新形势新变化,以胡锦涛同志为总书记的党中央领导集体对我国区域经济发展战略进行了创新性发展,在区域经济协调发展战略思想的基础上提出了区域经济统筹发展战略思想。胡锦涛的区域经济统筹发展思想是区域协调发展思想的延伸,包括深入推进西部大开发、振兴东北等老工业基地和中部崛起。一系列的战略组合仍然是在中国区域经济非均衡发展战略的基础上,逐步实现区域均衡发展的重要战略步骤。西部大开发战略使广大西部地区的经济发展环境得到了根本改善,东北老工业基地振兴和中部地区崛起进一步将支持的重点扩展到更广的范围,从而消除了生产要素在区域间的流动壁垒,使经济发展有了更大的灵活性,充分调动了不同区域发展的积极性,形成了系统发展合力。京津冀协同发展正是在这一系列组合战略的基础上,通过协调发展的实践探索,一方面为中国区域经济发展带来新的动力,另一方面也为在更大范围内构建区域协调发展机制,实现中国区域经济协调发展和统筹发展进行的重大战略创新。

四、京津冀协同发展战略是
对西方传统区域经济理论的批判性借鉴

严格意义上的西方区域经济理论萌芽于 19 世纪末 20 世纪初兴起的古典区位理论,形成于 20 世纪 50 年代。随着西方区域经济实践的发展,西方区域经济理论不断丰富。对于发展中国家而言,西方区域经济发展理论具有很现实的借鉴价值。

(一)区域均衡发展理论与非均衡发展理论

经济活动在空间分布上的不均衡性特征是经济学家感兴趣的话题，也是区域经济发展理论研究的起点。研究者们均认同经济发展在空间分布上的不均衡现象是普遍存在的，争论的焦点在于，这种非均衡现象对区域经济发展是有利还是不利，是应该逐步消除区域间发展水平的差异还是任其自然发展。围绕这一分歧，区域均衡发展理论和区域非均衡发展理论之争在区域经济理论发展的初期阶段占据了主导地位。区域经济均衡发展理论主张，一国内各地区均衡布局生产力，使各产业保持相同的发展速度，谋求各地区经济均衡增长。因为均衡增长理论强调市场机制的有限性和宏观调控的必要性，从而为所有部门均等地获得发展机会提供了理论依据。这种均衡发展思想在新中国成立初期国民经济全面恢复时期发挥了重要作用，为中国经济的快速发展奠定了基础。更重要的是，这种区域经济协调发展思想对于实现我国区域经济发展最终目标具有重要指导意义。

大多数经济学家认为，区域经济的发展是一个由原始均衡状态到非均衡状态再到均衡状态的过程，其中非均衡是区域经济发展的常态，因而区域经济非均衡增长理论在西方经济学界占据了重要的理论地位。区域经济非均衡发展思想认为，经济增长在空间上并不是同时发生和均匀扩散的，而是从一些条件较好的地区开始。在既得优势的基础上，这些地区的发展因循环累积因果的作用而不断自我加强，逐渐成为增长中心。增长中心通过回流效应与扩散效应两种效应对周边区域的经济增长产生影响，使经济增长呈现由中心区向外围依次推进的现象。由于市场的自发机制倾向于持续扩大地区间的发展差距，宏观政策应适时进行干预，通过一系列优惠政策强化发达地区的扩散效应，引导要素向落后地区流动，逐渐缩小区域间的发展差距。区域经济非均衡发展理论对于刺激经济短期快速增长具有显著的成效，因而得到了包括发达国家和发展中国家在内的众多国家和地区的青睐。但是在实践中,区域间发展差距的扩大趋势往往是政府很难掌控的,一些推动落后地区发展的政策效果也相对较弱。区域经济非均衡发展思想在我国经济发展过程中,特别是改革开放以来的区域经济发展实践中发挥了较为明显的作用。

无论是均衡发展理论还是非均衡发展理论,都十分关注区域间的发展差距。而区域间发展差距在发展中国家,尤其是人口较多的发展中国家是普遍存在的,因此这些理论对于发展中国家区域发展政策的制定具有深远的影响。中国区域经济发展差距是相当明显的,特别是在改革开放初期区域非均衡发展思想的影响下,区域间的发展差距逐渐拉大。因此,区域均衡发展思想和非均衡发展思想都不能片面和单独地被用于指导我国区域经济发展实践。区域经济发展是一个由非均衡到均衡再到非均衡的螺旋式上升过程,区域经济发展思想要同时考虑到非均衡发展的短期效应又要同时考虑到全面均衡发展的最终目标,因而是短期发展与长期发展、局部发展与整体发展的统一。这是区域均衡发展理论和均衡发展理论的辩证统一,是指导新时代我国区域经济发展的理论基础。

(二)区域产业结构理论

产业发展是区域发展的具体形态和重要表现形式,因此大多区域经济发展的理论研究都是从对区域产业发展的研究开始。尽管关于区域产业发展并不是一个独立完善的理论体系,而是与其他理论相互交织的,但其的确在解释区域产业发展实际问题中发挥了重要作用,主要包括专业化理论、产业结构协调发展理论、产业集聚和扩散理论、产业集群理论等。尽管这些理论研究的角度和侧重点不同,但是它们也体现出一些共性,即都关注产业集聚、产业关联、产业布局与区域经济发展的关系。区域差异的客观存在产生了不同的优势产业,在市场机制的作用下,产业集聚和产业扩散相互交织形成了区域间不同的产业布局。对于某个特定区域而言,形成主导产业、辅助产业和基础结构相协调的产业布局能够提高区域产业间的和谐度,实现区域产业联系有序化和产业比例合理化,提高区域经济增长能力。实际上,在区域经济发展的过程中,政府往往根据区域经济发展空间调整或产业布局的需要,为某些区域的发展提供优惠条件,引导生产要素和产业从原来的集聚区向新的地区流动,从而形成新的产业集聚区。

产业发展是区域经济发展不可回避的问题,所有区域经济发展政策都必然落实到产业发展政策上。京津冀协同发展战略的推动和落实也是以产业政策为突破口的,西方区域产业发展理论解释了区域产业发展的一般规律,对于指导我国区域经济发展与实践具有现实意义。

(三)新经济地理理论与区域空间结构理论

经济增长的空间特征是被古典经济理论所长期忽视的问题,20 世纪 90 年代出现的新经济地理学派,利用古典经济学的分析框架,在经济发展问题研究中实现了时间与空间的统一,从而为经济活动空间特征的研究奠定了基础。与区域产业结构一样,区域空间结构也是区域经济运行系统的重要特征。区域空间结构是指在一定范围内,社会经济客体在空间中的相互作用和相互关系,以及反映这种关系的客体和现象所形成的空间集聚程度和集聚形态。[①]区域空间结构理论可以追溯到具有悠久空间分析传统的德国区位论,其代表是韦伯的工业区位论,而目前在研究中应用较多的还包括区域经济板块结构理论、点—轴—网络—域面理论、产业集群和城市群理论等。工业区位理论主要研究如何为某产业部门的空间布局确定一个最优区位,是一种部门布局优化理论,它不能解决区域经济发展的总体布局优化问题。区域板块理论是从国家行政规划的角度考察区域空间结构,认为区域板块内部的分化和重组

---

① 陆大道.区域发展及其空间结构[M].北京:科学出版社,1999.

是推动区域空间组织演化的重要力量。点—轴—网络—域面理论是从系统论层面考察区域空间结构的基本框架，以依托交通干线的带状城市联合体这种经济活动的空间轴状集聚现象为对象，把区域空间分为点、轴、网络和域面四个基本要素，这四个要素按照一定的拓扑关系排列、组合形成复杂的区域空间结构并具有特定的内涵和相应的功能。产业集群和城市群理论主要是把区域内部的产业集群和城市群作为研究对象，分别从宏观和微观的角度分析其空间结构的要素、特征、演变以及演变的模式，并探索各种相关要素之间的相互作用和关系，从而揭示不同产业集群和城市群在发展过程中对区域空间结构的形成机制以及发展趋势的影响。这三种理论对于京津冀协同发展战略思想都有很重要的理论指导意义。京津冀协同发展战略在产业布局中强调各地区分别培育优势产业，同时要形成区域特色产业体系；同时，区域协同发展也客观地立足于行政区划内部各地区之间的发展差距，强调三地的互动发展、优势互补和合作共赢，通过三地协同推动区域整体发展；点—轴—网络—域面理论也在区域整体布局中有显著的体现；区域协同发展的功能定位也反映了城市群发展的需求。

第三节　京津冀协同发展战略体现了习近平新时代中国特色社会主义思想的理论创新

京津冀协同发展战略体现了习近平新时代中国特色社会主义思想的理论创新。京津冀协同发展战略的提出，不仅立足于习近平对传统区域经济发展理论的深刻理解和创新运用，同时也是习近平对中国经济社会发展现实状况和京津冀区域发展现实需求的准确把握，是基于中国区域经济发展与实践的重大理论创新成果。

一、京津冀协同发展战略体现了习近平治国理政新思维

京津冀协同发展战略是着力区域、着眼全国的系统性全局性发展战略举措,不仅是基于习近平对京津冀区域发展状况的深入分析和深刻解读,更是根植于习近平新时代中国特色社会主义思想的总体性战略思维。可以说,京津冀协同发展战略思想是习近平新时代中国特色社会主义思想的重要组成部分和具体体现。因此,习近平新时代中国特色社会主义思想与京津冀协同发展战略思想相互关联、相互交融,是京津冀协同发展战略思想的现实基础和行动指南。习近平新时代中国特色社会主义思想涉及改革发展稳定、治党治国治军、内政外交国防等各个领域,深刻回答了新时代党和国家事业发展的一系列重大问题,对京津冀协同发展具有重要指导意义,主要涉及三个方面:

(一)京津冀协同发展战略是习近平治国理政战略目标的重要组成部分

中国梦是党的十八大以后,以习近平同志为核心的党中央提出的最振奋人心的命题,是引领中国发展和中华民族奋进的伟大旗帜。2012 年 11 月29 日,习近平在国家博物馆参观"复兴之路"展览时,第一次阐释了"中国梦"的概念。他说:"大家都在讨论中国梦。我认为,实现中华民族伟大复兴,就是中华民族近代以来最伟大的梦想。"[①]中国梦的本质是实现国家富强、民族振兴、人民幸福三者的有机统一,是未来相当长时期内党和国家发展的总体目标。中国梦的最鲜明特征就是把国家、民族和个人看做一个命运共同体,将国家利益、民族利益和个人利益紧密地联结在一起。现阶段中国梦的核心目标是"两个一百年"奋斗目标,即到 2021 年中国共产党成立 100 周年时,全面建成小康社会;到 2049 年中华人民共和国成立 100 年时,建成富强民主

---

①　习近平关于实现中华民族伟大复兴的中国梦论述[EB/OL]. 人民网理论频道. http://theory. people.com.cn/n/2013/1205/c40555-23756883.html. 2019-10-30.

文明和谐美丽的社会主义现代化国家,实现中华民族伟大复兴中国梦。中国梦是习近平新时代中国特色社会主义思想的中国式表述,是中华民族共同夙愿的体现,是全体中国人民的共同期盼与心声。实现中国梦必须走中国道路、弘扬中国精神、凝聚中国力量。

从"两个一百年"奋斗目标来看,全面建成小康社会和建成富强民主文明和谐美丽的社会主义现代化国家都要求实现充分全面的发展。京津冀协同发展战略思想不仅是对区域内部实现全面协同发展的探索,更是通过创新区域发展模式为全国实现协调发展提供范例和经验。因此,这一战略思想是立足区域发展而着眼中国经济发展全局的重要战略举措,是实现"两个一百年"奋斗目标的伟大探索。

(二)京津冀协同发展战略闪耀着习近平新时代中国特色社会主义思想的理论光辉

中国特色社会主义道路、理论体系、制度和文化都是马克思主义与中国实践结合的产物,是被实践证明的最适合中国发展的思想体系,是马克思主义中国化的重要成果。坚持和发展中国特色社会主义是中国共产党人的历史使命,也是习近平新时代中国特色社会主义思想的主题。习近平始终坚持在继承和发展中国特色社会主义的总体框架内推动理论创新和实践创新,提出了新时代中国特色社会主义思想。党的十八大以来,习近平反复强调继承和发展中国特色社会主义的重要性,指出:"中国特色社会主义,承载着几代中国共产党人的理想和探索,寄托着无数仁人志士的夙愿和期盼,凝聚着亿万人民的奋斗和牺牲,是近代以来中国社会发展的必然选择,是发展中国、稳定中国的必由之路。"①中国特色社会主义是由道路、理论体系、制度、文化构成的科学体系。中国特色社会主义道路是在中国共产党领导下,中国人民立

① 习近平谈治国理政(第一卷)[M].北京:外文出版社,2018.

足国情,进行经济建设和改革开放伟大实践而开辟的一条中国式的现代化道路;中国特色社会主义理论体系是马克思主义中国化的重要理论成果,包括毛泽东思想、邓小平理论、"三个代表"重要思想、科学发展观和习近平新时代中国特色社会主义思想等;中国特色社会主义制度是在中国共产党领导下制定和实行的一系列保障我国经济社会健康稳定发展的政治制度、经济制度、文化制度等的总和;中国特色社会主义文化源自于中华民族五千多年文明历史所孕育的中华优秀传统文化,熔铸于党领导人民在革命、建设、改革中创造的革命文化和社会主义先进文化,植根于中国特色社会主义伟大实践。其中,中国特色社会主义道路是实现途径,中国特色社会主义理论体系是行动指南,中国特色社会主义制度是根本保障,中国特色社会主义文化是精神力量,四者统一于中国特色社会主义事业的伟大实践。在新时代新阶段新的历史条件下,习近平延续了中国特色社会主义辩证科学的基本逻辑,提出一系列新理念新思想新战略,形成了习近平思想,即运用马克思主义的立场、观点和方法分析解决中国实际问题,指导中国经济社会发展新的伟大实践,是马克思主义中国化的最新理论成果。

京津冀协同发展战略思想就是对中国特色社会主义区域经济发展思想的传承、丰富和发展,是中国特色社会主义理论体系的有机组成部分,也是对中国特色社会主义道路、制度和文化的新探索新尝试新发展,展现了中国特色社会主义与时俱进的时代特征,闪耀着中国特色社会主义的理论光辉。

(三)京津冀协同发展战略是对"四个全面"战略布局的贯彻落实

"四个全面"战略布局是习近平新时代中国特色社会主义思想的集中体现。党的十八大以来,以习近平同志为核心的党中央,从坚持和发展新时代中国特色社会主义全局出发,提出了全面建成小康社会、全面深化改革、全面依法治国、全面从严治党的"四个全面"战略布局,这是新时代党治国理政、开创中国特色社会主义事业新局面的全新战略思想和战略部署,为实现中华民族伟大复兴的中国梦提供了战略指引。"四个全面"战略布局即"协调推进全面建成小康社会、全面深化改革、全面依法治国、全面从严治党,推动改革开放和社会主义现代化建设迈上新台阶"①。全面建成小康社会进一步明确到2020年实现全面建成小康社会的阶段性目标,全面小康社会意味着经济高质量发展、人民生活水平和质量普遍提高、国民素质和社会文明程度显著提高、生态环境质量总体改善、各方面制度更加成熟更加定型。全面深化改革即以完善和发展中国特色社会主义制度、推进国家治理体系和治理能力现代化为总目标。进行包括经济、政治、文化、社会、国防和军队等在内的系统性、整体性、全方位改革,全面依法治国就是在坚持中国特色社会主义道路的前提下,建成"科学立法、严格执法、公正司法、全民守法"的社会主义法治国家。全面从严治党就是要严明党的纪律、严肃党内政治生活、严格管理党员干部,形成覆盖各个领域、各个方面、各个部门的党的建设新局面,不断实现党的自我完善、自我提高和自我净化,永葆党的先进性和纯洁性,使党始终成为中国特色社会主义事业的坚强领导核心。"四个全面"战略布局是一个有机整体,全面建成小康社会是战略目标,全面深化改革、全面依法治国、全面从严治党是三大战略支撑,为全面建成小康社会提供动力源泉、法治保障和政治保证。"四个全面"战略布局是以习近平同志为核心的党中央治国理政的顶层设计,体现了高度的治国理政水平,开拓了继承和发展中国特色社会主义的新局面。

习近平新时代中国特色社会主义思想体现了习近平驾驭国家发展的高超能力,是中国特色社会主义理论体系的创新发展,是指导当前和今后一个时期我国经济社会发展的总纲。京津冀协同发展思想的提出正是基于习近平对国家治理和发展问题的深刻剖析,是习近平新时代中国特色社会主义思想指导经济发展实践的典型案例。因此,京津冀协同发展战略思想是根植于习近平治国理政总体战略思维的具体战略举措。京津冀协同发展战略思想的落

---

① 高清图解:"四个全面"战略布局是怎样形成的[EQ/OL].人民网,http://theory.people.com.cn/n/2015/0309/c148980-26660223.html.

实也必然要在习近平新时代中国特色社会主义思想的总体框架下进行。

二、京津冀协同发展战略体现了
党中央驾驭经济发展规律的智慧与能力

四十多年的改革开放为中国带来了翻天覆地的变化，综合国力不断增强、国际地位不断提升。但站在新的历史起点上，以习近平同志为核心的党中央清醒地认识到，我国仍处于并将长期处于社会主义初级阶段的基本国情没有变，我国是世界最大发展中国家的国际地位没有变，发展仍是第一要务。基于对我国发展历史新方位的科学判断，党的十八大以来，以习近平同志为核心的党中央坚持以经济建设为中心，围绕经济建设和经济改革，深刻回答了我们这样的经济大国该向何处去的重大历史和现实问题，形成了系统、科学的经济思想体系，成为我国经济社会发展的重要指南。习近平新时代中国特色社会主义经济思想正是基于对我国社会经济发展现实问题的深刻反思与实践探索，体现了他对经济发展规律的深刻认识和科学把握，不仅是指导我国经济社会建设的总纲，更是指导京津冀协同发展的思想基础。概括而言，习近平新时代中国特色社会主义经济思想中对于京津冀协同发展具有直接指导意义的内容包括以下方面：

（一）京津冀协同发展是中国经济发展进入"新常态"的新区域发展战略

从 1979 年到 2008 年的三十年间，在改革开放巨大动力的作用下，中国经济经历了年均两位数的增长，不仅使中国实现了突飞猛进的跨越式发展，同时也成为支撑普遍低迷的世界经济增长的一支重要力量。但是 2009 年以后，中国经济增长的势头有所放缓，更是在 2012 年以后出现明显下行趋势。面对日益严峻的国内外形势，以习近平同志为核心的党中央洞察世界经济的风云变幻，深入剖析国内经济形势的新变化，深刻揭示了我国经济增长变化的新趋势,提出了我国经济发展进入新常态的科学论断,为中国经济指明了未来前行的方向。2014年5月,习近平在考察河南时首次提出"新常态",他说:"中国发展仍处于重要战略机遇期,我们要增强信心,从当前中国经济发展的阶段性特征出发,适应新常态,保持战略上的平常心态。"①在同年11月的亚太经合组织(APEC)工商领导人峰会上,习近平系统阐述了"新常态",表示"新常态将给中国带来新的发展机遇"。②所谓"新常态",就是经过一段时间的不正常状态之后重新恢复正常状态。"新常态"反映了人类社会发展从常态到非常态再重新回到常态的否定之否定规律,是习近平运用马克思主义哲学的世界观和方法论认识和驾驭经济规律的重要体现。习近平认为,中国经济"新常态"表现出三个特征。

一是经济增长速度由高速增长转为中高速增长。经济增速放缓对中国而言利大于弊,首先,考虑到庞大的经济总量和之前的高速增长,经济增长暂时放缓不会影响中国持续发展的基本面;其次,经济增速放缓更有利于控制经济风险,保证稳定增长;最后,经济增速放缓为高增长阶段所积存的结构性矛盾的解决提供了空间,避免了结构调整和转型升级对经济发展的巨大冲击。

二是经济结构不断优化升级。改革开放前后的大规模建设奠定了中国工业化的基础,使中国快速成长为世界首屈一指的工业大国。但是随着资源环境约束的加剧以及世界主要发达国家普遍进入后工业时代,继续维持在传统工业化道路上前行是不明智的选择,中国经济结构转型升级迫在眉睫。产业结构优化升级包含两个层次的含义:一方面,要不断优化三次产业结构,提高服务业比重,实现三次产业融合发展;另一方面,在三次产业内部,要逐步实现从传统产业模式向现代产业模式的过渡,使现代农业、高端制造业、生产性服务业在各自产业中占主导地位。

---

① 人民网评:以积极心态迎接中国经济"新常态"[EB/OL].人民网观点,http://opinion.people.com.cn/n/2014/0811/c1003-25441622.html,2019-09-21.

② 习近平首次系统阐述新常态[EB/OL].新华网,http://www.xinhuanet.com/world/2014-11/09/c_1113175964.htm.2018-7-26.

三是从要素驱动、投资驱动转向创新驱动。在资源、劳动等要素的强力支持下，中国经济不仅实现了高增长，更凭借此在世界市场上表现出强大的竞争力。同时，中国宏观政策的强力维稳能力也是世所共知的，巨额的财政投资同样也为经济的高速增长做出了重要贡献。但是随着资源枯竭、人口红利消失等不利状况的出现，以及投资产生的巨大挤出效应对市场的影响日益明显，依靠要素和投资驱动的高增长难以持续。中国迫切需要新的增长动力，这就是创新。创新需要政府进一步简政放权，创造良好的制度环境，充分发挥市场机制的作用，激发市场主体活力，为经济增长注入新的动力。

中国经济发展进入"新常态"的判断，是京津冀协同发展的重要宏观背景。京津冀区域是中国经济增长的重要引擎，是中国区域经济发展的关键节点。同时，在发展中所积累的矛盾也是十分突出的。区域发展差异过大、经济结构调整缓慢、资源环境约束加剧等问题是京津冀发展所面临的主要问题，也是"新常态"下经济发展问题的集中体现。因此，"新常态"的提出不仅为解决中国经济发展问题奠定了基调，同时也是解决京津冀协同发展问题的基础，京津冀协同发展上升为国家战略是"新常态"下中国区域发展战略转折的客观要求。通过京津冀协同发展实现经济发展方式转换、产业转型升级新路径的探索和实践，既是符合"新常态"下区域经济发展需求的战略举措，也是推动中国经济全面转型升级的战略支撑。

（二）京津冀协同发展必须坚持以供给侧结构性改革为主线

消费、投资、出口一直是拉动中国经济增长的三驾马车，但是在国内经济增速放缓、世界市场低迷的情况下，国内外两个市场的需求都受到了巨大冲击，投资也出现下降趋势，中国经济面临增长的动力危机。面对国内外经济形势的剧烈变化，以习近平同志为核心的党中央以高度的战略眼光和理论自信分析了中国经济发展中存在的突出矛盾和主要问题，提出了推进供给侧结构性改革的重要决策部署。在 2015 年 11 月 10 日中央财经领导小组第十一次会议上,习近平首次提出供给侧结构性改革,提出要"在适度扩大总需求的同时,着力加强供给侧结构性改革,着力提高供给体系质量和效益"①。扩大需求以刺激经济增长是世界各国普遍使用的宏观政策措施,在中国经济高速增长的过程中也发挥了巨大作用。但是一味扩大需求,不可避免地带来了产能过剩、库存积压、债务高企等经济结构性矛盾,并且这些矛盾是无法通过进一步扩大需求来解决的,而只能从供给端入手。因此,推进供给侧结构性改革就显得尤为重要。供给侧结构性改革就是从提高供给质量出发,用改革的方法推进结构调整,矫正资源配置扭曲,提高供给结构对需求变化的适应性和灵活性,提高全要素生产率,更好地满足广大人民群众的需求,促进经济社会持续健康发展。供给侧结构性改革的实质是政府与市场关系的再调整,即改革政府公共政策的供给方式,使之与市场导向更好地相协调,以充分发挥市场在资源配置中的决定性作用。

推进供给侧结构性改革是京津冀协同发展的客观要求和必然路径。相对于长三角和珠三角,京津冀区域市场灵活度低、需求空间不足、供需结构性矛盾更加突出,经济发展质量和效益有待进一步提升。只有通过推进供给侧结构性改革才能有效解决经济发展中的结构性矛盾,实现区域协同发展。因此,供给侧结构性改革的思想和若干举措为京津冀区域实现协同发展提供了有效途径,是京津冀协同发展思想必不可少的基石。

(三)京津冀协同发展是新发展理念引领下的科学发展

进入新时代,站在新的历史起点上,中国经济发展需要新理念的引领。在党的十八届五中全会第二次全体会议上,习近平提出创新、协调、绿色、开放、共享的新发展理念,为中国发展指出新思路、新方向和着力点。创新发展注重解决的是发展动力问题。面对经济增速放缓、结构性矛盾突出的宏观经

---

① 习近平主持召开中央财经领导小组第十一次会议[EB/OL].新华网,http://www.xinhuanet.com/politics/2015-11/10/c_1117099915.htm. 2018-7-25.

济形势,只有实现增长动力的转换,从要素和投资驱动转变为创新驱动,才能保证经济健康稳定发展。创新发展就是要使创新成为引领经济发展的第一动力,不断提高创新能力和科技水平,提升科技对经济增长的贡献率,建设创新型国家。协调发展注重的是解决发展不平衡问题,关键是加强供给侧结构性改革,实施区域协调发展战略、乡村振兴战略等矫正结构性矛盾、缓解失衡现象的战略举措,从而实现全面协调可持续发展。绿色发展注重的是解决人与自然和谐共生问题。在资源环境问题日益严峻的状况下,可持续发展的需要、人民群众对良好生态环境的需要都在不断增长。实现绿色发展不仅能够满足人民对生态文明的需求,同时也是转变经济发展方式、实现可持续发展的客观要求。实现绿色发展关键是构建绿色低碳循环的经济体系,树立崇尚绿色发展、支持绿色发展的生态文明理念。开放发展注重的是解决发展内外联动问题。改革开放四十多年以来,中国的对外开放站在了新的基点上,基础更加牢固、空间更加广阔,因此要实现更高层次、更高水平、更大范围、更宽领域的全方位对外开放新格局。在新的战略部署下,要以"一带一路"建设为重点,坚持引进来和走出去相结合,坚持共商共建共享原则,进一步加强对外交流合作,形成陆海内外联动、东西双向互济的全方位、多层次、宽领域开放新格局。共享发展注重的是解决社会公平正义问题,与中国经济总量一同增长的分配不公问题一直是社会关注的焦点,收入差距、城乡区域公共服务水平差距较大等问题成为影响中国经济社会稳定的潜在矛盾。实现共享发展就是要让人民群众更多地享有发展成果,逐渐缩小贫富差距、城乡差距,实现共同富裕和人的全面发展。

习近平新时代中国特色社会主义经济思想中的新发展理念同样也是京津冀协同发展战略思想的理论内核。京津冀协同发展的整体目标定位是建设"以首都为核心的世界级城市群、区域整体协同发展改革引领区、全国创新驱动经济增长新引擎、生态修复环境改善示范区",这一目标定位,涵盖了新发展理念的全部要求。因此,要实现这些目标,必须始终坚持以创新、协调、绿色、开放、共享的新发展理念为引领。

习近平新时代中国特色社会主义经济思想是现阶段以及未来相当长的时期内中国经济社会发展的总纲领，是以习近平同志为核心的党中央顺应时代发展大势、响应人民群众日益增长的美好生活需要提出的高屋建瓴的战略构想，体现了习近平对经济社会发展规律的系统把握和创新性运用。

第四节　习近平关于京津冀协同发展战略相关论述的理论价值

京津冀协同发展战略思想是以习近平同志为核心的党中央站在新的历史方位，以中国经济社会发展的具体实践和现实问题为出发点，对传统区域发展理论和中国特色区域发展理论的继承、发展和创新性应用，是马克思主义中国化的最新理论成果，不仅为中国区域经济发展探索出了一条具有中国特色的内涵式发展道路，也为世界其他国家和地区的区域协调发展提供了中国方案，是对传统区域发展理论的极大丰富和发展，具有独特的理论价值。

一、京津冀协同发展战略是对当代马克思主义的丰富和发展

京津冀协同发展战略思想根植于中国区域经济发展的现实问题，继承和发展了中国特色社会主义区域经济的思想精髓，遵循了马克思主义的世界观和方法论，体现了马克思主义政治经济学的理论本质，是马克思主义政治经济学原理与当代中国经济社会发展实践相结合的重要理论创新。

（一）京津冀协同发展战略坚持了马克思主义的世界观和方法论

首先，京津冀协同发展战略思想贯穿了历史唯物主义和辩证唯物主义的观点和方法。辩证唯物主义和历史唯物主义是马克思主义的基本立场，是贯穿马克思主义及其实践性理论成果的灵魂。作为马克思主义中国化的重要理论成果，京津冀协同发展战略思想具有鲜明的辩证唯物主义和历史唯物主义特征。一方面，京津冀协同发展战略思想的提出是基于习近平对当代中国特色社会主义所处的新的历史方位的科学判断。从历史唯物主义的立场出发，以习近平同志为核心的党中央对中国特色社会主义发展的阶段性特征进行了深入分析，做出我国"仍处于社会主义初级阶段"和中国特色社会主义进入新时代的科学判断。这是对我国所处的历史方位的客观评价，是我国一系列发展战略与政策制定的根本前提。另一方面，京津冀协同发展战略思想的提出是基于习近平对当代中国社会发展的主要矛盾以及矛盾的主要方面发生重大转化的科学判断。"四个全面"战略布局、"五位一体"总体布局是京津冀协同发展的顶层指导，京津冀协同发展则是这两个布局的具体体现。"四个全面"战略布局、"五位一体"总体布局及其具体战略举措均是根据对当前我国社会主要矛盾的变化做出的科学战略部署。以习近平同志为核心的党中央通过研究我国经济社会发展规律，得出我国仍处于社会主义初级阶段的基本国情没有变的科学判断，但社会主要矛盾以及矛盾的主要方面均发生了历史性的转化，我们的战略部署既要立足基本国情谋发展又要着眼矛盾发展的最新动向及时调整战略举措，这正是体现了对辩证唯物主义的科学运用。

其次，京津冀协同发展战略思想蕴含了知行合一、求真务实的实践品格。实践观点是马克思主义哲学的基本观点，是马克思辩证唯物主义、历史唯物主义观点以及社会生产力理论的哲学基础。马克思认为，实践是人们改造客观世界的一切活动，是社会性历史性的活动，社会生活在本质上是实践的。习近平关于京津冀协同发展战略思想在多个方面体现了对马克思主义实践观点的根本遵循。第一，京津冀协同发展战略思想是中国改革开放伟大实践精神的延续，是深化改革推动开放的新的实践性探索。中国的改革开放在经验借鉴十分匮乏的情况下，开创了社会主义国家经济社会快速发展的历史性篇章。这一伟大创举完全得益于中国共产党尊重实践的政治品质和中国人民敢于实践、善于实践的民族精神。同时，在经过实践探索并取得成就以后，这种实践精神将得到进一步的发扬。第二，京津冀协同发展战略思想是基于京津冀协同发展的实践累积而提出的新的战略升华。尽管从国家层面提出京津冀协同发展战略在 2014 年 2 月 26 日，但是京津冀协同发展的实践探索进程起步较早，从环渤海经济合作到京津冀一体化，三地通过不断的实践探索，为协同发展积累了牢固的基础、摸索出了许多行之有效的推动协同发展的道路、模式。第三，京津冀协同发展思想本身具有强烈的实践性特征。京津冀区域有自身的特殊性，实现协同发展不能一味遵循理论、借鉴经验，必须针对自身存在的特殊问题，通过实践寻求解决方法。京津冀协同发展战略思想从战略定位上就包含实践性非常突出的功能定位，区域整体功能定位中的"区域整体协同发展改革引领区"、天津功能定位中的"金融创新运营示范区"和"改革开放先行区"，河北省功能定位中的"产业转型升级示范区"和"新型城镇化与城乡统筹示范区"均是要求发挥先行先试的示范引领作用，这就意味着没有经验可资借鉴，而是要通过自身的实践活动总结经验，为其他区域和全国的发展提供可资借鉴的实践性依据。

最后，京津冀协同发展战略思想坚持以人民为中心的发展。始终坚持人民主体地位，牢牢把握人民至上和发展为民的根本要求，努力促进人的全面发展是习近平新时代中国特色社会主义经济思想的鲜明阶级特征。尽管坚持以人民为中心的发展贯穿了习近平新时代中国特色社会主义思想的各个方面，但是其在经济思想中的体现更具有实践意义和现实价值。经济发展是社会发展的基础，只有经济发展的成果惠及广大人民群众才是实现了真正的发展,才有利于实现稳定发展和可持续发展。因此,经济发展必须坚持以人民为中心的理念。习近平一贯强调人民群众的主体地位和以人民为中心的发展理念,并将其作为习近平新时代中国特色社会主义经济思想活的灵魂。他明确指出:"发展为了人民,这是马克思主义政治经济学的根本立场。"①他多次强调:"要坚持把增进人民福祉、促进人的全面发展、朝着共同富裕的方向稳步前进作为经济发展的出发点和落脚点。"②在党的十九大报告中,习近平进一步强调:"坚持以人民为中心","必须坚持人民主体地位","把人民群众对美好生活的向往作为奋斗目标"。③他还强调:"必须始终把人民利益摆在至高无上的地位,让改革发展成果更多更公平惠及全体人民。"以人民为中心是马克思主义政治经济学理论研究的出发点和落脚点,实现全体人民的共同富裕和全面发展是社会主义经济发展的根本目标,推动经济均衡发展充分发展,更好地满足广大人民群众日益增长的美好生活需要是解决当前我国经济发展阶段性矛盾的根本途径。以人民为中心的发展不仅仅是人民群众被动地享受改革发展的成果,更是要求广大人民群众积极参与社会改革发展的全过程,充分发挥主动性、积极性、创造性,在参与经济发展、社会发展、推动社会进步的同时实现个人价值最大化。

京津冀区域所辐射的广大北部地区是中国经济发展水平相对落后的区域,人民生活水平有待进一步提高。京津冀协同发展着力点在京津冀区域,作用范围却直指占全国领土一半以上的广大北方地区,通过京津冀协同发展培育北方经济增长新引擎,从而带动北方地区全面发展,是使发展成果惠及更多的人民群众、更好地满足人民对美好生活需要的基础。

---

① 新华社评论员.坚持以人民为中心的发展思想[EB/OL].新华网,http://www.xinhuanet.com/politics/2015-11/25/c_128468439.htm.

② 中共中央文献研究室编.习近平关于社会主义经济建设论述摘编[M].北京:中央文献出版社,2017.

③ 习近平.决胜全面建成小康社会 夺取新时代中国特色社会主义伟大胜利——在中国共产党第十九次全国代表大会上的报告[M].北京:人民出版社,2017.

（二）习近平京津冀协同发展战略体现了马克思主义政治经济学的本质特征

马克思主义政治经济学理论不仅剖析了资本主义经济关系、揭示了资本主义生产和剥削的本质，同时也对社会主义经济运行和发展规律进行了科学阐释，对于社会主义国家经济发展具有重要的指导意义，也是京津冀协同发展战略思想的重要理论灵魂。

首先，京津冀协同发展战略思想坚持了马克思主义社会生产力和生产关系相互作用的理论。按照马克思主义政治经济学的一般原理，生产力决定生产关系，生产关系反作用于生产力，生产关系和生产力的矛盾运动推动了人类社会的发展。京津冀协同发展战略思想是立足于当代中国区域经济发展现实问题，运用马克思主义政治经济学的基本理论和方法指导中国区域经济发展实践的最新理论创新成果，对这一矛盾运动规律也有深刻的认识和科学的把握。第一，将创新看做推动经济发展的第一动力。随着中国经济发展进入新阶段，以习近平同志为核心的党中央对中国社会的主要矛盾进行深刻剖析，提出创新是经济发展的第一动力，是对当前中国生产力发展状况及其发展趋势的精准判断。京津冀协同发展战略思想正是在这一判断的基础上提出的，因此高度重视创新在区域协同发展中的重要作用。"全国创新驱动经济发展新引擎"是京津冀协同发展的重要功能定位之一，表明京津冀协同发展是立足于中国经济社会发展的阶段性特征和主要矛盾的科学战略决策，是致力于提升社会生产力的关键性战略举措。第二，协同发展本身体现了生产力的合理布局。京津冀协同发展强调资源合理配置，强调产业结构调整，强调转型升级，这些都是适应生产力发展的现代化经济发展手段。第三，协同发展要求实现生产力与生产关系的协调发展。京津冀协同发展不仅涉及经济发展，而是包括经济、政治、文化、社会、生态的五位一体发展，体现了生产力与生产关系的矛盾统一运动规律。

其次，京津冀协同发展战略思想丰富了马克思主义社会再生产协调发展的基本理论。马克思主义政治经济学在阐释社会再生产理论时提出，无论是简单的社会再生产还是扩大的社会再生产，生产中的两大部类都必须保持合理的比例关系，才能保证社会再生产的顺利进行，这实际上表达的是一种系统协调发展思想。马克思主义社会再生产理论所体现的系统协调思想关注两个方面的平衡：一是两大部类之间的结构平衡，二是社会生产总量的供需平衡。京津冀协同发展战略以区域协同发展为目标，涉及多地区、多领域、多部门，是更加全面系统的协同发展思想，是基于马克思主义社会再生产的平衡生产理论的再创新再发展。第一，京津冀协同发展要求实现地区之间的协调发展，要求三地优势互补、合作共赢，共同协调于京津冀区域的整体发展之中。第二，京津冀协同发展要求实现供给与需求的再平衡，通过提升供给体系质量和效率，实现更高水平的供求均衡。第三，京津冀协同发展要求实现产业协调，合理布局区域内的产业发展，形成合理的区域产业结构。第四，京津冀协同发展要求实现城市之间以及城乡之间的协调发展、统筹发展，形成结构合理、层级分明、网络完善的现代化城市群体系，各城市之间以及城市与乡村之间要充分发挥各自功能优势，共同服务于京津冀城市群的整体发展。

最后，习近平关于京津冀协同发展战略拓展了马克思主义生态观。马克思主义生态观是马克思主义关于生态问题的基本观点和理论体系，主要研究人与自然、社会相互关系及其基本问题，其目的是为正确处理人类实践中人与自然、社会关系提供一种理论的指导。马克思主义生态观认为，人与自然是既相互对立又相互联系的统一体，人能够能动的改造自然也能够认识自然规律，人类必须运用自然规律去改造自然。马克思和恩格斯很早就认识到资本主义生产方式对自然资源的破坏性影响，恩格斯这样总结："我们不要过分陶醉于我们对自然界的胜利。对于每一次这样的胜利，自然界都报复了我们。"①基于此,马克思主义生态观主张尊重自然,改变人与自然的对立关系,使二者统一于社会实践,正如恩格斯所说:"仅仅有认识还是不够的,为此需要对我们的到目前为止的生产方式,以及同这种生产方式一起对我们的现今的整个社会制度进行完全的变革。"习近平关于京津冀协同发展战略思想高度重视人与自然的协调发展,将生态环境问题的解决统一于经济社会发展的总体框架之中。第一,京津冀协同发展战略思想遵循"五位一体"的总体布局,强调经济、政治、文化、社会、生态五位一体的全面发展,因此是将生态环境内化为人类社会实践活动的重要组成部分,体现了一种系统协同思想,是对马克思人与自然矛盾统一思想的升华。第二,京津冀协同发展战略思想不仅明确了生态环境在区域发展中的功能定位,而且将其作为重点领域率先突破。这一举措将生态环境问题从理论高度具体落实到实践维度,是对马克思用社会变革解决人与环境问题的创新性实践。

二、京津冀协同发展战略是对习近平新时代中国特色社会主义经济思想的传承和创新

区域经济发展问题是世界各国和地区普遍关注的问题,对于区域发展的理论探索和实践活动随着经济社会的发展被不断推进。新中国成立以来,区域经济迅速发展,区域经济发展也是宏观政策高度集中的一个领域。在全球经济一体化的大背景下,中国区域经济的发展借鉴了西方传统区域经济发展理论和实践经验,但由于中国经济制度的社会主义属性,中国区域经济发展是沿着马克思主义政治经济学及区域经济发展理论的道路前进的,同时也是在对中国国情的精准定位下进行的,是用马克思主义的观点和方法指导中国区域经济发展的创新性实践活动。京津冀协同发展思想沿承了中

---

① 马克思恩格斯著作选集[M].纽约:国际出版公司,1970.

国特色区域经济发展思想的理论品质和实践特征,是在新的历史方位下,对中国区域经济发展新实践和新理论探索的统一。

(一)顶层设计与摸着石头过河的统一

"摸着石头过河"是邓小平对中国改革开放开创性实践活动的形象描述,在推动中国改革的进程中发挥了关键性指导作用。作为世界上最大的社会主义国家,中国的发展,包括区域经济发展必须保证中国特色社会主义制度和道路不能变、不能偏,这就决定了中国改革的实践没有现成的经验可以借鉴,必须完全依靠实践探索,总结实践经验、开创理论先河。改革开放四十多年中国的发展成就举世瞩目,证明"摸着石头过河"这种实践先导、边试边行的举措是行之有效的。但是随着中国改革进入深水区,"摸着石头过河"的难度不断加大,以此推动改革的机会成本越来越高,仅仅依靠"摸着石头过河"很难保证改革的方向不偏、动力不竭。因此,随着改革向纵深推进,顶层设计的重要性不断增强。顶层设计的目的是从更广的视角、更高的层次对改革举措进行总体性、全局性、系统性的把握,对经济社会发展中的主要矛盾和主要问题进行精准的判断,对改革过程中可能遇到的障碍进行前瞻性预测,对改革实践的具体实施进行科学性的指导,保证改革实践沿着中国特色社会主义道路前行。

京津冀协同发展战略思想具有深厚的理论基础,是在中国区域经济发展数十年的实践经验总结的基础上,对新时代中国区域经济发展问题实践探索,不仅延续了"摸着石头过河"勇于探索、大胆尝试的开创精神,同时也有基于中国发展新方位、新阶段、新特征的顶层设计。区域协同发展是习近平创新性地发展西方经济理论和马克思社会主义经济理论而提出的新战略构想,在世界其他国家和地区以及国内的其他区域发展中没有先例,没有现成的经验可循,必须拿出"摸着石头过河"的勇气探索前行,不仅要探索适合京津冀协同发展的路径,还要为其他区域的发展总结经验提供借鉴。同时,京津冀协同发展战略作为中国区域经济社会发展框架体系中的具体问题，是在习近平新时代中国特色社会主义思想指导下进行的，具有明确的方向性、目的性和逻辑性。因此，虽然京津冀协同发展需要边行边试，但这种探索是有前提、有原则、有条件的，是从顶层设计上界定了做什么、怎么做的科学实践。

(二)自上而下推动与自下而上探索的统一

中国改革开放顺利进行的根本动力在于充分调动了市场主体的积极性，激发了市场活力，提高了劳动生产率。改革使市场机制不断建立和完善，从而有效发挥了市场力量对资源配置的决定性作用，自下而上地推动了政治制度、社会制度、文化制度等方面的全面变革，带来了社会的全面快速发展。尽管西方自由经济的思潮在市场经济发展的几百年间发挥了主导作用，是中国市场化改革所不能忽视的重要因素，但中国的社会主义性质决定改革不可能完全依靠市场自发的力量朝着资本主义自由化的方向进行，而必须沿着中国特色社会主义道路，在中国特色社会主义制度框架指导下进行。中国特色社会主义制度的政治优势是中国经济社会发展的最有力保障，因此除了要发挥市场自发的力量激发经济活力外，还必须依靠政府的力量来保障改革的方向不偏。同时，政府力量的介入也能够有效地矫正市场失灵，为市场机制的发挥提供良好的制度环境，保证经济健康稳定发展，自上而下地引领改革前进。中国改革的成功是自上而下的引领与自下而上的探索的统一，是政府与市场力量的有机结合。

京津冀协同发展战略是新时代区域发展战略的重大实践创新，需要以改革的精神全力推进，必须坚持自上而下的推动和自下而上的探索的统一。一方面，京津冀协同发展战略有着科学的顶层设计，明确了战略定位、战略目标、战略重点等，从而保证了京津冀协同发展在中国特色社会主义经济发展总体框架下进行；而且，京津冀协同发展的诸多政策举措为协同发展创造了良好的制度环境，对于协同发展中各主体积极性的发挥具有明显的引导作用。另一方面，京津冀协同发展战略具备改革的本质特性，是基于京津冀区域发展中的现实问题而做出的重大战略决策，市场中的各个主体均具有改革发展的强烈需求和强大动力，在制度环境改革力量的激发下，能够发挥自下而上的巨大推动作用。

（三）重点突破与全面推进的统一

京津冀协同发展战略是一个全面系统的区域一体化发展战略：一方面，京津冀协同发展强调的是三个地区的共同发展，虽然三个地区的功能定位不同，但最终目标是实现相互协同的整个区域的全面发展，因此必须推动三地发挥各自效能实现系统功能；另一方面，京津冀协同发展是包括经济、政治、文化、社会、生态在内的"五位一体"的全面发展，更注重各个领域的全面推进。但是京津冀区域地域广阔、人口众多，实现全面发展的难度较大；同时，三地之间在行政制度、经济水平、发展阶段等方面发展的不平衡特征十分明显，是影响区域全面发展的重要因素。因此，尽管推动区域全面协同发展是最终的战略目标，但是率先取得重点领域突破是有效手段。选择矛盾集中、问题突出的重点领域进行突破：一是能够突破发展中的关键瓶颈，为后续的发展打好基础；二是通过重点领域的突破总结经验教训，为其他领域的推进提供科学的借鉴；三是通过重点领域的突破探索行之有效的发展路径，为其他领域的发展树立良好的典范；四是通过重点领域的突破树立改革必胜的信心，激发更大的改革动力。因此，京津冀协同发展战略思想体现了重点突破与全面推进的统一，全面推进是重点突破最终目标，重点突破是全面推进的必要手段和必经之路，二者统一于京津冀协同发展战略思想的系统框架之中。

三、京津冀协同发展战略完善和提升了传统区域经济发展理论

习近平关于京津冀协同发展战略思想借鉴了传统区域经济发展理论的精华,传承了中国特色区域经济发展理论,是站在更高起点,具有更广视野,体现更大布局的重大理论创新,表现出明显的系统性、全局性、协调性、科学性、继承性和实践性等理论特征。

(一)系统性

无论是区域平衡发展战略还是非平衡发展战略,其着眼点都在于局部区域的发展,尽管最终目的也是推动全面发展,但是却在战略实施过程中片面强调局部的作用。非平衡发展战略过分依赖增长点或增长极在推动全国经济发展中的辐射作用,却极容易造成过度集聚而辐射不足的现象,结果是进一步加剧区域发展差距而不利于整体经济的协调发展。而平衡发展理论虽然通过支持落后区域发展试图实现经济增长的整体推进,但却难免导致资源不合理配置,影响个别区域发展的积极性和主动性,造成整体经济增长缓慢。如果从系统论的角度将全国经济发展看作一个复杂系统,各个发展区域看作是这个复杂系统的子系统,那么要实现系统整体良性发展,系统内部各子系统必须实现相互协调,协同发挥效应。

中国地域广阔、人口众多、经济社会活动发展不均衡,由此产生的区域发展问题格外复杂,无论是区域平衡发展战略还是非平衡发展战略都被实践证明不能完全解决中国整体发展问题,必须从系统论的角度统筹区域与整体发展,有效发挥区域协同效应,推动整体发展。京津冀协同发展战略思想正是从系统的角度,着眼中国经济发展全局、促进区域协调发挥功能的系统性区域发展战略布局,其系统性主要体现在两个层面:第一,京津冀区域内部发展的系统性。与其他经济发展区域相比,京津冀区域的构成较为特

殊，不仅包括国家首都北京，还包括直辖市之一的天津，这两个重要的中心城市在全国的发展都很突出，而河北省的众多城市相比而言发展极端缓慢。京津冀区域的城市之间差异较大，不仅有行政级别的差异，还有经济规模的差异、发展模式的差异和产业结构的差异等，推动区域整体发展难度较大。京津冀协同发展战略思想在规划区域整体发展过程中，高度重视地区发展差异，从系统的角度出发，提出优势互补、合作共赢的发展原则，目的就是在注重充分发挥区域内部各地区自身优势的同时，又兼顾与其他地区的协调合作，通过地区间相互支撑、相互作用、相互联动，发挥地区作用和区域整体功能，产生"1+1>2"的系统效应。第二，中国整体发展的系统性。京津冀协同发展战略思想不仅是在区域内部实现系统协同发展，更是实现中国经济系统全面发展的基础。首先，京津冀区域作为全国经济发展系统的重要组成部分，京津冀区域实现协同发展有利于其在全国整体发展中更好地发挥示范效应；其次，京津冀区域所辐射的广大北方地区是中国经济发展问题最为集中的地区，通过京津冀协同发展带动整个北方地区经济协调发展，对全国经济社会系统的全面协调发展意义重大；最后，京津冀区域实现协同发展为在情况复杂、差异较大的区域实现系统性协调发展提供了重要经验借鉴，为全国实现系统协调发展提供了京津冀模式。

（二）全局性

由于历史遗留因素和客观条件的影响，以往中国的区域发展战略不得不在一定程度上强调局部区域发展的重要性。这为中国经济的快速发展注入了强劲的动力，但是随着中国经济基础日益雄厚以及各种结构性矛盾凸显，强调局部作用的发展战略必然要被着眼整体发展的全局性发展战略所取代。京津冀协同发展战略思想虽然落脚在京津冀区域局部发展，但却体现了中国区域经济发展战略从局部向全局的重要战略转变。京津冀协同发展战略思想的全局性体现在两个方面：第一，推动京津冀区域发展是实现全国发展"一盘棋"的重要步骤。作为中国三大重要发展区域之一,与珠三角和长三角两个发展区域相比,京津冀区域一直处于相对落后的状态。通过协同发展提升京津冀区域整体发展能力,使京津冀区域迅速发展起来,与珠三角、长三角两大区域共同发挥引擎作用,推动中国经济全面协调发展。第二,京津冀协同发展战略是新时代中国全局性区域发展战略的重要组成部分。京津冀协同发展战略与长江经济带、粤港澳大湾区和"一带一路"建设共同构成了新时代中国区域发展战略的整体框架,体现了习近平区域发展战略思想立足区域着眼全局的重要理论特征。新的区域发展战略看似相互独立,实则是把分散的增长极、增长点和增长区域有机联系起来,提升了区域发展布局的整体性特征,形成了全面发展的新局面。京津冀协同发展、"一带一路"建设、长江经济带和粤港澳大湾区四大发展战略涉及 28 个省、自治区、直辖市,覆盖了中国 90% 以上的国土和人口,是带动全国大多数区域、大部分人口迅速发展起来的系统战略体系,也是实现全面发展的全局性战略体系。该体系中的每个区域发展战略都是以全局发展为出发点和落脚点的,且四大战略相互支撑、相互促进、相辅相成,使中国新区域发展战略体系最大限度地发挥系统功能。

(三)协调性

传统的区域发展战略不仅重视个别区域、个别产业、个别部门的发展,并且大多关注的是发展的速度。而新时代区域发展战略则更注重总揽全局和协调发展,京津冀协同发展战略思想正是贯穿了这种总揽全局、统筹协调的理念。首先,京津冀协同发展战略思想体现了速度与质量的协调。京津冀区域作为中国经济增长的重要引擎之一,保持较快的发展速度是推动中国北方区域和全国整体发展的客观需要,推动京津冀协同发展目的就是通过区域内部优势互补实现资源优化配置,激发区域经济发展活力,提升区域整体发展能力。但是在中国经济进入"新常态"的宏观背景下,推动供给侧结构性改革成为经济发展的主导思路，经济增长更加注重质量与效益。京津冀区域的发展不仅注重发挥经济活力提振发展速度，更要以供给侧结构性改革为主线，以非首都功能疏解为切入点，推动转型升级和结构调整，注重提升区域发展质量和效益。其次，京津冀协同发展战略思想体现了部分与整体的协调。在京津冀协同发展战略框架下，虽然京津冀三个地区均要以实现区域整体协同发展为最终目标，但是三个地区由于初始资源禀赋的差异，在发展阶段、发展模式、发展道路上必然有所差异。因此，京津冀协同发展不仅强调三地协同，还强调各地立足自身优势实现特色发展。最后，京津冀协同发展战略思想体现了城乡统筹、产城融合的协调发展。京津冀区域城市结构分布不合理且分散，既有全国性的中心城市、区域性中心城市，也有省级中心城市和普通城市，涉农地区也十分广阔，推动协同发展必然要求解决各级城市之间以及城乡之间的统筹协调问题。《规划纲要》设计了一个由"一核""两城""三轴""四区"组成的立体化发展网络，充分发挥了不同等级城市的关键节点作用以及普通城市的卫星支撑作用，覆盖了包括城市和乡村在内的京津冀所有发展区域，将不同等级的城市以及乡村都纳入京津冀区域整体发展的系统框架之中，在真正意义上实现了城城协调和城乡统筹。

（四）科学性

与传统区域发展理论相比，京津冀协同发展战略思想表现出更加明显的科学性和可持续性。首先，京津冀协同发展战略遵循五大发展理念，致力于推动区域整体实现经济、政治、文化、社会、生态五位一体的科学发展。由于京津冀区域生态环境问题突出，主要城市资源枯竭、环境恶化现象严重，资源环境对经济社会发展的支撑能力难以为继，因此京津冀协同发展在规划中尤其关注生态环境的发展问题。不仅将生态环境功能提升到区域整体功能定位中，并且率先将生态环境领域作为推动京津冀协同发展的重点领域，突出了"人与自然和谐共生"的科学发展理念。同时，京津冀协同发展在具体的产业规划中也强调了绿色低碳循环产业发展的重要性，进一步强化了科学发展绿色发展的理念。其次，京津冀协同发展战略是能够实现区域和整体可持续发展的战略思想。西方很多区域经济发展理论片面强调经济发展速度，促进要素在局部区域的集聚，在这一思想指导下的区域经济发展在一方面带来了个别区域进入快速发展的良性循环轨道，而另一些落后地区则陷入发展缓慢的恶性循环轨道，致使区域不平衡现象进一步加剧。虽然这种理论对于指导局部区域短时间在一定程度上的快速发展具有重大作用，但是从长期来看，却为整体经济发展的可持续性埋下了隐患。京津冀协同发展战略思想不仅充分发挥局部区域的引擎作用、示范作用，更加注重生产要素在区域间的自由流动和地区之间的合作共赢，不仅强调个别地区的增长点、增长极功能，更加注重促进增长点、增长极辐射带动作用的发挥，是以点带面的系统性发展战略，有利于实现区域整体发展能力的提升，从而有利于区域的科学发展和可持续发展。

（五）继承性

新中国成立以来，在不同的历史条件和经济环境中，几代党的中央领导集体凝聚智慧，提出了具有时代特征、适合时代发展要求的区域发展战略，共同推动了中国区域经济的快速发展，形成了当前极具活力、各具特色、竞相发展的区域经济发展格局。京津冀协同发展战略思想作为新时代中国特色区域发展理论的重要组成部分，是面向新时代、新环境、新挑战而做出的有关中国区域发展的新的理论构想。但是这一理论创新并非无源之水、无本之木，而是对历代中国特色区域经济发展理论的继承、丰富、创新和发展。概括而言，从新中国成立到党的十八大以前，中国区域发展战略经历了三次重大的调整，新中国成立初期的区域平衡发展战略、改革开放初期的区域非平衡发展战略21世纪初期的区域非均衡协调战略。这些局部区域发展战略不仅使局部地区快速发展起来，同时也客观上推动了中国经济的整体发展，因而为当前京津冀协同发展战略的提出和实施提供了基础和前提。从理论价值看，一方面，此前的区域发展战略的实施不仅从理论上对区域发展政策的实施进行了顶层设计，并且对实践中产生的问题进行了理论总结，积累了大量的理论经验，这些都为京津冀协同发展战略提供了适用性更强的理论基础；另一方面，京津冀协同发展战略继承了以往区域发展战略的中国特色本质，是中国特色社会主义区域发展思想的发展和完善，体现了中国特色区域发展战略思想一脉相承、一以贯之的理论特征。

第三章

新时代中国区域经济发展新战略与新思路

党的十九大报告明确提出，中国特色社会主义进入新时代，这是中国发展的新的历史方位。当前，我国正处于经济转型升级、加快推进社会主义现代化建设的重要时期。从区域空间格局看，我国同样处于区域经济发展的关键时期，新时代必然要求区域发展要实施新的战略与思路。

第一节　京津冀协同发展是
新时代中国区域协调发展的新战略

党的十八大以来，中国进入新的经济发展阶段。经济新常态下，转方式、调结构、寻求新的经济发展动力成为迫切任务，中央先后提出了一系列区域经济发展战略，包括"一带一路"建设、京津冀协同发展战略、长江经济带战略和粤港澳大湾区建设等，这是应对我国区域发展新形势、重塑区域空间新格局的新战略。

一、新时代中国区域经济发展的新战略体系

改革开放以后，中国东南沿海的"长三角""珠三角"和环渤海三大经济区迅速崛起，在短短二十多年时间里，成就了中国经济增长的奇迹，也极大地提升了中国在世界的政治经济地位。尤其在改革开放早期，我国实施区域非均衡发展战略取得了显著的经济成就。但是伴随着经济的快速发展，中国的东西差距、南北差距也日趋明显，这客观上要求我国区域发展战略要随着实践的发展而不断调整。进入 21 世纪，西部大开发战略和振兴东北等老工业基地战略先后打开了中国区域经济发展的新局面，使中国区域经济格局由偏向东南一隅向多点并举转变。2008 年国际金融危机以后，面对国际国内环境的变化，中国经济社会发展进入新阶段。在新时代新常态下，以习近平同志为核心的党中央立足我国国情、放眼世界，启动了包括"一带一路"建设、京津冀协同发展和长江经济带、粤港澳大湾区在内的新的区域发展组合战略，这是新时代推动中国改革开放和社会主义现代化建设、实现中华民族伟大复兴"中国梦"的重要战略举措。京津冀区域是新时代四大区域发展战略的关键战略节点，其作为重大国家战略在四大区域战略中具有举足轻重的作用，这是新时代引领中国区域经济协调发展、中国经济全面发展，提升中国国际经济政治地位的关键性战略举措。

包括"一带一路"建设、京津冀协同发展和长江经济带及粤港澳大湾区在内的中国区域经济发展新战略体系，是中国在实践基础上对区域经济理论的创新性发展，这一区域经济发展新战略体系将区域内部以及区域外部孤立的增长点联系起来，形成轴带和辐射面，实现了集聚式增长，将经济增长的空间溢出效应扩展到更大的范围，从而在局部区域发展的基础上实现了更广阔的国际化区域发展布局，是对传统区域发展理论的深化和创新。与此前中国区域经济发展的实践相比，新的战略体系呈现以下新的

时代特征：

一是全局性。在改革开放的前二十年，中国的对外开放片面强调局部区域的作用，而全方位对外开放战略则把分散的增长极、增长点和增长区域有机联系起来，使绝大部分地区平等地享有对外经济交往的政策基础，并通过各区域的优势互补提高全国对外经济交往的质量和效益，从而提升了对外开放布局的系统性，形成了全方位对外开放的全新局面。

二是继承性。包括"一带一路"、京津冀协同发展和长江经济带及粤港澳大湾区在内的区域经济发展新战略体系是中国对外开放战略在新时代的新发展，是中国改革开放实践的深化。中国区域发展战略经历了三次重大的调整，新中国成立初期的区域均衡发展战略、改革开放初期的区域非均衡发展战略、21世纪初期的区域非均衡协调发展战略。这些局部区域发展战略使中国的几大经济区域，包括珠三角、长三角、京津冀等区域，都积累了一定的发展基础，为新时代全局性区域发展战略的实施创造了条件。新区域发展战略与此前的区域发展战略是一脉相承的关系，是对以往发展战略的肯定和进一步发展，是在原有区域发展战略基础上的创新。

三是国际化。中国新区域发展战略是统筹国内、放眼世界的创新性战略思维，布局了融入全球化的三步走战略：第一步，通过国内全面改革开放，实现从局部发展向全局发展的转变，提高国家的综合国力和国际竞争力；第二步，通过"一带一路"倡议强化亚洲各国间经济联系，形成亚洲经济发展共同利益，提升亚洲经济发展水平和国际地位；第三步，形成亚洲经济共同体，在与北美和欧盟的博弈中提高话语权，为推动国际政治经济新秩序的形成奠定基础。

二、京津冀协同发展是
新时代区域经济发展战略体系的重要组成部分

"一带一路"建设、京津冀协同发展、长江经济带以及粤港澳大湾区发展战略是一个有机的逻辑整体。根据传统区域经济发展理论,区域发展总是遵循由增长极到点轴再到网络的一般规律。区域经济发展初期,一些区位条件较好并具备一定产业基础的地区凭借区位优势或政策优势迅速发展起来,并通过扩散效应和回波效应辐射到周边区域。在区域发展的第二阶段,区域内多个呈斑点状分布的增长极由于生产要素交换的需要,通过交通线路、能源供应线路等相互连接起来而形成轴线。轴线一经形成,也会产生强大的集聚效应。在轴线系统比较完善的基础上,通过有效组织,就会在区域内形成网络系统,从而使区域发展呈现由节点、轴线和网络全覆盖的全面发展格局。中国新区域发展战略的重要意义不仅在于其顺应了区域经济发展的一般规律,以个别有增长潜力的增长极为切入点,实现以点带面,同时它还在局部区域发展的基础上布局了更广阔的全局性区域发展格局,是对传统区域发展理论的深化和创新。

(一)"一带一路"建设是由内而外的战略新起点

"一带一路"建设一经提出,就得到国际社会高度关注。根据构想,"一带一路"贯穿亚欧非大陆,将形成中国—中亚—俄罗斯—欧洲(波罗的海)、中国—中亚—西亚—波斯湾—地中海、中国—东南亚—南亚—印度洋、中国沿海—南海—印度洋—欧洲、中国沿海—南海—南太平洋等多条重要经济纽带。"一带一路"倡议的推进将充分发掘亚洲经济合作潜力,并经由深入的经济合作共同打造政治互信、经济融合、文化包容的利益共同体、命运共同体和责任共同体。当前,在以美国为主导的世界政治经济格局中,发达国家通过各种谈判和协定打压发展中国家和新兴经济体。亚洲共同体的形成能够提升发展中国家和新兴经济体的话语权，在一定程度上抗衡美国和欧盟主导的国际贸易体系，提高亚洲国家及其整体的国际政治地位，为新的国际政治经济格局的形成奠定基础。"一带一路"涵盖中国大部分省、自治区、直辖市，将对外开放从沿海推向内陆，兼顾了国内国际两个发展大局。因此，"一带一路"倡议是中国立足国内、放眼国际，履行大国责任、推动世界和平发展的重要战略起点。

（二）京津冀协同发展战略是以点带面的战略新布局

京津冀是中国北方规模最大、发展水平最高的经济增长区域，是带动环渤海、辐射北方腹地的重要引擎，是中国第三经济增长极。尽管在改革开放的过程中，京津冀区域的部分地区（主要是北京和天津的滨海新区）发挥了重要的对外开放平台作用，在一定程度上带动了区域经济发展，但与珠三角和长三角相比，京津冀区域在对外开放领域、对外开放水平等方面还存在明显差距，对环渤海和北方腹地的带动作用也较为有限。新时期中国推动形成全方位对外开放新格局，客观要求京津冀在对外开放中提升对广大北方腹地的带动作用，而通过协同优化区域内部发展布局是基础。京津冀所辐射的环渤海地区和北方腹地，覆盖中国50%以上的土地，一直是中国经济发展的软肋。京津冀作为区域中心，无论从地理区位还是经济联系上讲，都是带动环渤海和北方地区发展的战略关键，也是这些地区对外经济交往的重要通道。京津冀协同发展上升为国家重大区域发展战略有利于最大限度地发挥京津冀的引擎作用，带动广大北方地区参与到全国经济发展和世界经济合作的大棋局中，是实现以点带面、推动形成全方位对外开放新格局的重要举措。同时，中国国际地位的提升，也需要国家级中心城市提高在世界城市体系中的地位作为支撑。因此，通过京津冀协同发展，推动城市转型升级，打造国际中心城市，也是全方位对外开放战略的重要保障。

（三）长江经济带战略是由点到面的战略新思路

长江经济带的构想始于 2013 年 7 月 21 日，习近平在湖北武汉考察时提出："长江流域要加强合作，充分发挥内河航运作用，发展江海联运，把全流域打造成黄金水道。"其后，习近平又多次在考察调研中谈到了长江经济带发展的问题。2014 年 9 月，国务院《关于依托黄金水道推动长江经济带发展的指导意见》正式将其上升为国家战略。"长三角"是我国经济最具活力、开放程度最高、创新能力最强的区域之一。改革开放的政策红利加上区位优势，使"长三角"迅速发展成为中国经济的重要增长极，辐射的范围也由沿海向内陆不断扩张。"长三角"无论在区位上还是经济地位上都是长江的龙头，通过长江的天然交通纽带优势，进一步发挥"长三角"对内陆地区的辐射带动效应，提升长江沿线区域对外开放水平，是将区域发展格局由点推向面的全新战略思维。长江经济带覆盖上海、江苏、浙江、安徽、江西、湖北、湖南、重庆、四川、云南、贵州 11 个省市，将长江区域的经济布局从 21.17 万平方千米的长三角拓展到总面积十倍于此的整个长江流域。这种拓展的目的不仅仅是加强东中西部协调、实现以点带面的全局发展目标，关键是将"长三角"的对外开放元素引入内陆地区，实现更加全面的开放，从而更加深入地与国际接轨，凭借整体优势提升在国际交往中的地位。

（四）粤港澳大湾区建设是双向互动的战略新谋划

粤港澳大湾区包括香港特别行政区、澳门特别行政区和珠三角九市，具体为广东省的广州市、深圳市、珠海市、佛山市、惠州市、东莞市、中山市、江门市以及肇庆市，区域面积 5.6 万平方千米，人口达 7000 余万，这一区域区位优势明显、经济实力雄厚、创新要素集聚、国际化水平领先、合作基础良好，是我国经济活力最强、开放程度最高的区域之一，在国家发展大局中具有重要战略地位。建设粤港澳大湾区，推进粤港澳世界级城市群建设，有利于丰富"一个国家、两种制度"的实践内涵,进一步密切内地与港澳之间的交流合作,为港澳经济社会发展提供更多机会。建设粤港澳大湾区,有利于贯彻落实新发展理念,深入推进供给侧结构性改革,加快培育发展新动能、实现创新驱动发展,不断为我国经济高质量发展提供强大支撑。

"一带一路"建设、京津冀协同发展、长江经济带战略、粤港澳大湾区建设共同组成了新时代中国区域经济发展新的战略体系。共同形成了一个由点及面、由内而外、基础稳固、愿景广阔的新型国际化战略体系框架。国内的战略升级目的是支撑国际战略的实施,这充分展现了中国经济发展战略的高屋建瓴。京津冀协同发展战略作为这一战略体系的重要组成部分,在其中发挥了重要的作用。一方面,京津冀区域发展战略担当着促进区域协调发展格局的重要使命。中国区域经济增长南北不平衡、东西不平衡的矛盾一直存在。京津冀区域地处东北、西北、华北三大板块的交汇点,辐射范围直达东北、西北腹地。京津冀区域的快速崛起对于带动内陆地区的发展具有重要意义。推动京津冀区域通过协同发展提高发展水平,也同时提升了其对内陆地区的辐射带动作用,是提升广大内陆地区发展能力的关键性战略举措。另一方面,从新战略体系的空间布局来看,京津冀区域是"一带一路"廊道与中国区域经济布局交汇的关键节点。京津冀区域是两条陆上廊道和一条海上廊道的起点,是国内对外贸易的交通枢纽和桥头堡。以京津冀协同发展为抓手,扩大对外开放领域,提升对外开放水平,提高区域综合发展能力和对外辐射能力,是推动京津冀快速发展,提升京津冀在"一带一路"建设中发挥节点功能,推动整个战略体系落实的关键步骤。

三、京津冀协同发展是对我国区域发展战略的创新与发展

京津冀协同发展战略继承了新中国成立以来我国的区域经济发展思想，在新时代新目标之下，该战略无疑是对我国传统区域发展战略的提升与创新。

（一）拓展区域协调发展新内涵

"区域协调发展"反映了不同区域之间的平衡、合作、健康关系，具体表现为各地区能够充分发挥各自的优势和潜力，在全国区域分工中发挥着各自的作用。

在党的十九大报告中，区域协调发展战略首次被提升为统领性的区域发展战略，这是对新时代我国社会主要矛盾中的区域矛盾的回应，是为了解决新的社会主要矛盾中的"不平衡不充分"的发展问题。对于区域协调发展战略，习近平在党的十九大报告中作出如下阐述："加大力度支持革命老区、民族地区、边疆地区、贫困地区加快发展，强化举措推进西部大开发形成新格局，深化改革加快东北等老工业基地振兴，发挥优势推动中部地区崛起，创新引领率先实现东部地区优化发展，建立更加有效的区域协调发展新机制。以城市群为主体构建大中小城市和小城镇协调发展的城镇格局，加快农业转移人口市民化。以疏解北京非首都功能为'牛鼻子'推动京津冀协同发展，高起点规划、高标准建设雄安新区。以共抓大保护、不搞大开发为导向推动长江经济带发展。支持资源型地区经济转型发展。加快边疆发展，确保边疆巩固、边境安全。坚持陆海统筹，加快建设海洋强国。"这段话系统概括了我国区域协调发展的全部内容。区域协调发展战略是新时代建设现代化经济体系的重要组成部分，也是习近平新时代中国特色社会主义思想的重要组成部分。

（二）赋予区域协调发展新使命

区域协调发展是构建现代化经济体系的基本要求，是社会主义市场经济规律和市场经济发展有机结合的实践产物。在建设社会主义现代化强国进程中，协调是必须坚持的发展理念之一，坚持区域协调发展，就是要努力纠正改革开放以来区域发展中长期形成的偏差，改变当下区域失衡的不良状态。这要求各区域在经济发展的同时要重视社会进步与发展，在获得物质成果的同时要特别注重精神建设与人本价值，要注重区域发展的全局利益和长远利益，在区域发展的过程中逐步提高民生福祉，使每一个个体实现获得感。

新时代推出的京津冀协同发展战略，恰恰担负着促进区域协调发展的新使命。一是京津冀协同发展战略有利于缩小京津冀三地区域发展的差距。推进京津冀协同发展的一项重要任务，就是要改变京津冀三地人均区域生产总值差距较大的现状，加快河北省落后区域的经济增长速度，逐步实现区域协调。二是京津冀协同发展战略有利于促进三地公共服务的均等化。社会公共服务包括公共卫生、基本医疗、义务教育、劳动就业、公共安全、扶贫开发、防灾减灾等诸多方面，通过体制机制创新，京津冀区域将逐步提高社会公共服务均等化水平。三是京津冀协同发展战略有利于推进三地发展机会的均等。通过资源和要素的自由流动，京津冀三地在基础设施、城市建设、企业进入、资源开发、乡村振兴等领域获得公平的发展机会，三地充分发挥各自的比较优势，实现优势互补、互惠互利，消除利益冲突，走向合作共赢。四是京津冀协同发展战略有利于推进区域绿色发展。习近平提出"绿水青山就是金山银山"的理论，从根本上讲清楚了人口、资源与环境和谐发展的质的规定性。在京津冀协同发展过程中，三地在生态建设方面可以联手共建，包括治霾、治水、土壤改良等诸多领域，最终实现京津冀区域的可持续发展。

（三）探索区域协调发展新机制

区域协调发展离不开体制机制保障，单一的体制机制改革难以实现区域经济协调发展，当前我国区域发展中的体制改革已经进入到综合配套改革的重要时期，这要求创建一系列区域协调发展新机制，而京津冀协同发展正是要率先在体制机制方面进行探索示范。

一是市场决定机制。市场决定机制是推动要素流动、促进区域间资源高效配置的重要机制，在京津冀协同发展过程中，要加快构建统一大市场，实现生产要素在京津冀区域间自由流动和产业转移，促进三省市之间的分工。二是区域合作机制。合作机制是各区域采取联合行动，促进要素在区域间的自由流动，在产业发展、资源开发、生态环境治理与保护等方面合作共建，形成互动协同的发展格局。当前，京津冀协同发展就是要探索三地要素自由流动、区域经济协调发展的新格局。三是利益共享机制。利益共享机制包括资源共享、机会共享和利益共享等，通过推进京津冀协同发展探索利益共享机制，以保证各区域的发展利益。四是空间组织机制，在京津冀区域，通过经济区划、主体功能区划、区域空间规划等空间组织方式，对三地空间开发进行全局谋划，以提高空间开发效率。

第二节　京津冀协同发展战略
提升了我国区域协调发展新目标

京津冀区域发展问题既反映了中国区域经济发展中的普遍性问题，也具有其特殊性，着力推进京津冀协同发展是实现中国区域经济全面升级的关键举措。以京津冀协同发展为抓手激活中国区域经济发展新活力，是习近平经过长期实践考察和理论积淀，对京津冀协同发展的重要意义、面临的问题以及发展的路径给出精准判断的结果。京津冀协同发展所担负的新使命也体现了我国区域经济发展战略目标在新的时代背景下的提升。

一、京津冀协同发展为优化全国区域发展提供了新样板

珠三角、长三角和京津冀是中国最大的三个发展区域，与其他两个区域相比，京津冀区域发展相对缓慢、一体化程度相对较低。但京津冀区域发展基础雄厚、发展空间广阔、发展潜力巨大，是推动中国经济增长、结构调整和转型升级的最强大动力。京津冀协同发展是由历史、地理、现实等诸多因素所共同决定的，对于中国区域经济发展具有重要意义。京津冀协同发展经过长期的实践探索，从环渤海经济合作到京津冀一体化，京津冀区域协同的条件已经成熟。习近平顺应京津冀区域发展的历史进程和现实要求，深入分析了京津冀协同发展所面临的有利条件，提出了推动京津冀协同发展的战略构想。

二、京津冀协同发展为实现区域整体均衡发展探索了新路径

作为中国北方最重要的经济发展区域，京津冀区域在改革开放之后经历了快速发展，尤其是北京和天津两个主要城市已经和正在跻身世界级城市行列，三地的一体化发展也取得了一定进展。但是作为一个历史悠久的老工业区和老都市圈，京津冀区域发展中积累的一些矛盾也更加尖锐和突出。一是北京非首都功能疏解问题。北京是我国的首都，一直是我国北方最重要的政治、经济、文化中心。但是由于功能相对集中，北京"大城市"病突出，发展空间相对不足、公共设施和公共服务供不应求、资源环境承载力急剧下降等问题成为限制北京发展的瓶颈。如果不对北京的非首都功能进行有效疏解，其发展将举步维艰，甚至出现边际负增长的现象。习近平对这一问题一

直保持着清醒的认识，将疏解非首都功能纳入京津冀协同发展的大战略框架下进行考虑。他多次强调，解决好北京发展问题，必须打通京津冀发展的大动脉，要充分彰显首都优势，有效激活北京的要素资源，同时天津、河北的发展要同北京的发展放在一起来考虑。二是区域经济发展差距过大问题。京津冀区域包括 13 个城市，核心城市北京和天津均是现代化的国际性大都市，而河北省的 11 个城市则发展水平相对较低，这导致京津冀区域内部城市间的发展不平衡的矛盾十分突出。统计资料显示，2018 年，京津冀城市群中经济总量最大的城市北京实现地区生产总值 30319.98 亿元，而经济总量最小的承德市仅实现地区生产总值 988.8 亿元，大致相当于北京的 1/30。这还仅仅是经济总量的差距，而在其他经济发展和社会发展方面的差距更为明显，例如经济结构、发展模式、现代化程度、收入水平、公共服务、就业等。三是三地协同发展的制度性壁垒突出。区域内部发展差距过大使各地之间的经济合作、政治合作、社会合作等面临诸多实质性壁垒，从而客观上阻碍了协同发展的进程。三地政府间存在的体制机制性壁垒是影响协同发展的最突出矛盾，实现协同发展必须首先破除体制机制性障碍，为协同发展打造良好的制度环境。

三、京津冀协同发展提升了新时代中国区域经济发展新目标

就推进京津冀协同发展，习近平明确提出七点要求，系统回答了"做什么""怎么做"的问题，为京津冀协同发展提供了行动指南。一是要着力加强顶层设计，抓紧编制首都经济圈一体化发展的相关规划。二是要着力加大对协同发展的推动，自觉打破自家"一亩三分地"的思维定式。三是要着力加快推进产业对接协作，理顺三地产业发展链条。四是要着力调整优化城市布局和空间结构，促进城市分工协作。五是要着力扩大环境容量生态空间，加强生态环境保护合作。六是要着力构建现代化交通网络系统，把交通一体化作

为先行领域。七是要着力加快推进市场一体化进程,推动各种要素按照市场规律在区域内自由流动和优化配置。在新时代背景下,作为重大国家战略,京津冀协同发展承载着促进中国区域经济与社会发展的新目标。

(一)通过城市群优化升级真正融入经济全球化

经济全球化是世界经济发展的必然趋势,也是中国经济发展不可规避的外部环境,顺应经济全球化的趋势,真正融入经济全球化是中国经济可持续发展的客观要求。京津冀区域是中国对外开放的先行区,是中国经济对外交流的高平台,也是中国经济融入全球化的重要载体。融入经济全球化,不仅要求在经济发展水平上与世界其他国家和地区接轨,同时也要求在发展能力和模式上适应全球化的发展需求。京津冀区域拥有中国最发达的城市,首都北京,以及以国际贸易交通港著称的现代化大都市天津,这两个城市的发展水平正在接近甚至赶超一些世界级城市。但是从世界经济发展的空间特征来看,以增长点为特征的国际城市发展模式已经被大都市引领的城市群发展模式所取代。美国、日本以及欧洲发达国家的经验表明,城市群在国家融入经济全球化中的作用日益明显。世界级城市群一般都具有完善和稳定的空间结构,包括核心城市、卫星城、小城镇以及由这些城市的相互联系所构成的发展轴带和网络。不同级别的城市在这种城市空间网络中发挥着不同的作用,它们间的相互促进提升了城市群整体的发展能力和承载能力,使这些区域不仅成为国内经济增长的制高点,也成为世界经济交往的重要平台。尽管京津冀区域城市众多,但城市间的发展水平呈两极分化趋势,两个核心城市北京和天津较为发达,其余城市则相对落后。城市间发展水平的差异较大导致京津冀区域难以形成稳定的网络结构,尤其是缺少支撑中心城市发展和引领小城市发展的卫星城,使得城市群网络难以形成良性的发展循环,阻碍了城市群整体功能的提升。因此,习近平在对京津冀发展提出的众多要求中,强调要通过优化城市群空间布局,促进城市之间的分工与协作,提升城市群一体化发展水平,提高城市群综合承载能力。这些都是打造世界级城市群的必经之路,也是融入经济全球化的客观要求。

(二)通过制度创新将改革向纵深推进

京津冀协同发展战略推进的过程也是体制机制创新的过程。根据新时代我国社会主要矛盾的变化,京津冀要在公平、正义、民主、安全、法治、生态等社会发展领域进行体制机制探索,通过制度创新不断把改革推向纵深发展。

习近平对京津冀协同发展座谈会上提出的七点要求中,有三点是涉及体制机制改革的,包括对京津冀协同发展实施顶层设计、打破思维定式和体制机制壁垒,这些都必须通过调整地方政府间,以及政府与市场间的关系来实现,其最深层次的需求就是实现体制机制变革。按照习近平提出的要求,京津冀区域要打破"一亩三分地"的限制,要打破行政阻隔,实现要素自由流动,唯有靠改革,唯有靠制度创新推动改革,实施京津冀协同发展战略对推动新时代中国改革向纵深发展具有重大意义。京津冀协同发展将重点探索三大领域的改革:一是推动要素市场一体化改革,具体包括技术、信息、金融等要素市场的一体化改革;二是构建京津冀协同发展的体制机制,包括构建行政管理体制机制等;三是加快公共服务一体化改革,在促进京津冀区域公共服务均等化方面做出探索。

(三)通过重点领域突破实现发展方式转换与结构调整

中国经济进入新常态,我国已经从高速发展阶段进入高质量发展阶段,这决定了当前我国经济发展的重要任务就是转换经济发展方式、调整经济结构。一是加快从制造业大国向消费大国的转变,实现国富向民富国强的转变。我国经济总量位居全球第二位,在下一个发展阶段中,关键是实现由国富向民富的转变。二是从要素驱动向创新驱动的转变,从产业链低端向中高端产业链的转变。要根本改变我国经济大而不强、快而不优的局面。三是从商品输出大国走向资本输出大国的转变。我国过去四十多年的改革开放,是通过出口支撑经济增长,在未来,我国不仅要推动商品的出口,更重要的是推动我们的企业走出去,成为资本输出大国。在对外开放的战略上实现转型,而京津冀协同发展就是要探索在重点领域实现区域的资源优化配置和产业结构升级以及空间结构的优化。

一是交通领域。作为基础设施,交通是民生保障和经济发展的重要基础。长期以来,京津冀区域交通发展严重滞后,这影响了经济要素与人员的相互流动。打通交通通道是推进京津冀协同发展的重点领域,也是基础领域。要围绕交通发展的几个方面探索转方式与调结构:第一,构建新时代交通运输基础网络。建设高效轨道交通网。重点推进"四纵四横一环"通道布局内轨道交通建设,着力推进轨道交通"四网融合"。重点推进对接京津的京唐城际、京石城际、京九高铁等项目建设,积极谋划石家庄市、承德市连接天津市的铁路建设。第二,加快推进环京津县市与京津之间的轨道交通衔接,重点建成平谷线等项目。第三,完善便捷公路交通网。着眼实现京津冀地区内部的互联互通、对外顺畅通达,重点推进"四纵四横一环"通道布局内公路建设,完善对接京津、强化内外联系的公路网络。加快推动高速公路建设,重点建设太行山、延崇、津石、京雄等地高速公路,以"连县、连重点镇、通园区、通旅游景点、通示范区"为目标,促进干线公路联网成片,加强农村公路与京津的对接;构建世界级港口群。加强河北港口与天津港口共赢发展,促进区域资源共享。提高区域港口差异化、专业化程度,强化津冀港口公司的效益。完善港口的集疏运体系,加强港口大宗散货物流园区等建设,促进铁路进港、铁路与场站相连接。第四,打造世界级机场群。深化区域内机场资源整合,推进北京新机场建设,促进河北省机场与京津机场协调发展,共同构建世界级机场群。加强运输机场与通用机场的互补性,构建功能合理、完善的民航运输体系。加大既有运输机场改扩建力度,完善机场集疏运体系,加强机场与高铁、公路、市区主干道及轨道交通、客货枢纽的衔接。

二是生态领域。京津冀区域产业结构偏重,其历史由来已久,尤其是津冀第二产业比重仍然较高,资源型、高耗能产业占有较大比重,长期以来,对资源环境造成巨大的负面影响。习近平多次强调,要通过京津冀协同发展战略去探索我国生态文明建设的有效路径、促进人口资源环境相协调的发展。2017年2月23日至24日,习近平北京考察期间,习近平强调,对突出的环境问题,包括大气污染等要综合施策。2017年10月,在党的十九大报告中,习近平提出要以疏解北京非首都功能为"牛鼻子"推动京津冀协同发展。破解京津冀大气污染等突出生态问题。在当前高质量发展要求下,解决京津冀生态问题必须要加快结构调整,培育新动能。

三是产业领域。京津冀要实现真正的协同发展,必须落脚在产业协同上,三地之间要形成产业互补、产业共进,你中有我、我中有你的产业共生格局。京津冀区域在产业合作方面要做到统筹兼顾。在坚持区域经济社会全面发展的同时,要积极寻求重点合作领域和适当的合作方式。同时,通过实施相应政策,促进三地经济社会与社会效益的不断提升。

第一产业合作。北京、天津农业比重较低,而河北省还有相当比重的农业,三地在第一产业合作中要充分考虑三地区域发展的实际。目前,京津两地的农业主要是观光型和休闲型农业,而河北农业资源丰富,特色农业基础较好。现阶段京津冀农业合作模式为"政府推动下的农业企业、基地与科研机构"——这是基于比较优势进行的产业链分工。

第二产业合作。北京、河北制造业所占比重高,在制造业发展方面,两省市之间有着良好的合作基础。北京科技基础雄厚,这也给三地生产技术和生产制造合作奠定了深厚的基础。目前,京津冀三省市在汽车、钢铁、化工、电子信息及医药制造等产业领域已经开展了多种形式的合作,并取得了明显的合作成效。

第三产业合作。目前,北京的服务业比重已经超过其三次产业的82%,

天津服务业占比接近60%,京津冀三地服务业合作大有可为。三地在旅游领域的合作推进速度最快,并给三地带来了巨大的经济效益。未来,京津冀三地将进一步在金融保险业、科技咨询、商业服务、对外贸易经济发展中所占的比重越来越大,在国民经济中具有举足轻重的地位,其发达程度间接地体现了一国或地区的发展程度。在京津冀协同发展战略下,京津冀三地的服务业合作逐渐活跃并成为产业合作的重要领域,所涉及的重点合作产业和旅游业等领域展开深度合作。

第三节　京津冀协同发展开辟了我国区域协调发展新思路

京津冀协同发展战略是对我国传统区域发展战略的继承与发展,是对区域协调发展思想的深化和创新,因而需要创新发展方式,拓展新思路,探索新途径。京津冀协同发展战略提出以来,经过五年多的实施,在多个领域取得了突破,体现了区域协同发展理论在实践上的成功,一些创新性举措也彰显了区域协同发展的新思路。

一、重点突破,以点带面

作为国家重大发展战略,京津冀协同发展是一个复杂的系统工程,涉及经济、政治、文化、社会、生态等诸多方面,要实现协同发展目标必然要处理好京津冀区域发展中阻碍协同发展的一系列问题,包括区域内部发展不平衡问题、经济总量与发展质量不协调问题、经济发展模式和经济结构不合理问题等。但是根据辩证唯物主义的观点,解决问题要抓住问题的主要矛盾和矛盾的主要方面。因此,在推动京津冀协同发展战略落实的过程中,首先从顶层设计的角度明确了推进协同发展的核心问题、首要任务、关键举措和重点领域。通过这些矛盾集中问题的重点突破,实现以点带面,推动全局的战略谋划。

(一)非首都功能疏解

《规划纲要》指出,疏解北京非首都功能是京津冀协同发展的关键环节和重中之重,是一项复杂的系统工程,对于推动京津冀协同发展具有重要先导作用。随着经济社会发展,首都北京功能定位也几经变化,体现了明显的时代特征。从新中国成立初"全国政治、经济和文化中心",到改革开放后的"全国政治中心、国际交往中心、历史文化名城"和"继续发展经济事业",再到 2003 年提出建设"国家首都、世界城市、文化名城、宜居城市"。可见,北京城市功能定位的变化是一个经济功能逐渐弱化,首都核心功能不断强化的过程,同时也体现了我国经济发展方式逐渐转变的历史进程。《规划纲要》对北京的新功能定位是"全国政治中心、文化中心、国际交往中心、科技创新中心",这一定位不仅明确了北京的首都功能,同时也是支撑京津冀区域整体功能、协调京津冀区域内部各城市功能的重要战略举措。而理顺京津冀区域各城市功能,充分发挥各城市优势,实现功能互补,是实现京津冀协同发展的客观要求。

之所以将疏解北京非首都功能作为推动京津冀协同发展的突破口,原因在于北京集聚和快速发展已经成为导致京津冀区域内部不均衡发展的关键因素,也成为京津冀区域发展诸多问题的集中体现。首先,改革开放四十多年来首都北京的快速发展是以周边地区资源的快速流入为支撑的。首都北京集聚了区域内的大量优质资源,资本、劳动、科技、人才以及教育、医疗等公共服务在北京高度集聚,使区域内其他地区的发展受到一定影响。根据区域经济发展规律,增长中心在实现极化效应的过程中必然对周边地区的发展产生不利影响,但之后在扩散效应阶段会向周边地区输出资源,使周边地区在溢出效应的作用下发展起来。而目前北京在实现了集聚后,扩散效应发挥有限,导致周边地区仍然发展缓慢,客观上需要外力的作用使首都功能部分外移,从而带动资源流动,形成资源良性流动的势能,实现区域内部资源的优化配置。其次,在中国经济进入新常态的宏观背景下,首都北京也同样面临转型和调结构两大任务。尽管,近年来随着北京大部分高污染高耗能行业外迁,其产业结构已经实现了重大调整,但一些人口集聚能力较强的服务业仍然是影响首都功能提升的重要障碍。因此,《规划纲要》明确提出了范围更广的非首都功能疏解目标。最后,首都"大城市病"问题不仅是影响首都功能、首都形象的城市问题,也是影响人民生活和健康的社会问题,亟待解决。有研究报告指出,相对于快速发展的社会经济,京津冀区域生态环境承载能力已经明显相对不足,其中,首都北京表现最为突出。环境问题追根溯源是发展的问题,首都集聚的功能过多、人口过多,发展压力过大,才导致生态环境和生产生活环境恶化,如果不从根本上解决过度集聚的问题,生态环境问题也得不到根治。

(二)雄安新区建设

建设雄安新区是推动京津冀协同发展的又一重要战略举措。非首都功能疏解的两个重要领域:一是疏解经济功能,主要是产业转移,北京周边地区包括天津和河北的部分地区均可根据发展优势作为不同梯次的产业承接地;二是疏解部分非首都的公共服务功能,这些功能的疏解,不是单纯的转移出去,而是既要转移出去又不能影响对首都北京继续发挥服务和支撑功能,同时还能兼顾对其他地区发挥辐射作用。雄安新区是继深圳经济区、浦东开发区、滨海新区之后又一具有全国意义的重要新区,对于京津冀协同发展,乃至全国区域经济发展格局的再平衡都具有重要意义。

首先,从疏解非首都功能的角度来看,雄安新区是北京部分公共服务功能以及部分附属政治功能的集中承接地。随着雄安新区的发展和壮大,北京一些集聚能力较强的机关、单位、企业和教育、医疗、交通等服务机构将逐渐迁居雄安。雄安新区的发展一方面为北京拓展了新的发展空间,有效地缓解了北京的发展压力;另一方面,由于与首都北京距离较近,在现代化立体交通网络的辅助线,迁往雄安的部分功能仍能有效发挥对首都北京的支撑作用。

其次,从京津冀协同发展的角度来看,雄安新区是加强京津冀联系的重要空间节点。在空间布局上,雄安新区地处京津冀区域中心腹地,与北京、天津两大核心城市的距离均不超过 130 千米。雄安新区由于承接了部分非首都功能而具有巨大的发展空间,有望迅速发展成为与浦东、滨海并列的新的增长极。由此,京津冀区域内部将形成由北京、天津、雄安为顶点的黄金发展区域,将京津冀区域发展格局由"以点带面""以轴带面"拓展为"以面带面",引擎作用将成倍放大。同时,雄安新区作为河北省唯一一个具有全国意义的发展新区,对提升河北省发展能力,缩小区域内部发展差距也具有不可忽视的作用。另外,雄安新区承接部分非首都功能,除继续发挥对北京的服务功能之外,也能够有效提高北京对周边的辐射作用,是实现区域协同发展的有效途径。

最后,从平衡全国经济发展格局的角度来看,雄安将成为北方经济发展的新增长点,成为京津冀区域带动广大北方地区以及西部地区发展的新引擎,对于平衡我国区域经济发展的南北差距和东西差距都具有重要意义。

(三)重点领域突破

京津冀协同发展战略是一个长期性、全局性的重大战略,目的是实现整个区域在经济、政治、文化、社会、生态等方面的全面协同。但同时,由于协同发展涉及面广,全面推进的难度较大,选择具备一定基础、条件较好的重点领域率先突破,能够通过关联效应、溢出效应、示范效应等带动和引领其他领域的发展,最终逐步实现全面协同发展目标。通过周密论证,《规划纲要》将交通、生态环保、产业三个重点领域作为率先突破的领域，集中力量推进，力争率先取得突破。交通作为重要的基础设施，是实现京津冀区域在空间上互联互通的重要纽带。以首都立体交通枢纽和天津港国际航运枢纽为依托，京津冀区域立体交通网络发达，通过顶层设计和规划，打通京津冀区域立体交通网络目前存在的少数障碍，形成便捷高效的京津冀区域一小时工作生活圈，是实现京津冀协同发展的关键基础性工作。生态环境是京津冀区域共同面临的发展课题，由于生态环境的外部性特征，京津冀生态环境问题需要三地共同参与，形成生态环境防治、保护、建设的统一体。目前，京津冀区域内部生态环境问题复杂：一方面，三个地区生态质量的差异性较大；另一方面，三地生态环境问题的成因不同，北京市是由于过度集聚而导致的生态承载力相对不足，河北地区主要是低端产业所导致的污染严重，天津地区是两种情况都存在。不仅解决这些问题所涉及环境治理工作需要三地形成统一的体制机制，避免出现负的外部性，同时解决这些问题所涉及的功能疏解、产业转移等工作也需要三地协调解决。正因如此，生态环保领域是推动京津冀三地协调互动的一个关键领域，通过生态环保领域的合作能够不断提升三地协同发展的能力，为其他领域的协同发展提供经验借鉴。经济联系是京津冀三地之间的最重要联系，因此产业转移是三地均较为关注的领域，也是决定区域协同发展成效的关键领域。近年来，随着经济转型升级和结构调整的需要，北京和天津地区的一些产业正逐步向外转移，目前京津冀已经形成较为明显的产业梯次，首都北京以高科技创新型产业为主，第二核心城市天津以高端制造业为主，河北地区则布局了较多的重型工业。目前的问题是，尽管京津冀区域产业结构较为合理，但是区域间的产业联系还有待进一步加强，覆盖整个区域的完善的产业链和产业体系尚未形成。推动京津冀区域形成统一协调的产业链和产业体系，能够有效加强京津冀区域间的经济联系，率先实现京津冀区域经济一体化，这是实现京津冀协同发展的基础和保障。

二、试点先行,示范引领

京津冀协同发展思想是对传统区域发展思想的理论创新,从理论上是一种发展和完善,因此需要探索新的路径,即用新的实践来检验和支撑新的理论。中国改革开放提供的最实用的经验就是"先富带动后富,最终实现共同富裕",这种战略举措的实质就是通过试点的示范引领作用激发全局发展的积极性,最终实现全面发展。京津冀协同发展战略作为中国改革开放向纵深推进的新的战略探索,坚持"试点先行,示范引领"能够保证改革的方向不偏,能够有效降低改革成本,有利于京津冀协同发展战略的顺利推进。京津冀协同发展的示范引领作用体现在两个方面,一方面,通过京津冀区域内部不同领域开展试点先行,引领其他领域发展,最终实现区域协同目标。具体是通过四个功能定位实现的,即天津功能定位中的"金融创新运营示范区"和"改革开放先行区",以及河北省功能定位中的"产业转型升级试验区"和"新型城镇化与城乡统筹示范区"。另一方面,从全国区域发展和深化改革的角度来看,京津冀协同发展的一些实践性探索也能够为全国其他地区提供丰富经验借鉴,发挥示范引领作用。具体是通过两个功能定位来实现的,即京津冀区域整体功能定位中的"区域整体协同发展改革引领区"和"生态修复环境改善示范区"。

(一)金融创新运营示范区

金融业是现代服务业的重要组成部分,是现代经济繁荣发展的催化剂。京津冀协同发展的目标是构建现代化的经济体系,打造国际化的城市群,金融业是一个关键领域。通过金融创新为经济发展注入新的动力是推动京津冀区域全面发展的有效途径,但京津冀区域面积广阔,各地金融业发展水平差距较大,同时,作为一种生产性服务业,金融业的人才密集、技术密集、高度关联、高度集聚等特性也对发展环境有较高要求。与京津冀区域中的其他城市相比，天津金融创新具备较好的条件和基础。首先，在中国北方地区经济发展的过程中，天津发挥了关键的中心城市功能，一直是北方地区重要的金融结算中心。同时，作为一个重要的国际贸易枢纽，天津在国际金融结算中也发挥了不可替代的作用。经过多年的积累，天津金融业发展基础较好。其次，天津金融创新探索起步较早，并且具备进一步推动金融创新的条件。无论是出于推动中国改革进程还是引领经济发展的目的，金融创新一直是天津改革的重点领域。特别是滨海新区开发开放以来，国内国际众多金融机构在滨海新区集聚发展，进一步推动了天津金融创新的进程，天津自由贸易试验区的建立也为天津金融创新的进一步开展提供了充足的空间。从试点示范的角度，天津金融创新应着重实现三个目标：一是通过金融创新撬动京津冀区域资源整合，首先带动京津冀区域内部经济发展；二是充分发挥金融对实体经济的支撑作用，京津冀区域的发展关键还是要依靠实体经济，虽然金融具有一定的虚拟性，但在发挥经济关联方面还是要更多地支撑起实体经济，二者的发展是互为条件、互为基础的；三是总结金融创新经验，树立金融创新典型，探索金融创新模式，为京津冀区域其他地区金融业的发展以及全国其他地区金融业的发展提供经验借鉴。

（二）改革开放先行区

中国区域经济发展的实践表明，改革开放是推动区域经济实现跨越式发展的主要推动力。中国三大经济发展区域——珠三角、长三角和京津冀区域，均属于改革开放的前沿阵地。京津冀区域作为中国北方对外开放的最大桥头堡，是中国腹地参与国际经济交往的重要通道，其中，天津更是对外开放的直接窗口，不仅是京津冀区域也是整个中国实践改革开放互动发展的典范地区。四十多年来，随着与国际经济贸易联系的不断加强，天津的对外开放程度和质量都逐渐提高，同时，随着外资一同进入的先进技术、管理经验、文化等因素，也成为倒逼改革不断深化的重要推动力。目前，随着中国改革进入深水区和国际政治经济关系的深入调整，中国改革开放亟待推进，也迫切需要探索新的模式和新的路径，通过试点先行仍然是降低改革成本提高改革实效的最优路径。选择天津作为改革开放的先行区：一是因为天津一直是中国改革开放的排头兵，更凭借滨海新区与自贸区两大政策优势，具备深化改革扩大开放的土壤；二是因为天津作为京津冀区域第二大核心城市，其示范辐射效应更强，不仅能推动京津冀区域改革开放的进程，也能在全国形成良好的示范效应，为全面深化改革扩大开放提供新路径新模式新思路。

（三）产业转型升级试验区

在全国经济进入转方式、调结构的宏观背景下，实现产业转型升级是京津冀协同发展必须解决的重点课题。目前，在京津冀区域中，虽然地区间的产业梯次清晰，但跨区域的产业体系尚未形成，地区间产业结构的差异明显。北京市的第三产业增加值占地区生产总值的比重已经超过80%，达到世界先进城市的水平，且主要以高技术含量、高创新能力的现代服务业为主；天津市也逐渐实现了产业结构优化，第三产业与第二产业同时发挥着对国民经济的重要支柱作用，但天津的制造业和服务水平均有待提高；河北省的经济发展还主要依靠第二产业的贡献，同时存在产业低端化、老化严重等问题，是三个地区中产业结构问题最集中最复杂的地区。河北省产业转型升级是打造完善的京津冀区域产业体系的前提，是关系京津冀协同发展全局的关键举措，在转型升级的过程中，不仅要考虑到产业发展的可持续性以及对经济增长的影响，同时要考虑到与京津冀其他地区的产业关联性。同时，京津冀区域内部的产业转型升级问题，也是全国产业转型升级问题的一个缩影，京津冀区域内部产业结构的矛盾同样也是全国产业区域间不平衡的体现，通过河北省产业转型升级的实践探索解决京津冀产业协同的主要矛盾和主要问题,也同时为全国转方式、调结构提供实践经验和路径参考。

(四)新型城镇化与城乡统筹示范区

截至目前,除了深圳市已经全部取消农业户口外,中国各地区各城市仍然以城乡融合发展为主要特征,因此解决城乡统筹问题仍然是中国城市化进程中的重大问题。城乡统筹问题的本质缩小城乡差距,实现城乡融合发展,这也是协同发展的内涵之一。因此,推动京津冀协同发展必须重视和妥善解决城乡统筹问题。京津冀区域是一个典型的城乡融合发展区域,且城乡间的发展差距更为明显,既有全国最发达的城市,也有国家级的贫困县,城乡统筹的难度较大。在京津冀区域率先探索城乡统筹的新路径具有典型性,其成功经验也能在更大的范围内发挥示范效应。在京津冀区域中,河北省的城市化水平最低,城乡矛盾也更突出,但同时城乡统筹发展的需求也更迫切,动力也更充足。并且河北省地域广阔,可作为试验区的样本众多,发展空间巨大,可以提供更多的路径和模式。新型城镇化建设是推动城乡统筹发展的有效途径,也是目前在全国很多地区行之有效地调和城乡矛盾、推动城乡融合发展的有效措施。与京津两个现代化大都市相比,河北省的城乡结构更完善,大城市、中小城市、小城镇、农村等已经形成了完备的网络体系,从而为探索不同规模的新型城镇化发展路径提供了可能,也更有利于形成数量合理、规模合理、结构合理的新型城镇化体系。

(五)区域整体协同发展改革引领区

京津冀协同发展战略思想是对传统平衡发展理论、非平衡发展理论和再平衡发展理论的创新和发展,本身就属于"摸着石头过河"的探索。中国众多经济区域均是在传统区域经济发展理论的指导下发展起来的,其中利用增长点、增长极带动区域发展的非平衡战略是应用极广的发展战略,因此区域内部发展的不平衡性在各发展区域都是普遍存在的问题,因而也不得不利用再平衡发展战略来加以调节。区域协同发展战略是通过加强区域内部的关联互动，利用一体化战略，在实现发展的过程中同时实现缩小发展差距的目标。很显然，这一战略思想的实现，是对传统区域发展轨迹的修正，是创新区域经济发展路径、提升区域经济发展质量的理论创新与实践探索的统一。将京津冀区域作为区域整体协同发展改革的引领区，一方面是赋予了京津冀区域探索改革新路径的政策优势；另一方面，京津冀区域发展中存在一些典型性问题是中国较为落后的北方地区各区域经济发展中存在的普遍问题，京津冀协同发展的经验更适合在这些区域复制和推广，从而改善全国经济发展的不平衡格局。同时，这些经验对于中国整体区域发展的不平衡性格局的扭转也具有重要意义。

（六）生态修复环境改善示范区

受自然环境、经济发展水平、产业结构、生活方式等因素影响，相对于南方地区而言，中国北方地区的生态环境问题更为严重。特别是作为北方经济社会活动主要集聚区的京津冀区域，生态环境恶化迅速，生态环境对经济社会发展的支撑能力明显不足。目前，京津冀区域生态环境问题集中体现在三个方面：一是生态环境资源相对稀缺，二是过度集聚导致环境污染严重，三是产业低端化导致环境破坏严重。党的十八大以来，绿色发展可持续发展已经成为我国经济发展的重要目标模式，改善经济社会发展与自然环境之间的矛盾既是可持续发展的客观要求，也是协同发展的重要内涵。京津冀区域生态环境的改善不仅要解决生态环境的问题，还要解决协同的问题。从系统论的角度看，京津冀区域生态环境是一个有机整体，同时，生态环境的特殊性也决定了各地区间的生态环境是相互影响、互为掣肘的。因此，解决京津冀生态环境问题的关键是建立协调统一的环境治理机制，而环境的改善重点解决三个方面的问题：一是对于尚未开发的原始生态环境进行严格的保护，设置开发红线；二是对于污染严重的环境进行治理，并采取严格的防止再污染措施；三是对于受到破坏难以恢复的生态环境，进行人工生态工程建设予以替代。鉴于京津冀区域生态环境问题的典型性和严重性，探索京津冀区域生态修复和环境改善的有效路径是解决京津冀协同发展的关键性问题，同时，这一问题的解决也能够为经济快速发展区人与自然的和谐共生提供经验借鉴，对于全国经济实现绿色发展和可持续发展具有重要意义。

三、协调推进，全面发展

京津冀协同发展战略是以全面发展为目标的区域发展战略，所谓全面发展既包括空间上的全面发展，也包括主体上的全面发展，既包括机制上的全面发展，也包括功能上的全面发展。按照系统原理，实现整体的全面发展要求各组成部分协调发挥作用。因此，推动京津冀协同发展战略的全面落实，必须协调好各个层面的关系。

(一)利益主体的协调

京津冀协同发展首先是利益主体间的协调，各利益主体是京津冀协同发展的能动因子，是推动京津冀协同发展的最直接动力。协调好各利益主体间的关系，能够最大限度地激发主体活动力，使区域协同发展取得事半功倍的效果。京津冀协同发展中利益主体协调最重要的就是地方政府间的利益协调。作为不同的发展主体，各地方政府都有自己的利益最大化目标，特别是在各地方发展状况差异较大的情况下，各自的利益目标也必然有很大差异。协同发展需要京津冀三地协调各自的利益目标，使其统一于京津冀协同发展的总体目标。但由于京津冀三地在发展水平、发展阶段、发展模式等方面都存在显著差异，协同发展的难度较大。因此，必须首先打破"一亩三分地"各自为政的思想，适当调整地方政府利益目标，使其与协同发展目标相适应。尽管从短期来看,协调地方政府利益目标使其与协同发展目标相一致,难免需要牺牲一部分地方政府利益。但是从长期来看,由协同发展带来的区域整体利益的增加必然大于各地方政府的利益损失。

(二)政府与市场的协调

京津冀协同发展是依靠体制机制的完善和创新来引导和保证协同发展的战略思想,因此必然涉及体制机制的相关利益协调。从经济发展的角度,体制机制的协调最本质的就是调整政府与市场的关系。政府与市场作用边界的划分是决定经济效益的根本因素。改革开放以后,中国社会主义市场经济体制逐渐建立并完善,市场与政府的关系也得到不断调整。但是与南方市场经济活跃地区相比,京津冀区域市场机制的发挥相对较弱。在首都北京政治功能的影响下,京津冀区域对于稳定的需求更高于经济活跃,因此政府在经济发展中发挥着重要作用。京津冀协同发展的基础是经济发展,所以必须激发经济发展的活力,最有效的办法就是完善和充分发挥市场机制的作用。政府与市场是保证经济健康良性发展的两种必不可少的力量,市场机制要充分发挥协调经济发展的作用,政府则要发挥保障市场机制正常发挥作用并弥补市场失灵。可见,在这两种力量当中,政府是能够主动发挥作用的一方,政府作用的发挥是决定两种力量作用程度以及作用成果的决定性因素,因而也是决定经济发展效果的决定因素。所以调整政府与市场关系的关键是政府如何发挥作用。一方面,政府要明确自身的作用边界;另一方面,政府要保障市场机制的良性运行。目前,京津冀区域部分地区已经探索出一些简政放权、促进市场机制发挥作用的有效措施,例如滨海新区的行政体制和金融体制改革,这些措施有效促进了市场作用的发挥,实现了市场与政府的良性互动。

（三）功能协调

《规划纲要》对京津冀区域整体和三个地区分别给予了明确的功能定位,目的就是协调区域主体的功能发挥,避免主体间的冲突和竞争,使各主体不仅能够最大限度地发挥自身的作用,同时实现功能间的相互协调,相互促进,使区域整体功能得到最大限度的发挥。京津冀区域整体及各地的功能定位是一个有机系统,三地的功能定位体现优势互补的定位原则,更是对区域整体功能定位的支撑,亦即体现了合作共赢的原则。这一功能定位是基于区域整体层面和其次级层面上各地区之间的功能协调,实际上京津冀协同发展中的功能协调还应该包括更次级的城市之间、城镇之间、经济主体之间的功能协调,以及不同层级主体之间的功能协调。尽管这些功能协调的内容是不同的,但原则却是相同的,即都要遵循"优势互补,合作共赢"的协同发展原则。

（四）空间协调

按照传统的区域经济理论, 区域经济发展的过程就是区域空间格局演变的过程,因此京津冀协同发展必然最显著地表现为区域空间格局的调整。经过多年的发展,京津冀区域已经形成较为稳定的空间格局,即以首都北京为核心、以天津为次级中心、以河北省为腹地的区域经济圈层。但是这种稳定的区域空间结构决定的区域经济发展模式相对固化, 没有外力的作用将持续形成累积因果循环,导致区域发展的不平衡性加剧。京津冀协同发展要实现新的区域发展目标,必须改变固有的区域空间格局。《规划纲要》遵循"功能互补、区域联动、轴向集聚、节点支撑"的总体思路,明确了以"一核、双城、三轴、四区、多节点"为基本架构的区域协同发展空间新布局。与原有的"点轴"格局相比,新的空间布局是一个包括"点""轴""带""面""网络"在内的完善的空间布局体系,充分调动了空间中各个节点的功能,使更多的空间主体参与到区域发展过程中，形成了更加完善、更加立体化的空间格局，同时有效发挥了点线面之间的相互促进作用，使整个空间布局的系统性、协调性、互动性增强。这样的空间格局能够极大地激发区域经济发展活力，使区域经济呈现螺旋式上升的良性发展轨迹。

第四章

京津冀产业协同和转移升级

　　京津冀一体化是一个系统工程,而要实现产业发展一体化,加强三地产业协同,是这个系统中最为关键的问题。2014 年 2 月 26 日,习近平在京津冀协同发展工作座谈会上强调:"着力加快推进产业对接协作,理顺三地产业发展链条,形成区域间产业合理分布和上下游联动机制,对接产业规划,不搞同构性、同质化发展。"习近平这一重要指示,为京津冀三地产业发展指明了方向。京津冀地区作为我国经济发展的重要一极,经过数十年的发展,在经济和产业发展方面具备了坚实的基础。另外,京津冀三地地缘相近、文化相通,具备产业协同发展的基础和条件。特别是自 2014 年京津冀协同发展战略上升为国家重大发展战略以来,三地紧紧围绕各自的功能定位,产业协同实践快速地行动起来。

第一节　产业协同在
京津冀协同发展战略中的重要意义

　　根据习近平关于京津冀协同发展的重要论述以及《规划纲要》的战略安

排，产业协同是京津冀协同发展中需要重点突破的三大领域之一。可见，以产业协同为重点领域推进京津冀协同发展意义重大。

一、京津冀产业协同发展中存在的问题

长期以来，京津冀区域间行政壁垒严重，产业要素流动不畅，区域内尚未建立起合理的产业分工体系，产业处于无序竞争状态，且产业结构同质化现象严重。京津冀协同发展多年来，在产业协同发展方面取得了一些进展，但仍存在诸多问题，需要破解。

（一）高层次产业协同创新机制与产业协同发展规划缺失

京津冀区域在中国历史上一直处于国家核心地带，具有举足轻重地位。基于历史原因，在经济社会发展过程中，该区域行政色彩较浓，等级观念较重，合作意识淡薄。长期以来，由于北京、天津与河北在经济社会发展方面的差距较大，三地在协同发展方面缺乏积极性、主动性和创新性。在经济发展过程中，三地往往从各自利益出发，在产业协同发展方面缺乏具体的高层次统一规划和顶层设计。尤其是京津冀严重的行政壁垒阻碍了生产要素在区域内自由流动，影响了区域整体产业的协同发展，进而减缓三地产业结构转移升级步伐，使得天津、河北的重工业比重一直偏高，服务业发展滞后。可见，京津冀亟须建立高层次产业协同创新机制，制定产业协同发展规划，促进商品和生产要素在区域内自由顺畅流动。

（二）部分地区承接产业转移能力不足并缺少机制保障

河北省在承接京津产业转移过程中，配套设施相对落后，影响了产业转移的速度。比如曹妃甸地区，北京首钢等一些企业转移过去之后，周围相关配套设施不完善，给工作人员带来了极大的不便，导致很多企业员工选择在北京生活,在曹妃甸工作。一些医院建成后,由于对人口吸引力不够,人流、物流没有形成,很多医院处于关闭状态。从天津与河北目前所处的情况看,河北省希望借助京津冀协同发展从天津和北京引进更多企业,助力经济发展,而现实情况是,河北省的很多企业选择从河北流入到天津去,因为天津正处于工业化发展中后期,对于一些产业比如汽车、光伏等行业具备很强的吸引力,聚集能力远远强于河北省。从协同发展的动力来看,京津冀三地尚未建立完善的利益共享体制机制,导致三地竞争大于合作,特别是对于一些新兴产业发展,京津冀三地存在激烈的竞争。

(三)区域间尚未建立起科学合理的利益分配机制

一方面,京津冀区域内经济社会发展极不平衡、极不协调,河北省在很多方面的发展指标与北京、天津的发展差距是一种断崖式的差距,这就使得在产业发展方面京津两地对河北具备强大的"虹吸效应",河北省的人才、要素等单向流动至京津两地。在北京非首都功能疏解过程中,传统的制造业和资源消耗型企业被转移至河北省,更加剧了河北省经济发展与资源环境承载力之间的矛盾。另一方面,由于区域内产业发展的统一规划还不完善且有些尚未出台,三地在考虑产业发展时依然习惯站在自身角度制定产业发展规划及发展目标,故导致产业结构同化现象严重,区域间在项目投资、资源、市场等方面存在着激烈的竞争,也因此造成了区域内整体产业发展效率低下。虽然在京津冀协同发展过程中,北京向河北、天津转移了大批企业,但主要以钢铁、金属冶炼、纺织业和食品加工业等为主,真正的高科技产业较少。所以使得目前京津冀地区仍然呈"两头大、中间小"发展态势,发达城市和贫穷落后地区并存,缺少各方面具备一定实力的中等城市做支撑。

(四)中介机构组织的作用发挥不充分

中介组织是介于政府和企业之间,并且能提供沟通、协调等服务的社会组织。对于企业来说,行业协会等中介机构可以解决很多企业解决不了的事情,也可以做很多政府不能做或者不方便做的事情,行业的利益诉求表达可以通过中介组织来进行,中介组织可以做到以企业利益为中心。另外,政府可以通过行业协会来实施政策,当作产业政策的工具。但是由于京津冀区域内行业协会发展较晚、还不成熟,数量也较少,对京津冀产业协同还未起到很好的桥梁作用。

二、产业协同是京津冀协同发展需要重点破解的难题

(一)产业协同是推进京津冀协同发展的前提条件

产业协同是区域间协同发展的基础。因此,京津冀协同发展的基础是产业协同,大力推进京津冀地区产业协同是京津冀协同发展的前提。目前,京津冀区域产业协同发展水平与国内发达的长三角、珠三角区域相比,还存在很大的差距,距离真正的产业一体化发展还有很长的路要走。京津冀区域与长三角、珠三角相比,国有企业特别是央企所占比重较大,市场化程度与长三角、珠三角有差距,京津冀民营经济的活力还没有充分发挥出来。另外,京津冀区域内缺乏产业合作的动力,合理的财税分配机制尚未建立。北京非首都功能疏解过程中更多使用行政手段调控资源, 市场的作用远远没有发挥出来。在京津冀协同发展推进过程中, 京津冀三地应立足于各自的实际情况,优势互补,立足于自身的比较优势,立足于区域内的合作共赢理念,把产业对接协作和实现市场一体化进程作为改革重点, 努力实现京津冀区域内优势互补、共赢发展。

(二)产业协同是京津冀创新协同发展的重要基础

京津冀区域是我国高校、科研院所和科技人才最为集中的区域,更是中

国城市分布最密集、综合实力最强的区域之一,在国家整个沿海经济布局中与长三角、珠三角处于同等重要位置,被看作是中国经济增长第三极。京津冀作为我国经济发展的一个重要创新区域,如何立足地区实际、充分调动各方积极性,发挥区域内各方比较优势,通过地区协同创新的强大合力,推动地区经济发展方式转变和国家重要增长极的共同崛起,是京津冀实施协同创新的重要内容,而产业协同是京津冀协同发展的重要基础。

(三)产业协同是优化国家区域发展布局、形成新增长动力的必然要求

京津冀作为我国三大经济圈之一,其在地理位置、人文环境、自然资源等方面有诸多优势,但其经济发展整体水平却远远落后于珠三角和长三角区域,2017 年京津冀人均国内生产总值为 1.12 万美元,远远低于长三角的1.66 万美元和粤港澳大湾区的 2.23 万美元;2018 年京津冀经济总量占全国的比重为 9.5%,比长三角低 13.5 个百分点。京津冀地区产业结构总量中,第二产业比重高,第三产业产值相对较小,发展具有相对的滞后性。在市场化经济飞速发展的今天,要为区域间的经济发展注入一剂强心剂,区域间的产业协作是关键,区域间的产业分工协作、资源共享、"由面带点"将会为经济发展带来新的增长动力。实现京津冀区域内产业协同,关系到京津冀协同发展成效,关系到我国北方区域未来发展态势,有利于缓解我国经济社会发展的不平衡性问题。因此,推动京津冀协同发展是优化我国区域发展布局、形成新的增长动力的必然要求。

(四)产业协同是解决三地发展中面临突出矛盾和问题的必然选择

一方面,京津冀生态环境治理现实情况要求必须走协同之路。京津冀区域是全国空气污染最严重的区域之一。虽然经过这些年的治理已发生根本性变化,但与先进区域相比依然较差,据真气网统计,2020 年,全国空气质量最差的 10 个城市中,有 4 个在京津冀地区,空气质量的严峻现实要求京津冀三地必须联起手来，进行生态环境的联防联控联治，加快三地产业机构转移升级。另一方面，北京"大城市病"根治需要三地协同。长期以来，北京依靠强大的"虹吸效应"，聚集了过多的优质资源，不但导致了北京市与周边区域的发展差距越来越大，环绕着北京市出现了"环京津贫困带"，还造成了人口膨胀、房价高涨、交通拥堵、环境问题严重、办事效率低下等问题，北京"大城市病"的根源是聚集了太多的优质资源，单靠北京是没有办法解决的，需要河北与天津的协同，北京只有把非首都功能积极有序疏解出去，才能从根本上治理大城市病。因此，北京必须通过功能疏解和产业升级，在区域合作中寻求发展空间和发展动力。

第二节　习近平关于产业协同与转移升级的重要论述

一、习近平关于产业协同发展的重要论述

（一）顶层设计，制定京津冀产业指导目录

过去，京津冀三地由于产业同质化现象严重，相互之间存在着激烈竞争，导致三地产业合作成本较高。习近平强调，推进京津冀区域产业合作必须规划先行，明确各地产业定位。从顶层设计上尽快出台京津冀产业协同发展规划，合理布局三地产业发展项目，提升京津冀区域整体的发展水平。京津冀三地工业和信息化主管部门要加强协调配合，研究制定京津冀地区产业转移指导目录，搭建产业对接平台，引导产业合理布局和有序转移。产业转移目录充分考虑了三地发展需要，由于国家总体大政方针相衔接，解决了三地产业转移过程中出现的产业承接地之间盲目竞争、产业无序流动和落后生产能力转移等问题。

（二）统筹规划，加强产业政策衔接和产业升级

京津冀协同发展战略提出之后，如何使京津冀协同发展建立起科学长效机制，真正实现一加一大于二、一加二大于三的效果，习近平常挂于心。他在对三地调研和思考的基础上，专门主持召开座谈会进行研究和推动，提出三地要统筹规划，加强产业政策衔接。习近平对于京津冀协同发展做出多次重要批示，强调京津冀协同发展要用系统思维，整体推进，要紧紧抓住疏解北京非首都功能这个"牛鼻子"，调整经济结构和空间布局，促进区域内经济协调发展，努力成为拉动我国经济增长的第三极。按照习近平总书记重要指示精神，有序疏解北京非首都功能，在推动产业升级转移方面，结合京津冀实际情况，充分利用各自比较优势，明确各自发展定位，布置上中下游完整产业链，加快区域内产业优化升级，推动产业转移对接，在对接过程中实现产业升级。

（三）优势互补，形成合理产业链条

京津冀区域内虽然发展不平衡，经济落差较大，但是三地各自具有比较优势。京津冀三地应通过产业协同，尽快形成完整产业链条，促进区域一体化发展。北京应该充分利用科技、信息等优势，大力发展技术密集型、科技密集型产业以及总部经济；天津要充分利用天津港这一核心战略资源，加快发展物流、金融等现代服务业以及海洋经济等产业，加快建成北方航运中心；河北省要充分利用自身的自然资源和劳动力优势，加快发展基础产业，借助京津冀协同发展中京津产业转移，加快产业转型升级。目前，京津冀区域可构建的链条包括电子信息产业链条、高端装备制造业链条以及汽车产业链条等。

（四）区域合作，推进技术协同创新

《规划纲要》指出，推动京津冀创新驱动发展，要以促进创新资源合理配

置、开放共享、高效利用为主线，以深化科技体制改革为动力，推动形成京津冀协同创新共同体，建立健全区域协同创新体系。2016 年 9 月，国务院印发了《北京加强全国科技创新中心建设总体方案》，提出充分发挥北京全国科技创新中心的引领作用，整合区域创新资源，打造京津冀创新发展战略高地，构建京津冀协同创新共同体，打造世界级创新型城市群。京津冀协同创新快速推进，三地建立成果转化对接与技术转移转让绿色通道，完善科技创新投融资体系，支持三地科技成果转移转化。中关村作为北京科技创新的引擎，加强与天津、河北合作，建立中关村一园多地，截至 2020 年底，中关村企业已在津冀两地分支机构累计达 8300 多家，科技创新链加快形成。北京充分利用自身科技创新实力强优势，与河北共建技术转移中心河北分中心，推动科技成果在河北省转化，带动项目总投资 1.2 亿元；另外，根据张家口实际情况，与张家口共建科技创新孵化中心；与天津方面，共建京津滨海科技成果转化基地，将北京的技术引入到天津，借助天津区位优势，加快技术成果转化。2019 年 1 月，习近平赴京津冀三地考察时对京津冀协同发展提出六点要求，其中第四条强调，要集聚和利用高端创新资源，积极开展重大科技项目研发合作，打造我国自主创新的重要源头和原始创新的主要策源地。[①]这为京津冀协同创新再次指明了方向。

（五）以科技创新驱动产业发展

2019 年 1 月，在京津冀考察期间，习近平强调，自主创新是推动高质量发展、动能转换的迫切要求和重要支撑，必须创造条件、营造氛围，调动各方面创新积极性，让每一个有创新梦想的人都能专注创新，让每一份创新活力都能充分迸发。[②]推动京津冀协同发展，打造经济增长和转型升级的新引擎，

---

① 习近平在京津冀三省市考察并主持召开京津冀协同发展座谈会[EB/OL]. 中华人民共和国中央人民政府网站. http://www.gov.cn/xinwen/2019-01/18/content_5359136.htm. 2019-01-18.

② 习近平在京津冀三省市考察并主持召开京津冀协同发展座谈会[EB/OL]. 中华人民共和国中央人民政府网站. http://www.gov.cn/xinwen/2019-01/18/content_5359136.htm. 2019-01-18.

是党中央作出的新的国家重大发展战略。以习近平重要讲话精神为指引,围绕着突破京津冀科技协同创新面临的行政障碍,以科技创新驱动产业发展。打破行政壁垒,实现生产要素在区域内自由流动,推动产学研在区域内合理分工和配置,凝聚区域发展合力,为区域整体发展注入新的动力,最终实现京津冀区域联动发展、整体进步。依托中关村科技创新龙头作用,与京津冀地区展开战略合作,搭建京津冀一体化创新合作平台,共同致力于科技创新设施建设。加快区域科技创新合作机制建设,突破行政藩篱,建立京津冀科技创新合作共享机制,以高效科研机构为载体,以产业创新为重点,合作建立跨区域的科技资源服务平台、企业孵化平台、产业联盟,为区域科技进步与创新提供支撑和保障。京津冀要联合开展技术攻关,力争形成一批国际领先的自主创新成果,增强京津冀区域的整体国际竞争力。

(六)园区共建,加快津冀产业承接平台建设

京津冀协同发展重大国家战略实施以来,三省市以搭建产业合作平台为抓手,积极开展形式多样的园区共建产业对接活动,初步明确了"2+4+46"个平台,包括北京城市副中心和河北雄安新区两个集中承载地,曹妃甸协同发展示范区、北京新机场临空经济区、天津滨海新区、张承(张家口、承德)生态功能区四大战略合作功能区及 46 个专业化、特色化承接平台。

北京以"三城一区"为主平台,聚焦中关村科学城,提升怀柔科学城,搞活未来科学城,加强原始创新和重大技术创新。此外,还在远郊区推动建设一批符合首都城市战略定位、宜居宜业、规模适度、专业化发展的特色小镇,承接北京中心城区产业疏解。天津着力构建以滨海新区战略合作功能区为综合承载平台、宝坻中关村科技城等若干专业承载平台为框架的"1+16"承接格局。其中,"1"是天津滨海新区,也是《规划纲要》中明确的战略合作功能区,重点包括天津滨海–中关村科技园、临港经济区高端装备制造产业基地等多个载体。"16"是天津除滨海新区以外的 15 个区的 16 个重点承接平台,包括

宝坻中关村科技园、静海团泊健康产业园、津南高研园等。河北省产业承接平台建设明确了雄安新区承接方向，通过做"加减法"壮大雄安新区周边区域，优化承接环境，促进更多北京非首都功能项目转移落户河北省。

二、关于产业协同发展重要论述的科学性

（一）习近平关于京津冀产业协同发展思想的主要特征

第一，明确了三地各自功能定位和分工。在京津冀协同发展中，三地明确了各自分工和定位，从而理顺了产业链条，产业转移在区域内有序推进。《规划纲要》明确了京津冀三地的具体功能定位：北京为"四个中心"，天津为"一基地三区"，河北省为"三区一基地"。对北京来说，要紧紧围绕着"科技创新中心"功能定位，充分利用创新资源研发优势，打造科技创新基地，突破一批关键核心技术，成为科技创新人才聚集地。天津是我国制造业最为发达的区域之一，工业基础雄厚。天津要紧紧围绕着"先进制造研发基地"功能定位，大力发展高端装备、人工智能、电子信息等先进制造业。另外，天津可依托高校、科研院所等，重点发展机器人及其零部件、新能源新材料等产业。2014年，天津、河北分别推出"1+11"、40个承接功能转移和产业对接重点平台，相关区县（市）、园区协调对接稳步展开，新材料加工、装备制造等领域的产业合作项目稳步落实。密集型向深加工为主的资本、技术密集型转型。中央对河北在京津冀产业分工中的主要定位是积极承接首都产业功能转移和京津科技成果转化。在产业对接上，河北省将立足自身定位，积极承接北京产业转移，加快研发成果转化与实践，实现自身产业升级。

第二，突出了产业的上下游联动发展。习近平指出，京津冀三地各具特色、各有优势，推动协同发展，不是空穴来风，而是立足各自比较优势、立足现代产业分工要求、立足区域优势互补、立足合作共赢理念的现实需要，实

现产业的上下游联动发展。京津冀协同发展的强势推进迫切要求京津冀三地加快产业间的对接协作，改善区域间的产业布局和上下游联动机制，提高城市的经济发展质量。目前，京津冀三地间的产业发展存在较大差距，选择相同的主导产业并不适宜京津冀区域的协同发展。北京的产业结构高度化程度较高，第三产业在发展中占据绝对优势，目前已经形成了以第三产业服务业为绝对主导，第二产业辅助发展的较为高级的现代城市产业结构。天津的产业结构相对北京高级化程度略低，第二、三产业的产值贡献率差异不大，经济呈现出工业和服务业齐头并进的双轮驱动模式。河北的产业结构则相对落后，呈现"二三一"的产业梯形分布，即以工业生产为主导，服务业辅助发展的状态，同时河北农业的发展对河北经济也会产生一定影响。

第三，确定了轴向集聚，节点支撑布局思路。京津冀协同发展的空间布局为"一核、双城、三轴、四区、多节点"。推动京津冀协同发展，一是围绕着北京这个核心，疏解北京非首都功能。二是加强京津双城联动，进而带动整个京津冀的发展。三是沿着"三轴"，即京津、京保石、京唐秦，打造京津冀地区科技研发转化、现代服务业、高端制造业发展带和主要城镇聚集轴；京保石发展轴，打造京津冀地区重要先进制造业发展带和城镇聚集轴；京唐秦发展轴，打造京津冀地区产业升级发展带和城镇聚集轴。四是"多节点"，指把河北的一些区域中心城市打造成为重点节点城市，提高其城市综合承载能力和服务能力，有序推动产业和人口聚集。

第四，指出了产业转移关键在升级。习近平提出，产业转移是实施京津冀协同发展战略的关键环节，一定要把产业转移上升到国家战略层面。他又强调，京津冀产业转移的关键在升级。在产业承接的过程中实现产业升级，一个重要的方面，是指在北京非首都功能疏解过程中，天津、河北省的城市要结合本地资源禀赋特点，选择适合自己的产业承接模式，实现产业在转移中升级。对北京来说，非首都功能往外疏解的产业并不一定都是传统落后重污染产业，在北京，随着人力成本、写字楼租金成本以及生活成本居高不下，对一些企业来说难以为继，而往周边转移疏解是更好的选择。另一方面，一些科研机构需要开辟新的产业基地，这对北京周边的天津、河北省来说是重大的战略机遇。随着京津冀协同发展的不断深入，北京的钢铁等产业顺利转移到了河北省。河北省应充分抓住北京非首都功能疏解重大机遇，发挥后发优势，尽量缩短产业转移升级过程。河北省在承接产业转移过程中，要在人才引进方面有所创新，吸引北京、天津的人才及创新团队落户河北，这是产业承接过程中非常重要的方面。因为单纯引进产业，而没有人才作支撑，就会变成企业简单的空间移动，要留得住、发展好，需要丰富的人才资源做支撑。

（二）习近平关于产业协同发展重要论述的指导意义

一是有利于合理利用京津冀区域资源要素。京津冀区域要素资源丰富，在区域内合理利用顺畅流动是京津冀产业协同发展的重要前提，区域内所有资源只有顺畅地流动起来，产业协同才能顺利推进。京津冀三地各自比较优势突出，北京拥有强大的科研优势，人才资源丰富，政治地位突出；天津港口资源丰富，天津港实力强劲，是北方航运核心区。制造业基础雄厚，着力打造全国先进制造研发基地。河北省自然资源丰富，区域面积辽阔，发展空间巨大，劳动力资源充裕，是全国重要的商贸物流基地。但研发转化能力不强、资源配置缺乏合理等。目前，京津冀城市群建设进入快速发展阶段，但是面临的约束非常严峻：一是京津冀区域是我国大气污染较严重的区域之一；二是京津冀区域水资源紧张；三是土地资源承载力较弱。面对以上约束，只有通过区域内产业资源自由流动、合理重组，推动区域间资源合理利用与优势互补，才能促进整个区域经济发展。

二是疏解北京非首都功能，缓解"大城市病"。目前实现京津冀产业协同的当务之急就是疏解北京非首都功能。北京的城市功能定位为"政治中心、文化中心、国际交往中心和科技创新中心"。与四个中心无关的其他功能，比如教育、医疗、旅游等，虽然这些功能都曾为北京的发展做出一定的贡献，但北京作为首都，不应承担如此多的非首都功能。要想解决北京的大城市病，需要有力、有序、有效地疏解北京非首都功能，将非首都功能的相关产业外迁，以达到促进区域协调发展，形成新增长极的目的。疏解北京非首都功能、推动京津冀协同发展的必要途径便是产业一体化，北京非首都功能主要集中在第二、三产业上，把不符合北京的城市定位的相关产业转移出去，对于优化北京产业结构、生产力空间，实现经济高质量发展、根治大城市病意义重大。

三是带动落后地区产业发展，消灭城乡差距、地区差别。京津冀协同发展的重要任务之一就是缩小京津冀区域间发展不平衡不协调问题。消灭城乡差别、地区差别是京津冀协同发展的任务之一。从区域来看，北京发展由于天津和河北，城市发展由于农村。在京津冀区域内，地区之间、城乡之间发展差距很大，落后地区和农村缺乏产业支撑，经济发展举步维艰。内部不平衡不协调问题严重，要想缩小京津冀地区发展差距必须进行地区间产业协同，扶持落后地区产业发展，统筹城乡发展。地区间收入水平差距过大会导致消费结构的不同，进而会导致产业发展水平不同，加剧地区间发展不平衡性。为顺利推进京津冀协同发展，需要扶持落后地区产业发展，缩小地区间收入水平。短时间内缩小京津冀区域内部差距、城乡差距面对的难度非常大，这需要一个长期的过程。但是只要京津冀区域坚定产业协同发展的方向，转变理念，持续发力，在缩小区域差距、城乡差距方面就一定能够取得成效。

四是促进京津冀区域产业升级，增强经济实力，打造世界级城市群。建设以首都为核心的世界级城市群，是京津冀协同发展最高目标。随着经济全球化与区域一体化的发展，国与国之间的竞争逐渐表现为板块之间的竞争，城市群之间的竞争，特别是具有一定国际影响力的以特大城市、大城市为引领的城市群之间的竞争。京津冀协同发展过程中要充分利用三地各自比较优势，构建科学合理的产业分工体系，就一定会实现京津冀产业一体化发展。在国际竞争日趋激烈的背景下，唯有集中全力发展城市群，集聚各种优质资源，实现区域的整体性发展，才能增强自身竞争力。优化京津冀区域内资源配置，是京津冀产业协同走向成功的必要途径。三地通过产业协同发展推动京津冀区域走一条更高质量的发展之路，跻身世界行列。

第三节　京津冀产业协同发展的实践

一、积极打造服务全国、辐射世界的优势产业聚集区

（一）积极培育四大产业区和优势特色产业集群

按照"政府主导、国企带动、政策集成、资源汇聚"的思路，进一步明确了曹妃甸协同发展示范区、北京新机场临空经济区、天津滨海新区、张承生态功能区等四大战略合作功能区的产业承接方向，加快形成集聚效应和示范作用。

在曹妃甸区域，大力引导石化工业及上下游产业重点布局，吸引钢铁深加工业向曹妃甸聚集；在北京新机场临空经济区，重点布置现代物流业，金融服务业以及其他高端高新产业，实现产业优化升级，打造国家航空科技创新引领区以及京津冀协同发展示范区；充分抓住 2022 年冬奥会的重大机遇，与河北张家口一道大力发展文化旅游、体育休闲以及会展等产业，注重产业生态化以及生态产业化发展，共建京张文化体育旅游带；引导北京的创新资源、人才资源、高科技企业以及金融服务平台、数据中心机构向滨海–中关村科技园集聚。

（二）以产业集群为基础促进产业空间调整

京津冀地区在产业发展基础以及资源禀赋方面有较大差异性，三地以产业集群为基础，充分发挥各自比较优势，积极引导产业在区域内合理布局，为积极配合京津冀区域打造"一核、双城、三轴、四区、多节点"空间格局，京津冀积极打造"一环、两核、三轴、四区、多中心"的产业空间格局。

一环主要是指围绕着北京市打造以创新为引领，打造一批文化旅游、体

育休闲、宜居宜业、健康养老为主的产业集群。两核即北京和天津主要发展技术密集型产业、服务经济等。三轴即京唐秦发展轴、京津发展轴和京保石发展轴，沿着京唐秦发展轴，重点打造高端高新产业，促进高新技术产业与传统产业、临港产业在轴带上重组；京津发展轴重点布局先进制造业、电子信息、生物医药等产业；京保石发展轴重点打造现代制造业和现代农业。四区包括东部临港产业发展区、西北部生态涵养区、中部创新发展区和南部现代产业发展区。多中心是指石家庄、保定、唐山等 11 个区域性中心城市，作为区域性中心城市应发挥比较优势，推动产业进一步优化升级和集聚发展，形成新的区域增长点。

（三）构建"外移与对接"产业发展格局，在产业错位中求发展

长期以来，京津冀产业发展各成体系，产业结构趋同现象严重；彼此之间产业链条联系松散，产业配套能力差，在行政壁垒的阻碍下，生产要素不能够顺畅流动。在强大的"虹吸效应"下，资金、技术、人才等生产要素不断向北京聚集，造成了河北省发展困难，资金短缺、人才匮乏，三地产业发展出现了断崖式差距。在种种矛盾之下，京津冀本着"外移、对接、异构"的理念进行产业重新布局，坚持错位发展、优势互补。"外移"主要是指对于北京和天津而言，把一些与城市功能定位无关的产业转移到河北去，同时，提高河北省的基础配套和承接水平，比如加快基础设施建设，积极承接北京转移的钢铁、石化等产业。"对接"主要是指河北省要积极主动地融入京津冀，主动作为，创造条件，把河北省打造成为京津产业转移承接地，高技术产业配套基地、农副产品加工基地、休闲农业基地以及现代仓储物流基地。"异构"是指京津冀三地要从自身实际出发，大力发展具有比较优势产业，根据自然资源、要素禀赋打造自身特色，与相邻区域错位发展，打造优势互补的产业结构和产业类型。

在承接北京非首都功能过程中，天津和河北省积极打造产业承接平台，在产业对接协作方面取得了明显成效，但由于这些产业承接平台相对分散且水平各异，北京连同天津、河北省共同研制了《关于加强京津冀产业转移承接重点平台建设的意见》(以下简称《意见》)，《意见》紧扣非首都功能产业领域，促进产业要素在区域内合力重组、高效流动，推动区域间产业链梯次布局。同时，《意见》对北京"两翼"产业发展进行了明确定位，高端高新产业将会重点布局在北京城市副中心和雄安新区。《意见》还提出坚持产业转移与创新驱动同时进行，利用中关村"一园多地"，建设一批创新承接平台，增强北京科技创新外溢效应。此外，《意见》全面梳理对接了国家层面涉及产业协同发展的规划政策以及天津、河北两省市有关文件，充分衔接各类规划政策，最大程度凝聚共识。

二、加快构建现代化产业体系

(一)加快改造提升传统产业

京津冀协同发展以来，加快传统产业改造升级。加快产业结构的转型升级，重点发展科技含量高、绿色低碳、智能环保的现代化新兴产业。北京的优势在于雄厚的科研能力和创新水平，要利用北京的优势引领京津冀经济创新发展。天津还处于工业化发展中后期阶段，重化工业转型升级任务艰巨，要不断推进技术创新，促进第二、三产业融合发展，进而推动产业的高端化发展。河北省要把加快去产能以及产业结构的转型升级作为当前目标，在京津冀协同发展过程中承接京津两地产业，尽快实现自身产业结构优化升级。首先，京津冀在协同创新基础上完成现代服务业布局，为现代服务业协同发展创造条件，并加强与现代商贸业对接。三地协同推进战略性新兴产业发展，构建新型产业发展格局。其次，加快生产要素在地区间顺畅流动。加快生产要素跨地区、跨行业、跨产业流动，加强人才一体化建设，促进人才在区域内自由流动，为京津冀协同发展提供丰富的人才资源。最后，在能源体系建设方面,京津利用科技和人才优势,大力发展科技研发,河北省大力发展清洁能源和可再生能源,推进全国首批低碳试点城市建设,加快在智能电网、绿色电池方面产业链建设,降低对不可再生能源的依赖程度。

(二)深入推进信息化与工业化深度融合

首先,京津冀地区研究制定两化融合的顶层设计。加强顶层设计,出台法律法规打破阻碍要素自由流动的行政壁垒。研究出台信息化与工业化融合发展总体规划,建设"两化融合"产业集群,发布"两化融合"时间表和路线图,建设"两化融合"评估体系;发挥好中介机构的桥梁作用;加快京津冀一体化基础设施建设,构建高效、便捷的交通体系;缩小区域内公共服务的差距,促进人才等要素的合理流动。其次,紧紧围绕着信息化与工业化融合发展,打造创新链条,构建具有较强国际竞争力的创新共同体。在区域内推进信息化和工业化在更高水平、更高层次、更大范围内融合发展,在某些技术领先、市场广阔的新型产品上,开展产业链分工和产品内分工。最后,做好人才工作相关部署。信息化和工业化融合需要大量人才做支撑,积极营造以鼓励创新为导向的人才发展良好环境,加快推进京津冀人才一体化发展。建立科学的人才考评体系,完善人才考评机制,最大限度发挥人才作用,改革科研经费管理办法,为人才工作提供便利,激发人才工作积极性。

(三)着力培育战略性新兴产业

首先,对战略性新兴产业进行明确定位。目前,京津冀三地均对各自的战略性新兴产业进行了规划,《规划纲要》从总体上对三地战略性新兴产业进行了规划,要求河北省积极承接京津产业转移,推动京津冀产业协同发展。对于战略性新兴产业,北京应该利用强大的科研实力,继续做强京津冀区域战略新兴产业研发基地,产业发展积极向天津、河北省辐射。天津制造业基础雄厚,区位优势明显,目前形成了以电子信息、人工智能为主的十大新兴产业集群，天津要与北京一道，加强双城联动发展，进而带动整个京津冀区域发展。河北省重工业基础雄厚，另外自然资源丰富，可通过承接京津两地的战略资源，实现战略性新兴产业的有序发展。其次，大力提高产业发展科技含量。北京研发资源非常丰富，聚集着数量众多的高等院校和研发机构，科技和研发能力较强、水平较高。天津在科技创新方面支持力度较大，通过引进科技资源，技术水平有了较大程度的提高。河北省在科技资源方面比较薄弱，研发投入不够，创新水平落后，产业发展科技含量相对较低。

因此，京津冀区域一方面需要继续加大科研投入，提高科研水平，增强产业发展科技含量，有效提升三地产业发展技术水平；另一方面，需要加强三地间科技合作与交流，加块科技资源在三地的流动与共享，构建京津冀区域创新共同体，进而实现整个区域产业的高质量发展。

（四）大力发展服务业特别是现代服务业

首先，现代服务业的发展需要借助于科学技术和现代管理手段的运用，互联网等信息技术的快速发展为现代服务业的发展提供了前所未有的机遇，京津冀协同发展过程中，要充分利用科技创新，加快区域协同创新步伐，推动区域内现代服务业加速度增长，发挥北京中关村的科技引领作用，借助中关村"一园多地"，实现区域内现代服务业的聚集，加快高新技术在京津冀地区的成果转化及应用。开展金融创新，探索金融服务业新模式，拓宽现代服务业融资渠道；另外，京津冀现代服务业协同发展离不开人才支撑，培养聚集高科技人才往京津冀聚集，提升现代服务业人才素质和能力。其次，注重市场作用发挥。京津冀现代服务业协同发展过程中，既需要政府的适当引导，但又要注意避免政府的过度干预，规范政府的行政调节行为，破除行政障碍，充分发挥市场在资源配置中的决定性作用，通过市场化运作，推动要素在区域内自由高效流动。最后，明确各自定位和分工，发挥比较优势。京津冀三地要紧紧围绕着各自功能定位，发挥自身比较优势，加强产业对接和联动发展,构建合理的现代服务业发展体系。对于北京来说,重点提升现代服务业的科技创新能力;天津则应该注重现代服务业的研发和转化能力;河北省应注重科技创新成果的推广应用。只有分工明确、定位合理,才能提高京津冀地区现代服务特发展水平。

三、积极推进京津冀产业协同发展的各项配套工作

一是确立"互利共赢"发展思路,调动发达地区带动后发地区积极性。京津冀协同发展顺利推进必须破除区域行政壁垒,建立合作共赢的发展理念,改变条块分割、无序竞争的现实情况。统筹规划区域内各地区产业发展布局和发展规划,实现三地错位发展,优势互补,建立起"互利共赢"良好关系,最终实现 1+1+1>3 效果,共享产业协同红利。目前,在工业经济发展方面,天津、河北的规模远超北京,但北京的科技型企业发展潜力巨大,并且科技型企业辐射带动效应巨大,在未来产业发展中,要增强北京对天津、河北的辐射带动效应。在京津冀产业协同过程中,探索利益共同点,调动三地积极性。一方面,是财税分配机制,参考过国际成功经验,尝试对财税进行两地分成,调动合作积极性;另一方面,以产业园区建设为载体,与各地共建共享,发展飞地经济,比如北京中关村与天津、河北省建立"一园多地"模式,充分利用中关村创新资源,加快其在天津、河北省重点布局。

二是确立"协同创新"发展思路,建立区域创新体系和产业协作体系,加快新兴产业培育。创新是经济社会发展的不竭动力,是京津冀地区产业协同发展的重要引领,京津冀地区要充分发挥创新资源,建立创新同盟,实现产业协同发展。创新需要人才的聚集和对科技的大量资金融入,京津冀产业协同中,北京是科技创新中心,要充分把握好自身功能定位,统筹利用好北京科技创新资源,加大政府支持力度,支持各大企业与科研院校合作,强化科技成果转化应用。北京的科技研发成果要顺利地流向天津、河北,为天津、河

北服务，这样河北省就可以把发展重点放在其他方面，北京作为研发中心，要与天津、河北建立合作关系，实现互利互惠、合作共赢。另外，京津冀区域聚集了丰富的科技创新资源，目前，京津冀集中全国 1/4 的高校，1/3 的国家实验室和研究中心，1/2 的两院院士，16.5% 的研发投入和 12.6% 的研发人员，具有强劲的区域创新实力。所以，京津冀必须树立协同创新理念，推动产业协同创新，力争京津冀产业协同发展取得新突破。

三是推动产业生态化发展，加快产业结构调整，完善生态补偿机制。随着生态环保意识的加强，在一些发达地区，经济发展不再唯国内生产总值论，更看重经济发展的质量。在京津冀地区，生态环保虽然取得了明显进步，受经济发展模式、观念等的制约，"唯 GDP 论"英雄依然存在，还没有把环境保护和治理当作经济发展的硬约束。京津冀区域特别是河北省聚集着大量的钢铁、水泥、玻璃等重工业，对环境带来的压力极为严峻，未来要加快产业的转型升级，向节能环保转变，向高质量发展转型，加大产业发展科技含量，政府要充分利用市场的力量，减少行政干预；加大对效能低污染重的燃煤锅炉改造，减少单位能耗、水耗。

四是确定"市场调节"思路，摆正政府和市场关系，健全市场机制。在产业转移过程中，要尊重市场规律，产业会向着有利于它自身的地方转移，产业转移到哪里，会综合考虑当地的经济、社会、文化、交通设施、资源、环境以及公共服务条件，所以产业发展过程中要注重市场调节的力量。京津冀三地经济发展水平有差距，资源禀赋发挥的作用不同，所以要尊重市场规律，由企业选择适合的地方组织生产。从政府角度来讲，应该尊重市场作用机理、适应市场规律，为企业发展创造更好的环境，加快基础设施建设，完善法律法规，营造良好的营商环境，使企业能够留下来、发展的好。另外，由于存在市场失灵等现象，企业为了追求自身利益造成区域发展失衡，政府可以适度调控，协同不同地区间的利益之争，打破行政藩篱，加强区域政府间沟通，引导京津冀产业不断优化升级。

第五章

京津冀协同发展的新体制新机制

2014 年 2 月 26 日，习近平在北京主持召开座谈会专题听取京津冀协同发展工作汇报时强调："大家一定要增强推进京津冀协同发展的自觉性、主动性、创造性，增强通过全面深化改革形成新的体制机制的勇气"，"自觉打破自家'一亩三分地'的思维定式，抱成团朝着顶层设计的目标一起做"。可见，习近平高度重视京津冀协同发展的体制机制创新，这为我国区域一体化发展指明了方向。京津冀协同发展战略实施五年多来，京津冀三省市按照以点带面、先易后难和"成熟一项、推出一项"的原则，出台实施一批重大改革创新举措，着力建立优势互补、互利共赢的协同发展制度体系，努力打造区域体制机制高地。

第一节　创新体制机制是
京津冀协同发展的必然要求

党的十九大报告指出，中国特色社会主义进入新时代，我国社会主要矛盾已经转化为人民日益增长的美好生活需要和不平衡不充分的发展之间的矛盾。这个重大判断，揭示了制约我国发展的症结所在，明确了解决当代中国发展问题的根本着力点，为新时代谋划发展、推动发展指明了正确方向，是习近平新时代中国特色社会主义思想的重要理论成果。深刻领会我国社会主要矛盾的变化，对决胜全面建成小康社会、全面建设社会主义现代化国家，具有十分重要的意义。

我国经济社会发展不平衡问题的一个突出表现就是区域发展不平衡。京津冀协同发展战略正是为解决我国区域发展不平衡而提出的国家战略，也是解决京津冀地区发展面临矛盾和问题的重大举措。京津冀地区内部差异悬殊、不平衡问题突出，协同发展的关键是改善三地相互关系、优化空间布局、打造新的增长极。习近平关于构建京津冀协同发展机制体制的重要论述对促进京津冀协同发展意义重大，也为解决人口密集地区优化开发探索出新的发展模式。

一、为破除"一亩三分地"思维定式提供发展共识

2014 年 2 月 26 日习近平在北京主持召开座谈会专题听取京津冀协同发展工作汇报，强调要着力加大对协同发展的推动，自觉打破自家"一亩三分地"的思维定式，抱成团朝着顶层设计的目标一起做，充分发挥地区经济合作发展协调机制的作用。

党的十九大报告明确指出，我国仍处于并将长期处于社会主义初级阶段。作为一个发展中国家，尽管我国总体综合实力增强了，但要实现高质量发展仍然任重道远，国家的整体发展，离不开各区域发展，尤其是各区域间的协调发展。从发展现状以及发展经验来看，各区域之间，既存在不断发展过程中的利益竞争，又需要打破行政区划的束缚，通过协同发展、抱团发展，实现区域的整体发展，成为我国区域发展的必然选择。京津冀三地地缘相接、人缘相亲，地域一体、文化一脉，历史渊源深厚、交往半径相宜，完全能够

相互融合、协同发展。

习近平曾强调："一根筷子容易折，一把筷子难折断。"推动区域之间协同发展的根本目的就是为了实现"一加一大于二"或"一加二大于三"的效果。京津冀协同发展的实践探索，要为全国区域协调发展提供样板和示范。

二、为创新京津冀协同发展体制机制提出要求

习近平明确指出："大家一定要增强推进京津冀协同发展的自觉性、主动性、创造性，增强通过全面深化改革形成新的体制机制的勇气。"

京津冀协同发展的前提首先必须打破行政壁垒，真正做到勠力同心，绝不能流于形式，而行动上仍然固守自家的"一亩三分地"。习近平多次强调要自觉打破自家"一亩三分地"的思维定式，其实质有四，一是坚决去除"官本位"思想；二是必须树立大局意识；三是有一体化的发展理念；四是坚持新发展理念。"自觉打破自家'一亩三分地'的思维定式，抱成团朝着顶层设计的目标一起做。"习近平这个重要指示精神，为京津冀协同发展提供了基本方法论，同时，他还具体提出了推进京津冀协同发展的七点要求，这些要求，也多是关于通过全面深化改革促进形成新的体制机制的要求。可见，打破自家"一亩三分地"思维定式，是习近平对京津冀协同发展体制机制创新的总要求。

三、为区域协同发展提供制度保障

京津冀协同发展已进入深入推进的新阶段，需要体制机制创新来寻找突破口，破解制约协同发展的障碍。要推进京津冀协同发展，就要全面深化改革，抓好改革落地，补齐协同发展中的短板，并加快完善有利于协同发展

的体制机制，通过抓体制机制协同，才能为推进协同发展提供制度保障。

当前，京津冀区域发展中出现的一些不协调现象，表面看是发展问题，根源在于机制体制。因此，打破制度上的藩篱，加快京津冀区域一体化发展的体制机制创新是实现京津冀协同发展的关键。按照区域经济社会发展规律，充分发挥行政体制的引导作用和市场机制配置资源的决定性作用，实现资源由行政区域配置向经济区域配置的转变。促进区域内资金、技术、人才、信息等要素自由流动，建立统一开放的产品、技术、产权、资本、人力资源等各类市场，合作构建经济、金融信息共享平台，形成资源要素优化配置。京津冀协同发展政策的不断出台，将有力促进京津冀地区市场合作与要素自由流动，增强重大基础设施建设合作，推进科技、人才合作，整合区域综合优势，为京津冀地区产业分工与区域协作发展提供科技、人才支撑，为区域协同发展提供制度保障。

四、为打造新的首都经济圈、
推进区域发展体制机制创新提供思路

京津冀协同发展上升为国家战略以来，从中央到一省二市，打破"一亩三分地"思维定式，逐渐形成区域发展"一盘棋"思想，京津冀协同发展已经实现良好开局，并且取得了显著的阶段性成果。京津冀协同发展战略打破了三地原有的发展模式。

有序疏解北京非首都功能是京津冀协同发展的核心、关键环节和重中之重，对推动京津冀协调发展具有重要先导性作用。为有序疏解北京非首都功能，制定了政府引导与市场机制相结合、集中疏解与分散疏解相结合、严控增量与疏解存量相结合、统筹谋划与分类实施相结合的疏解原则。在实施过程中，还须做好顶层设计，制定分领域、分阶段推进方案，建立健全倒逼机制与激励机制，有序推出配套政策，如财税分成政策、人口调控政策、土地政

策、社会保障政策等,将疏解地的推力、承接地的拉力、相关部门的引力,形成强有力的疏解合力,充分调动疏解对象外迁的积极性和主动性。

疏解北京非首都功能,是中国特色解决"大城市病"的治本之策,是优化国家发展区域布局和生产力空间布局的关键举措,是推动形成新的经济发展方式的强大引擎,是打造中国新的经济增长极的点睛之笔。从"双城记"到"三城记""多城记",一个多点支撑、轴带相映的新首都经济圈将逐渐形成。

五、为探索完善城市群布局和形态、优化开发区域发展提供示范和样板

缩小京津冀三地区域间发展差距、解决该区域长期发展不协调的历史问题,增强京津冀三地区域发展的协同性、联动性、整体性,真正实现整体区域发展质量的提升,离不开创新高效的区域发展新机制,以改革的逐渐深化不断促进生产要素在更广范围内自由流动。

城市群是经济集聚发展的载体,对于拓展城市发展空间、释放发展潜力具有重要意义,同时也是一国经济发展最具竞争力的核心区,是参与国际竞争合作的重要平台。2021年3月发布的《中华人民共和国国民经济和社会发展第十四个五年规划和2035年远景目标纲要》提出,坚持走中国特色新型城镇化道路,深入推进以人为核心的新型城镇化战略,以城市群、都市圈为依托促进大中小城市和小城镇协调联动、特色化发展,使更多人民群众享有更高品质的城市生活。[①]京津冀城市群作为我国北方最大的城市群和国家核心增长极,它的发展使得京津冀区域正成为环渤海地区乃至整个北方经济快速发展的重要支撑,并逐步成为全球性资源交汇地、国家间政治经济联系节点和控制中心。党的十九大报告强调:"以城市群为主体构建大中小城市

---

①　中华人民共和国国民经济和社会发展第十四个五年规划和2035年远景目标纲要 [EB/OL]. 中华人民共和国中央人民政府网站. http://www.gov.cn/xinwen/2021-03/13/content_5592681.htm. 2021-08-063.

和小城镇协调发展的城镇格局,加快农业转移人口市民化。"①立足于城市群发展的引领功能,在国家整体规划基础上推动区域外部协同与内部联动发展的新探索,需要从目标与举措、理论与现实、节点与框架的结合上,系统把握习近平关于京津冀城市群发展的战略思路,推进城市群建设与跨区域治理。

第二节　体制机制创新有力地
推动了京津冀协同发展

京津冀协同发展战略不是孤立存在的, 它有自己的时代责任和历史担当。这就决定了其发展轨迹不应该是一种政策刺激下的投机式发展,而必须是有制度保障的系统发展。无论从哪一个角度来讲,构建良好的体制机制都是推进京津冀协同发展的关键。

一、创新体制机制有助于京津冀区域各自优势的发挥

京津冀协同发展战略是中共中央、国务院在新的历史条件下作出的重大决策部署和重大国家战略, 关乎京津冀区域长远发展和全国区域协调发展。2014 年 2 月 26 日,习近平的重要讲话,为实现京津冀协同发展指明了方向。要实现京津冀协同发展,就要充分发挥三地"比较优势",扬长避短,形成相互配合、齐头并进的合力。

2015 年 4 月 30 日, 中共中央政治局审议通过的《规划纲要》对京津冀整体区域和区域三省市各自进行了重新定位。区域整体定位以及省际各自的功能定位体现了区域整体布局思想,突出功能互补、错位发展、相辅相成。三地的各自定位均需服从和服务于区域整体定位,体现了系统性、整体性、协同性思维,符合京津冀协同发展的战略需要。在明确功能定位的基础上,

应该进一步地深化体制机制的改革。全力推进定位目标早日实现。截至目前，《规划纲要》已经发布了六年多的时间，三地围绕协同发展谋划出台多项重大改革方案和措施，并取得积极成效。

但京津冀区域三地之间壁垒仍然存在，一些领域协同发展进展缓慢，主要根源在于三地间存在着各种显性与隐性障碍。京津冀协同发展过程中，涉及三地不断产生的新的利益分歧乃至于利益纠纷需要解决。相较于珠三角、长三角地区而言，区域发展不协调、不平衡一直是阻碍京津冀区域发展的根本矛盾，与要素流动面临的显性和隐性壁垒、区域发展的统筹机制欠缺等密切相关。显性和隐形壁垒、区域发展的统筹机制欠缺是阻碍京津冀协同发展的关键。

京津冀区域存在的地区间发展不协调、不平衡的矛盾，需要通过打破各种显性和隐性的行政壁垒加以解决，这就必然会产生利益的重新分配，极可能导致地区间的冲突和分歧。因此，要想彻底破解协同发展的制约因素，调和、解决深层次矛盾和问题，就必须把国家层面的战略举措与京津冀区域发展的实际情况相结合，创新区域协同发展改革措施，破除各种体制机制障碍，实现资源优化配置，构建优势互补、互利共赢的区域协同发展制度体系。

京津冀协同发展开辟了中国区域经济发展新思路，没有经验可循，必须通过大胆探索和尝试，深化体制改革，推进区域发展体制机制创新。为此，要树立"一盘棋"思想，创新发展理念、发展思路、发展方法和发展举措，提供强有力的制度保障，推动形成充分开放的区域统一市场。三地通过全面深化体制改革，探索打破区域藩篱、突破行政壁垒，为京津冀三地产业、创新、公共服务等多领域协同发展拓展新空间。构建协同发展的体制机制，既要建立行政管理协同机制，也要有基础设施互联互通机制、生态环境保护联动机制、产业协同发展机制、科技创新协同机制等。

二、创新体制机制有助于推进区域协同发展

京津冀区域一体化发展,尽管已经形成共识多年,但在实际的区域融合发展中,仍存在诸多困难。一方面,京津冀三地经济社会发展已形成不同的路径依赖,各有各的利益诉求,要打破既成事实的发展思路和路径、突破原有发展模式,需要时间也需要勇气;另一方面,要打破原有的发展思路、发展模式,就要创新发展模式,走出一条内涵集约发展的新路子,需要有合理的制度设计与协同发展机制作为支撑。

(一)完善协同发展的体制机制有利于一体化进程

京津冀协同发展,需要有合理的制度设计和协同机制做支撑。当前,京津冀协同发展当务之急,就是要完善相关配套措施,尽快创造有助于京津冀协同发展的体制机制环境。第一,打破行政阻隔、各自为战的发展定势,完善市场一体化机制,着力于解决京津冀行政权力背后各种社会资源的配置不公,以及由此形成的社会福利不均问题,打开阻碍资本、技术、产权、人才、劳动力等要素自由流动的制度闸门;第二,要加快推进京津冀产业规划对接,理顺三地产业发展链条,避免同构性、同质化和重复建设,形成区域间产业合理分布和上下游联动的发展机制;第三,要立足功能定位,明确城市分工协作机制,实现优势互补,资源共享。

京津冀协同发展体制机制创新的突破口集中在交通一体化、生态环境保护、产业协同发展等重点领域,打破行政壁垒,以加速京津冀地区人流、资金流、信息流自由流动,加强区域间密切协作,助推京津冀协同发展。

(二)体制机制创新有利于优化产业结构与空间格局

京津冀协同发展战略将产业升级转移作为三个率先取得突破的重点领

域之一,同时要求到 2020 年,产业联动发展取得重大进展。产业升级转移的本质是产业协同发展,要求优化区域分工和产业布局、优化经济结构和空间结构,涉及三地产业发展定位和方向、产业转移对接和转型升级、优化产业空间格局、强化创新驱动产业转型等重大战略问题。这些重大战略问题的解决需要综合考虑区域的整体功能定位、三地在发展水平、区位条件、创新能力等方面的比较优势,也要结合各地资源环境承载力和发展潜力,以实现区域分工协作与提升区域总体竞争力为目标,实施差异化的产业发展战略。

(三)体制机制创新可为中国特色大城市病治理探索新路径

北京患上大城市病的根源就在于北京城市集聚过度,功能多且空间结构不尽合理。解决北京大城市病问题的核心是疏解非首都功能,关键是跳出北京看北京,将北京功能定位置于京津冀协同发展整体布局加以考量,统筹北京与天津、河北的协同发展。

而从津冀角度来看,要想实现可持续发展,就必须转变发展方式,加强与北京的对接合作。一方面,能够为优化北京城市功能布局提供更广阔的空间,从而疏解非首都功能,提升首都核心功能,破解长期积累的深层次矛盾和问题,探索出一条中国特色"大城市病"治理模式与路径。另一方面,通过充分发挥京津冀三地各自的比较优势,实现"1+1>2"的系统功能,走出一条协同发展新路径,为国内同类区域发展以及全国区域协调发展提供经验借鉴。

(四)体制机制新思路新举措可为全国区域协调发展提供经验

疏解北京非首都功能,推动京津冀协同发展,是推进国家治理体系和治理能力现代化的重要组成部分,集中体现了新时代我国国家治理的新理念。推动京津冀协同发展,制度创新是关键,是协同发展的重要保障,也是区域经济一体化顺利实现的保证。京津冀协同发展推进过程中, 要进行制度创新, 以解决首都可持续发展以及京津冀区域发展面临的根本性矛盾为主要目标,提出一系列创新区域治理的新思路与体制机制改革的新举措。

推动京津冀协同发展,打破和消除各种显性和隐性壁垒,从根本上破除阻碍生产要素自由流动和优化配置的各种体制机制障碍,加快建立优势互补、互利共赢的区域协同发展制度体系,既是协同发展的重要内容,也是持续推动协同发展的基础和保障。通过积极探索和实践把京津冀打造成区域体制机制创新高地和区域协同发展制度创新高地,不仅能够为京津冀协同发展提供动力和保障,也为全国区域协调发展机制构建提供可利用可借鉴可复制的经验。

(五)体制机制创新有利于加快打造京津冀世界级城市群

《规划纲要》明确了京津冀区域整体功能定位与三地各自功能定位,区域整体功能定位是以首都为核心的世界级城市群、区域整体协同发展改革引领区、全国创新驱动经济增长新引擎、生态修复环境改善示范区。而四个定位中,"以首都为核心的世界级城市群"居首。加快改革创新步伐,创新体制机制实现经济结构优化与功能提升,提升城市群整体实力是京津冀的首要任务。京津冀世界级城市群建设是我国参与国际分工和竞争、提升综合国力的重要战略,是缩小区域差距的重要举措,也是在我国经济发展新常态和新型城镇化阶段探索新的发展方式和治理模式的积极尝试。

京津冀城市群的人口规模与经济规模已经达到世界级城市群体量,但在城市群功能结构与作用发挥等方面,与国外的世界级城市群还有一定的差距。通过体制机制创新实现城市群功能提升与完善,有利于加快打造以首都为核心的世界级城市群,提升京津冀城市群国际竞争力和影响力,在引领和支撑全国经济社会发展中发挥更大作用。同时,通过体制机制创新实现城市布局和空间结构优化,促进城市分工协作,提高区域一体化发展水平,也有利于提升京津冀区域综合承载能力,实现内涵式发展。

(六)生态环境保护机制可促进全国生态修复环境改善示范区建设

京津冀区域资源环境问题突出,生态承载力相对不足的矛盾十分严重,改善生态环境是实现区域可持续发展的必然要求。京津冀区域面临的环境形势比较复杂和严峻,既有工业化、城市化过程中的阶段性大气复合污染问题,也有该地区固有的结构性、资源性的水环境问题,还有对全国而言都没有完善治理经验的土壤污染问题。

京津冀区域生态保护红线包括水源涵养、生物多样性维护、水土保持、防风固沙、水土流失控制、土地沙化控制、海岸生态稳定7大类37个片区,构成了以燕山生态屏障、太行山生态屏障、坝上高原防风固沙带、沿海生态防护带为主体的"两屏两带"生态保护红线空间分布格局。通过严格划定生态保护红线、环境质量底线和资源消耗上限,以及深化大气污染综合防治、推进环首都国家公园体系和跨区域生态廊道建设、扩大绿色生态空间、推动京津冀联防联控和共建共享等重点举措,不仅能够全面提升京津冀区域生态宜居水平,而且能够增强区域可持续发展能力,加快建设全国生态修复环境改善示范区,实现京津冀区域更高层次、更高水平发展,促进人与自然和谐相处。[①]

第三节 京津冀协同发展新体制新机制的总体框架

一、京津冀协同发展中存在的体制机制障碍

京津冀区域内部发展不平衡、北京"大城市病"严重,这些都是京津冀发展不协调的表象问题。要彻底解决必须剖析深层次原因,在诸多措施的组合出击下,为什么资源要素仍然持续地向北京集聚,为什么河北省的产业建立易生

---

① 赵弘.习近平京津冀协同发展思想的内涵和意义[J].前线,2018,(3):17.

难存,为什么生态环境问题得不到根本改善,是市场机制出了问题还是政府调控出了问题,每一个问题的深刻剖析都不可避免地触及体制机制因素。换句话说,阻碍京津冀协同发展深入推进的原因,归根结底还是体制机制性障碍。

(一)行政壁垒是阻碍京津冀协同发展的根本原因

在中国众多发展区域中,京津冀区域的空间布局是比较特殊的,地域广阔的河北省将京津两个城市全面包围。在中国的行政等级制度下,这种空间结构决定了京津冀区域内的三个地区以及诸多城市间在行政功能和地位上存在天然鸿沟。北京是全国首都,国家中央机构所在地,天津是直辖市,河北省的11个城市都是地级市,因此在城市层面京津冀横跨了三个行政等级。行政等级的差异导致了行政权力的差异,而这种行政权力的差异更直接影响了市场机制和政府机制的发挥。一是造成市场环境的差异。不同的行政等级所能提供的制度环境是不同的,不同的制度环境导致市场竞争机制在地区间的发挥程度是不同的,因而影响了要素回报率,进而影响了要素流动方向,导致区域发展的不平衡持续加剧。这种情况并非市场机制没有正常发挥作用,而是主观原因导致的市场分割使得不同地区间市场运行效率产生差异。二是造成地区间的互动不顺畅。政府间行政等级的不对等导致地区间的互动缺乏平等行政主体交流中的正常作用和反馈机制,更多的是一种行政传导。在这种情况下,处于较低行政等级的地方政府较多地拥有执行权而较少拥有主导权,因而压制了个别地方政府积极性的发挥,要实现真正意义上的府际合作很困难。在政府主导型的制度变迁进程中,地方政府间的合作不顺畅,经济社会发展上的协同就很难达到。

(二)缺乏系统完善的协同发展体制机制架构是阻碍京津冀协同的主要原因

从理论上讲,区域协同发展是对传统区域发展理论的升华,本身是一种全新的发展模式，是对传统区域发展逻辑的创新性整合。要保证这种新的区域发展模式发挥最大效用，就要有与之相适应的体制机制作为保障，并且这些体制机制不是在原有地区合作机制和区域发展机制上的修补，而是重新构建一整套系统科学的区域协同发展新体制新机制。一方面，这套体制机制必须是基于区域协同发展的一种顶层设计，要着眼区域协同发展全局，要放眼区域协同发展未来，要包括区域协同发展运行中的各个方面。另一方面，这套体制机制必须具有切实的可操作性。体制机制的建立必须以行之有效为目的，必须能够真正地推动区域协同发展。京津冀协同发展启动以来，在体制机制的探索上迈出了坚定的步伐，无论是《规划纲要》还是其他相关的政令法规，都在相当大的程度上涉及体制机制改革和创新的内容。但问题在于，这些体制机制仍然是片面的不完善的，它们不足以构成京津冀协同发展的体制机制新系统，不足以形成推动京津冀协同发展的体制机制合力，达到"1+1>2"的系统效果。同时，一些体制机制的设计还没有触及协同发展的根源性问题，只是一些局部的短期的矫正或激励措施。

（三）府际协调合作机制的缺失是阻碍京津冀协同的重要原因

在区域协同发展中，地方政府间的有效合作能够发挥三个方面的作用：一是通过政府合作，最大限度地消除行政壁垒，提高区域内资源的配置效率；二是通过政府合作完善区域内部的基础设施，降低要素流动成本；三是通过政府合作实现制度创新，提高公共管理水平和服务能力，提升区域整体的发展力。如前所述，京津冀区域内部地区间行政级别的不对等是导致区域协同推进困难的根本原因。但是这种行政级别差异是不可能根本消除的，因此要形成地区间的正常交流合作机制，地方政府间的合作和协调就变得尤为重要。目前，京津冀区域并没有实现真正的协同发展，而仍然处于一种"组合"状态，这就决定了从"理性经济人"的角度，区域公共利益最大化目标与地方政府利益最大化目标之间必然存在冲突，区域协同发展目标的实现会不同程度地受到地方公共利益目标的影响。如何在区域协同发展目标和地方公共利益目标之间实现一种有效有利的均衡，取决于区域协同发展中政府合作规则的有效性和约束力，也就是如何建立一套有效的政府间合作和协调机制。从京津冀协同发展的实践来看，地方政府间的合作一直在不断加强，但是这些合作大多是问题导向性的，例如针对产业转移、生态环境联合治理等，具有明显的随机性和不确定性，尚未上升到稳定的制度层面。而只有将政府间的合作模式、合作方式、合作方法等都上升到体制机制层面，才能形成有效的制度约束，才能提高解决协同发展问题的效率。

二、构建京津冀协同发展新体制新机制的总体要求

党的十八大以来，习近平始终关心并指导着京津冀协同发展。在习近平的谋划指导下，三地的协同发展从规划一步步落到了实地。对于京津冀协同发展，习近平多次发表重要讲话，特别是关于京津冀协同发展的关键——机制体制问题做出了重要指示。

2014 年 2 月 26 日，习近平在听取京津冀协同发展专题汇报时强调："着力扩大环境容量生态空间，加强生态环境保护合作，在已经启动大气污染防治协作机制的基础上，完善防护林建设、水资源保护、水环境治理、清洁能源使用等领域合作机制"，并指出："京津冀协同发展意义重大，对这个问题的认识要上升到国家战略层面。大家一定要增强推进京津冀协同发展的自觉性、主动性、创造性，增强通过全面深化改革形成新的体制机制的勇气，继续研究、明确思路、制定方案、加快推进。"[1]

虽然从经济一体化的角度来讲，行政区划有可能成为地方政府合作和协同发展的障碍和壁垒。但行政区划同时也是一种重要资源，是地区比较优

---

① 打破"一亩三分地"习近平就京津冀协同发展提七点要求[EB/OL].新华网，http://www.xin-huanet.com/politics/2014–02/27/c_119538131.htm.2014–02–27.

势的依托,合理利用便会成为推动区域协同发展的最大助力。要想避免行政区划成为区域协同发展障碍,发挥动力作用,三地必须打破"一亩三分地"思维定式,由过去的都要求对方为自己做什么,变成大家抱成团朝着顶层设计的目标一起做。为了有利于工作协调和推进,要充分发挥北京市牵头的环渤海地区经济合作发展协调机制的作用。

习近平在讲话中指出,京津冀历史渊源深厚、交往半径相宜,完全能够相互融合、协同发展。推进京津冀协同发展,要立足各自比较优势、立足现代产业分工要求、立足区域优势互补原则、立足合作共赢理念,以京津冀城市群建设为载体、以优化区域分工和产业布局为重点、以资源要素空间统筹规划利用为主线、以构建长效体制机制为抓手,从广度和深度上加快发展。

(一)破除体制机制障碍并建立协同发展的长效机制

习近平关于京津冀协同发展体制机制的重要论述,强调要建立协同发展的长效机制,真正实现"1+1>2""1+2>3"的效应,反复强调构建体制机制的重要性。习近平在京津冀协同发展座谈会上,对京津冀协同发展提出七个要求,其中关键之处就是要下决心破除限制生产要素自由流动和优化配置的各种体制机制障碍。

(二)以改革创新为指引,重构新体制新机制

习近平主持召开的中共中央政治局会议指出,要加快破除体制机制障碍,推动要素市场一体化,构建京津冀协同发展的体制机制,加快公共服务一体化改革。打造全国创新驱动增长新引擎,是京津冀协同发展的一个重要定位和目标要求,雄安新区发展的根本动力也在于创新驱动。以创新驱动为理念,搭建协同发展新平台,雄安新区成为创新区域发展路径、打造新的经济增长极的点睛之笔。习近平提出规划建设雄安新区要突出的七个方面重点任务之一就是"发展高端高新产业,积极吸纳和集聚创新要素资源,培育新动能"。

习近平指出,京津冀协同发展根本要靠创新驱动,要形成京津冀协同创新共同体,建立健全区域创新体系。这一重要论述,指出了推进体制机制创新是协同发展的主要支撑点,同时把促进要素跨区域自由流动作为体制机制协同的主要突破口。

体制机制创新,首先是财政税收领域的创新。改革京津冀区域地方财政、税收等区域利益的分配和补偿机制,探索以财政、事权相统一为原则,建立一种适合京津冀区域发展模式的长效资金支持的财政制度类型。其次是投融资体制、政绩考核制度等方面进行创新。财税、投融资体制以及政绩考核制度三方面的体制机制创新,对于处理好区域分工、差别利益与共同利益的关系,形成合理分工、竞合发展的利益格局意义重大。探讨逐步建立京津冀区域三地间的税收横向分享制度,设立京津冀协同发展基金,对跨界重大项目的实施给予资金支持。改革地方政府官员政绩考核制度,建立促进京津冀区域合作发展的科学考核体系,既要考核当地经济增长指标,建立利益共享机制和利益补偿机制,跨行政区域进行管理、规划、建设,以打破原有的分配格局,逐渐形成三地互利共赢的局面。

逐步深化京津冀区域体制机制创新,推进政府职能转变,为京津冀协同发展提供新动力。随着京津冀区域行政审批制度改革的深化,体制机制的不断创新,清理、取消、下放审批事项的力度不断加大,审批环节会不断减少,审批效率逐渐提高。政府审批事项减少后,政府直接安排的产业和基础设施项目也会减少,这就避免了功能过于集中,有利于区域功能的优化。通过简政放权,将政府职能聚焦于完善统一市场体系、制定统一市场规则、培育跨区域市场主体、构筑一体化的市场环境。

三、京津冀协同发展新体制新机制的总体框架

对于京津冀协同发展新体制新机制的构建,习近平已经提出了明确的

要求,概括来讲就是要发挥市场机制作用,采取市场化、法治化手段,要加快重大基础设施建设,优化配置公共服务功能,要破除制约协同发展的行政壁垒和体制机制障碍,要做好对口帮扶和就业工作,坚持以人民为中心的发展理念。只有达到这些要求,才能推动京津冀协同发展取得实质性的进展。而要实现这些要求必然要涉及体制机制的深层次变革。结合习近平的要求及京津冀协同发展的现实状况,我们认为京津冀协同发展体制机制总体框架应该包括如下内容。

(一)区域市场一体化机制

市场机制及其作用程度是决定经济效率的关键因素,区域一体化的市场机制能够避免市场分割,保证区域内资源要素自由流动并得到有效配置。推动区域协同发展,应该建立区域统一的市场体系和市场机制。一是建议区域共同的市场准入制度。打破行政性垄断,消除地区间的市场壁垒,对阻碍区域市场统一和公平竞争的地方性规章制度进行彻底清理。在此基础上,建立区域统一的市场准入规则和市场运营环境,保证资源自由流动和合理配置,保证市场主体的活力得到充分发挥。二是构建统一、开放、竞争、有序的区域一体化市场运行机制。通过顶层设计、统一规划,建立有利于区域协同发展的市场运行模式、区际协调的市场治理机制和有机联动的市场协同运行机制,推动形成区域统一大市场。三是建立和完善区域内规范的交易平台和交易制度,尤其是在公共基础设施建设、公共资源开发和生态环境治理等领域,培育发展各类产权交易平台和资金流动平台,规范重要资源在区域内的开发使用和公平配置。

(二)地方政府合作和协调机制

区域协同发展能够达到什么程度,关键还是取决于地方政府间的合作水平,即地方政府是否真正超越了狭隘的地方保护主义,以协同发展中的一个有机部件而存在并按照协同发展的需求去发挥作用。以协同发展为目标,地方政府间的合作和协调机制涉及很多方面的内容。

首先是构建良好的地方政府间合作机制。构建良好的地方政府间合作机制,目的是加强地方政府间的互动与合作,政府间的互动与合作变得常规化时又能够形成新的合作机制,进一步推动政府间的合作与互动,从而形成了一个良性循环。构建政府间的合作机制可以从三个方面考虑:一是利用地区间的产业级差推动不同地区上下游关联企业间形成区域产业协同发展机制,通过这种产业链机制强化地区间的经济联系,深化互动与合作;二是深化区域内部分工,充分发挥不同区域在产业、基础设施、公共服务、环境治理、对外贸易等方面的比较优势,通过优势互补和分工协作强化地区间的互动联系,形成区域有机协调机制;三是推动建立有效的地方政府协商合作机制,探索地区政府统一规划、联合开发、共建共享、协同治理等机制。

其次是构建区域利益补偿协调机制。即使是在市场机制完善且作用发挥正常的情况下,处于不同发展阶段的不同地区间的发展差距也是客观存在的。协同发展不是不容忍差距,而是要将这种差距控制在不影响协同发展的程度上。显然,目前京津冀区域内部存在的发展差距严重阻碍了协同发展进程,但是市场机制不可能在短时间内对这种差距进行校正,这时就必须发挥政府"看得见的手"的作用,通过建立区域利益补偿协调机制,在一定程度上缓解地区发展差距过大而给协同发展带来的不利影响。构建区域利益补偿协调机制要坚持市场导向与政府调控相结合,不能因此而混淆市场与政府边界。政府主要发挥宏观调控作用:一是可以通过产业园共建共享机制、产业协同创新机制等引导资源有序流动;二是建立区域生态补偿机制。在牢固树立区域大生态系统理念的基础上,明确生态功能区的地位和作用,引导受益地区通过直接资金补偿、产业转移、技术投资、共建共享共治等渠道支持生态功能区生态环境建设与生态服务价值的发挥;三是建立区域互助机制,加强发达地区和不发达地区的经济联系,不是简单的资金扶贫或项目扶贫,而是建立一种真正利益相关的经济互动机制。发达地区到不发达地区投资发展,要以兴办实业为主,以带动产业升级、要素流动和劳动就业为目标,并围绕产业规划、资金流动、项目管理、利益分配等构建企业、政府、中介机构之间的有机联动机制和协调合作机制。

最后是构建区域政策协调机制。区域协同发展政策的制定必须是统一协调而又因地制宜的,这两个方面看似矛盾,实则统一于京津冀协同发展的有机系统之中。从区域协同发展的全局来看,必须建立区域统一的政策制定和实施机制,其作用是对区域整体的协调发展进行宏观调控。包括制定区域协同发展的战略方针、目标原则、总体规划并保证其落实。这就需要建立一个独立于三地政府而又与三地政府紧密联系的职能体系,一方面保证政策的制定是以协同发展的公共利益最大化为目标,另一方面又能保证这些政策得到很好的落实。而从地区间发展差距的角度来看,很少有政策是适用于所有地区的,政策适用性差就会影响政策的作用效果。所以要充分发挥地区协同发展的积极性,就必须根据不同地区不同领域的政策需求制定不同的政策措施。例如针对创新、环保、基础设施等利于设立专项财政支付制度,针对不同地区产业升级需求制定差异化的产业指导目录,针对发展中的土地流转需求建立跨区域土地征收和补偿制度等。

(三)区域协同发展保障机制

市场机制和府际合作协调机制主要解决的是经济发展的问题,保障机制解决的则是社会发展和生态环境问题,因而是协同发展的基础也是协同发展的根本落脚点。协同发展的保障机制包括生态保护机制、法律法规机制、社会保障机制和协同发展评估反馈机制。构建并实施严格的生态保护机制是在协同发展中贯彻和落实新发展理念的要求,没有绿水青山就没有金山银山,协同发展也就没有意义。协同发展必须坚持生态先行,构建联建、联防、联治的生态环境保护和治理机制。明确生态功能区划分和职能定位,生态涵养区要严格守住生态环境底线,非涵养区要积极配合;设立区域生态环境建设和治理专项资金池。根据经济发展水平、环境影响程度等综合指标确定各地区的出资比例;大力建设区域共享的生态环境基础设施。探索建立促进区域系统发展的法律法规,目的是保证区域协同发展政策制定、职能定位、府际协调、市场运行等能够在协同发展的框架下规范运行。一是保证政策制定和落实的合法性、科学性、有效性;二是明确地方政府及相关机构的功能定位和职责边界;三是解决府际政策衔接中的各种矛盾和争端;四是保证区域协同发展中市场的稳定运行与机制的有效发挥。构建区域协同的社会保障机制,一方面是为了推动公共服务均等化,另一方面也是为了解决机构搬迁和人力资源流动中的现实问题。一是要引导教育、医疗等公共服务功能在区域内合理布局,建立基础设施和公共服务跨地区共建共享机制;二是要形成无壁垒的区域一体化社会保障制度,尤其要消除行政制度所导致的公共服务分配壁垒,真正让人民共享协同发展成果。区域协同发展是一个系统过程,不仅要编制科学合理的发展规划,制定相关的政策措施,坚持贯彻落实,还要建立科学的区域协同发展监测评估和反馈修正机制。

第四节　京津冀协同发展体制机制创新实践探索

京津冀协同发展国家战略开局良好,朝着以习近平同志为核心的党中央指引的方向和《规划纲要》规划的目标稳步前行。三地按照中央全面深化改革总要求,初步建立起有利于打破行政壁垒、疏解非首都功能、推动协同发展的体制机制,成为区域协同发展的有力保障。但从现实需求和长远发展来看,协同发展体制机制仍存在需要进一步深化和完善的领域。需要京津冀三地继续贯彻落实习近平总书记重要讲话精神,以非首都功能疏解为"牛鼻子",进一步推进供给侧结构性改革,不断完善京津冀协同发展制度体系,为中国特色社会主义制度建设和国家治理体系的完善提供有益探索。

一、构筑起京津冀协同发展规划体系的"四梁八柱"

党中央、国务院于 2015 年 6 月印发《规划纲要》,这是京津冀协同发展的顶层设计和行动指南。围绕贯彻实施规划纲要,2016 年 2 月,全国首个跨省级行政区的《"十三五"时期京津冀国民经济和社会发展规划》印发实施。同时,以《京津冀空间规划》为代表的涉及京津冀区域产业、交通、科技、生态环保等多个领域的专项规划及北京新机场临空经济区、京冀交界地区规划建设管理等工作方案都在加紧制定和落实中,在地方性制度法规建设方面,北京市制定了加强全国科技创新中心建设总体方案,天津市、河北省也分别制定了落实各自功能定位的规划方案。京津冀协同发展基本形成目标一致、层次明确、互相衔接的规划体系。

二、建立了京津冀协同发展的一揽子合作协议和保障机制

京津冀协同发展战略实施以来, 三地通过建立一揽子合作协议和保障机制,不断实现体制机制新突破。京津冀三省市建立了跨越区域的联席会议机制, 在横向协商机制的促进下,《关于推进京津冀产业协同发展战略合作框架协议》《京津冀区域环境保护率先突破合作框架协议》《京津冀文化领域协同发展战略框架协议》等协议纷纷签署。为加快打造京津冀协同创新共同体,制定实施《北京加强全国科技创新中心总体方案》,落实京津冀系统推进全面创新改革试验方案,全面开展 18 项改革实验,制定实施建设京津冀协同创新共同体工作方案、中关村京津冀协同创新共同体建设行动计划,推动区域科技资源共享和重大创新成果在津冀转化。

2014 年 9 月,京津冀通关一体化改革在全国率先实施,建立了关检互认、

口岸直通、信息共享机制。医药产业转移异地监管取得突破,服务业扩大开放综合试点推出三个阶段 136 项具体措施。为加大人才在京津冀有序流动,北京通州、天津武清、河北廊坊三地试点合作,签署了人才合作框架协议,推出了人才绿卡、鼓励企事业单位间科研人员双向兼职等十多项先行先试政策。2017 年,《京津冀人才一体化发展规划纲要》印发实施。这些举措体现出京津冀优化配置资源的体制机制优势,诸多经验被国内其他省市借鉴。①

要实现京津冀协同发展,首先要具备协同发展的政策、制度环境。对此,京津冀区域近几年围绕协同发展的目标,不断对现有政策体系进行梳理,对与目标冲突、不协调的政策,尤其针对一些限制性政策,进行研究、调整或清理,通过政策立改废,逐渐构建能够促进协同发展的政策体系。如《京津冀质量发展合作框架协议》的签署进一步明确了京津冀三地质监协同发展目标,即到 2017 年,建立和完善地方标准通报机制,协同发布一批公共安全、环境等领域的强制性地方标准,促进区域产业结构优化升级;《京津冀民政事业协同发展合作框架协议》的签订使得三地民政部门将在救助、养老、防灾减灾等十大重点领域加强合作;《京津冀食品生产监管合作协议》《京津冀药品生产流通监管合作协议》和《京津冀药品注册工作协作机制合作备忘录》等,通过进一步统一监管标准,建立食品生产一体化联动检查机制;《京津冀戒毒工作协同发展合作协议》的签署,使得三地将在戒毒执行协作、戒毒资源共享、戒毒人才和学术交流等三个方面,探索建立应急处置联动、安置帮教互助、戒毒康复宣传、视频会见互通、戒毒医疗合作、教育矫治资源共享、人才交流培养、戒毒理论研讨等十四项工作机制;北京一中院、天津一中院、唐山中院签署的《京津冀协同发展司法服务保障协作机制框架协议》,标志着这个涵盖十项内容的合作机制正式生效,为协同发展提供司法服务保障;《京津冀纪检监察机关协同推进监督工作机制》的签署对于推动三省市纪检监察机关履行好疏解

---

① 京津冀三地党刊联合课题组.京津冀协同发展的工作成果与未来展望[J].前线,2017,(9):58.

非首都功能和加快雄安新区建设的监督职责，加强纪检监察机关在推进京津冀协同履行监督职责中的协作配合，形成京津冀一体化的监督合力；京津冀已建立多层级机制推进金融领域协同发展，其中三地金融合作协议目前正处于征求意见和最后签署阶段。

随着京津冀协同发展工作的不断推进，区域间具有科学性、战略性、权威性的顶层设计以及相应的约束机制与执行机制建设将会不断推进，三地政府间的交流与互通机制也将越来越完善。

三、京津冀三地对接协调工作机制不断完善

2014 年 2 月以来，京津冀三地站在区域协同发展的高度，按照国家总体部署，建立了地方推进京津冀协同发展领导小组及其专项工作小组，负责京津冀协同发展的对接协调工作。个别地级市也设立了推进协同发展领导小组办公室，如廊坊、保定等。三地共同研究制定了《关于建立京津冀协同发展对接推进机制工作方案》，建立了三省市常务副省（市）长定期会晤、京津冀协同办主任联席会议、各部门常态化会商的定期会商等推进协同发展的对接机制。同时，三地相关职能部门也积极构建协同发展、共同受益的长效合作机制，如三地旅游部门建立了"京津冀旅游协同发展工作会议"制度，推进三地旅游组织一体化、旅游管理一体化、旅游市场一体化、旅游协调一体化，共同打造了京东休闲旅游示范区、京北生态（冰雪）旅游圈等五个旅游试点示范区。京冀还建立了为期五年的规模最大、层次最全的干部交流互派机制。

四、疏解支撑政策体系和激励约束机制逐步完善

2018 年 7 月 30 日，北京市发布《推进京津冀协同发展 2018—2020 年行

动计划》，提出到 2020 年高质量完成京津冀协同发展中期目标任务，初步形成协同发展、互利共赢的新局面。几年来，北京紧紧抓住疏解非首都功能这个"牛鼻子"，充分发挥"一核"的辐射带动作用，以交通一体谋划、环保联防联控、产业协作对接为突破口，携手津冀完成了京津冀协同发展近期目标任务。

2018—2020 年行动计划聚焦非首都功能疏解、北京"两翼"建设、生态环境协同治理、交通互联互通、产业对接协作、协同创新、公共服务共建共享、体制机制改革八个领域，扎实有序推动各项工作任务。

北京市将加强政策引导，完善产业转移承接配套政策。五年多来，出台并严格落实非首都功能产业疏解配套政策的意见，推动规划土地、财税价格、投融资、就业社保、资质互认、异地监管等措施的落地，逐步完善疏解支撑政策体系和激励约束机制，努力营造稳定公开透明、可预期的营商环境。根据 2018—2020 年行动计划，北京市将按照以点带面、先易后难的路径，统筹推动一批重大改革创新举措落地，破除隐形壁垒和利益藩篱，优化区域营商环境，加快要素市场一体化进程，促进资源要素流动顺畅高效，为京津冀协同发展提供有效制度保障，打造区域协同发展改革引领区。

第六章

大城市病协同治理的新思路

党的十八大以来，习近平在对我国城市发展反思基础上，提出了新时代我国城市发展新要求新思路。在党的十九大报告中，习近平提出："以疏解北京非首都功能为'牛鼻子'推动京津冀协同发展，高起点规划、高标准建设雄安新区。"治"大病"要有"大手笔"，疏解北京非首都功能是一项复杂艰巨的系统工程，从京津冀协同发展到建设以首都为核心的世界级城市群，再到建设北京城市副中心、设立雄安新区等，这是习近平在破解大城市病过程中提出的一系列重大战略决策，具有重要的理论价值和实践意义，为破解我国大城市病指明了方向，提供了遵循。

第一节　习近平关于京津冀大城市病治理的重要论述

一、疏解北京非首都功能

（一）解决大城市病，必须以疏解北京非首都功能为突破口

北京作为国内最为发达的大都市已经进入了高度的城市化阶段，呈现经

济效益不断提升、社会建设稳步提高的良好发展态势。但同时也出现了由于城市功能高度聚集所引发的人口规模过度膨胀、交通拥堵持续加剧、环境污染日益突出的大城市病现象,严重影响了城市的持续健康发展。

习近平曾多次提到,北京大城市病的根源是北京聚集了太多的非首都功能。而根治北京大城市病必须要有力有序地疏解北京非首都功能。北京作为首都集中了全国最为优质的公共资源,较高的经济发展水平创造了可以满足不同层次需求的就业岗位,这些都增强了城市的吸引力,强化了外来人口进京发展的预期。但北京作为一个城市地域空间有限,资源有限,要解决好北京的大城市病,根据我国北方区域发展的现实和京津冀区域特殊状况,结合多年的探索实践,必须将其纳入到京津冀和环渤海地区总体战略空间加以考量,打通区域之间一体化发展的大动脉,用"大空间"解决"小空间"难以解决的问题。

(二)疏解北京非首都功能是京津冀协同发展的重中之重

京津冀协同发展顺利推进的关键和核心问题是疏解北京非首都功能,如果北京非首都功能不能够有效疏解,京津冀协同发展必然遇到问题。所以必须把疏解北京非首都功能看作是京津冀协同发展的关键、核心和出发点,而且要建设和管理好首都,建设中国的首善之区,就必须把握首都城市战略定位,而有序疏解北京非首都功能就是题中应有之义。习近平在不同场合反复强调,京津冀协同发展的关键、核心是疏解北京非首都功能。2014 年 2 月 25 日,习近平在北京考察工作时强调,北京要紧紧围绕着"四个中心"的功能定位,发挥好自身比较优势,积极疏解非首都功能,把北京建设成为国际一流和谐宜居城市。"四个中心"明确了北京的功能定位。而从北京的现实情况看,北京承担了太多功能定位之外的功能,已经到了非疏解不可的地步,北京必须瘦身,要坚决地把不符合北京城市功能定位的优质资源疏解到天津、河北等地方去,坚定不移地推动京津冀协同发展。

（三）疏解北京非首都功能是调整优化区域空间结构和经济结构的必然要求

2015 年 2 月，习近平在中央财经领导小组会议上指出，京津冀协同发展是一个涉及方方面面的巨大系统工程，要以明确的目标、清晰的思路和坚定的决心稳步推进。通过京津冀协同发展，实现创新驱动发展和产业结构转型升级，形成我国经济发展新的增长极。

从空间结构上看，北京中心城市聚集着大量的行政事业单位，其中北京市一百五十多个市级机关都聚集在中心城区，有的甚至在二环以内；有一百多个事业单位也聚集在中心城区，国企央企、行政事业单位的云集，占用了北京过多的空间资源，再加上人口膨胀，车辆增多，造成了北京市交通拥堵和环境污染。北京作为国家首都，应该突出政治功能，北京中心城区建设应首先考虑中央办公和首都功能的需要，市属职能应该往边缘城区配置。即紧紧围绕习近平提出的北京城市"四个中心"的功能定位，积极疏解与"四个中心"无关各种资源，这既是北京城市发展的需要，也是京津冀协同发展的内在要求。从经济结构上看，北京应该充分发展科技含量高的第三产业，附加值低、相对低端的产业应该坚决地疏解出去，以创新驱动为引领，大力发展现代服务业和"高精尖"产业，真正实现经济和社会的高质量发展。

（四）疏解北京非首都功能是落实首都城市定位及发展目标的必由之路

从历史看，北京城市功能和人口远远超出了其现有资源禀赋的承载能力，疏解非首都功能已成为北京健康发展的前提与战略任务，不疏解就没有出路。2015 年《规划纲要》中对北京城市的功能定位是"四个中心"，即政治中心、文化中心、国际交往中心、科技创新中心。从发展目标看，到 2020 年，北京实现建成国际一流和谐宜居之都阶段性目标，率先实现全面小康社会、非首都功能疏解取得明显成效；而到 2030 年，北京基本建成国际一流的和谐宜居之都,治理大城市病取得显著成效,首都核心功能更加优化,京津冀区域一体化格局基本形成;2050年,北京全面建成国际一流的和谐宜居之都,京津冀区域实现高水平协同发展,建成以首都为核心、生态环境良好、经济文化发展、社会和谐稳定的世界级城市群。

可见,疏解北京非首都功能是落实首都城市定位及发展目标的现实选择与必由之路,所以必须从战略高度不断深化对北京城市功能新定位的认识,紧紧抓住疏解非首都功能这个牛鼻子。

二、打造以首都为核心的世界级城市群

与世界上其他公认的世界级城市群相比,京津冀城市群存在四个明显短板:一是城市群经济总规模不足。二是城市的生产力布局不合理。北京、天津两大中心城市与其他城市之间差距过大,缺乏足够数量的各方面实力都比较强的二线城市。三是城市空间结构不合理,特别是在冀中南地区,缺乏足够实力和较强带动力、辐射力的城市。四是三地的城市化发展水平差距过大,河北省的城市化水平和质量都需要大幅提升。

《规划纲要》对京津冀整体定位是"以首都为核心的世界级城市群、区域整体协同发展改革引领区、全国创新驱动经济增长新引擎、生态修复环境改善示范区"。2018年11月29日,新华社全文发布了《中共中央、国务院关于建立更加有效的区域协调发展新机制的意见》,该《意见》中提出以北京和天津为双中心引领京津冀城市群发展。

(一)有助于提升城市群整体发展水平

有序疏解北京非首都功能是京津冀协同发展战略的核心,而北京通过瘦身解决北京大城市病问题,单靠一己之力难以完成,必须在"跨区域合作"上求解。京津冀区域内,北京需要瘦身,而河北等地需要提质,以首都为核心

的世界级城市群建设有利于将京津冀区域内一群相互之间联系非常弱、发展差距比较大的城市，发展成相互之间紧密联系、优势互补、层次分明的城市群，进而推动京津冀协同发展顺利进行。

（二）有助于平衡我国南北方经济布局，形成新的增长极

京津冀城市群建设有助于缩小南北发展差距。京津冀城市群人均区域生产总值和经济密度远低于长三角和珠三角，同其他世界级城市群相比差距更为明显。长期以来，由于京津冀区域内行政壁垒严重，要素流动不畅，导致区域内发展差距过大，整个区域没有形成发展合力，发展活力也未被充分激发出来。建设以首都为核心的世界级城市群有利于打破行政壁垒，降低区域内交易成本，实现资源要素在区域内自由流动，通过合理的分工合作，实现整个区域共同发展。同时，京津冀作为环渤海经济发展的引擎，能够带动环渤海地区甚至整个北方地区的发展，有利于形成中国第三增长极，更好地参与全球竞争。

（三）有助于疏解北京非首都功能和解决大城市病

京津冀城市群建设重点是解决京津冀区域发展不平衡问题，一方面，北京聚集了太多的功能，经济、文化、教育、医疗、人才等资源都非常丰富，引发了大城市病，北京需要瘦身；另一方面，河北等地经济发展水平还较低，存在"环京津贫困带"，京津冀城市群建设就是要解决北京的大城市病和河北等地发展落后等问题，通过城市群建设，使京津冀地区的城市发展成为相互联系紧密、层次分明、产业衔接、优势互补的城市群。

同时，城市群建设在明确京津冀三地各自功能定位的基础上，通过北京非首都功能的疏解，更好地发挥北京"四个中心"功能定位。而天津和河北也在积极承接北京非首都功能疏解的过程中，加快自身产业结构优化升级，促进自身发展，而且在提质增效过程中也能为北京发展释放出更大空间。

三、习近平关于北京大城市病成因相关论述

(一)集聚了过多非首都功能

北京作为国家首都,经济发展水平较高。2018 年人均地区生产总值和人均可支配收入全国排名均为第二,也是全国乃至世界大企业总部所在地。在这里工作平台高、就业机会多,工资待遇好,所以吸引大量毕业生涌入北京寻找机会。同时,由于北京拥有地缘优势,自然还聚集了过多的教育、医疗等公共资源。就教育资源来说,北京的"211 大学"数量占全国总数的近四分之一,而同处在京津冀区域的天津"211 大学"仅 3 所,河北省仅 1 所,还位于天津;2018 年北京市参加高考人数 6.3 万,而河北省参加高考人数多达 46 万,北京的高考一本录取率远远高于全国其他地区;就医疗资源看,北京平均每45 万人拥有一所三级甲等医院,而河北省平均每 176 万人才拥有一所三级甲等医院,等等。正是由于北京汇集了过多的非首都优质资源,才导致大城市病暴发。所以 2014 年 2 月 25 日习近平在北京视察时就指出,北京人口膨胀、雾霾频现、交通拥堵、房价高涨、资源超载,原因就是北京集聚了过多的非首都功能。

(二)人口增长过快

由于北京聚集了众多非首都功能,使得人口持续膨胀,而人口过快增长,成为北京大城市病的主要原因。一个地区经济发展速度快,对资源会起到虹吸效应,人口就会加快向这里聚集。由于支柱产业和大型企业普遍分布在发展条件较好的大城市,就业因素也会吸引大量人口向城市流动,由此导致城乡差距持续扩大。近年来,随着越来越多的人口涌入北京,北京市人口规模不断扩大,给城市基础设施和环境带来了过大压力。截至 2018 年底,北

京市常住人口是 2154.2 万人,这还是近些年北京市为推动京津冀协同发展,推出系列举措大量疏解北京城市人口, 仅 2018 年就减少近 16 万多人之后的数据。如果不严格控制,2020 年北京常住人口很难达到《规划纲要》规定的中期目标,即常住人口要力争控制在 2300 万人左右。目前,北京市在交通、人口、环境、教育、医疗、住房等方面问题仍然突出,这些问题的存在与人口数量庞大紧密相关。所以人口规模问题的解决不仅关系到首都城市功能定位的实现,也是首都现代化、城市化进程中不容回避的重大现实问题。

(三)城市规划不科学不合理

习近平在谈到北京大城市病成因时,提到了城市规划问题,即缺乏科学合理的城市规划是北京大城市病形成的又一原因。大城市病是城市路网的规划布局缺乏科学性、战略性、前瞻性、协调性的必然结果,说明城市的决策者和管理者, 及城市建设有关部门的决策者和设计者在城市发展问题上缺乏科学性思维、战略性思维、前瞻性思维和协调性思维。而对既成事实下的不合理布局,依然缺乏科学、系统策略,未能抓住问题的根本。整个城市就像一张饼,中心是人们工作的地方,而周围是人们居住的地方,每天早上一群人涌向中心,晚上一群人涌出去,如果能在一个中心外多几个中心,可能问题会得到些有效解决。因此,2014 年 2 月 25 日习近平在北京视察时就说过,提升城市建设质量,遏制"摊大饼"式发展。

同时,由于北京城市规划存在问题,导致北京作为中心城市在引导城市从单中心向多中心发展转变过程中没有发挥出应有作用。而城市规划由于缺少前瞻性,便导致规划跟着发展走,逐渐形成了城市单中心发展模式。日本首都东京也是公认的国际大都市,面积远远小于北京,但是 2018 年东京地区生产总值高达 1.52 万亿美元,接近北京的 4 倍。差距显而易见。同时,北京城市发展的空间结构不合理,中心-外围不平衡的问题也是导致大城市病的又一原因。长期以来,北京郊区发展不充分,北京 6 个中心城区占全市面积21%，但是经济总量占到全市70%，城乡发展不均衡现象严重。而且由于对城市发展规律缺乏专业把握，围绕北京城市扩建的新区距离北京市中心太近，难以抗拒主城区的吸引力，最终沦为"睡城"。而东京在城市发展过程中，同样遇到大城市病问题，它的做法是采取分阶段分步骤实施城市副中心发展战略，使问题得到了较好的解决。北京早在2004年就提出城市副中心发展战略，即"两轴—两带—多中心"模式，但是由于设立的副中心过多，导致主次不分、没有重点，二十多个区域同时重点发展，结果依然是单中心发展模式。不过，经过多年经验总结，目前，通州作为北京城市副中心正在轰轰烈烈的建设进程中。

（四）体制机制掣肘

体制机制不顺是阻碍京津冀协同发展的最大障碍，也是导致北京大城市病产生的重要原因。一方面，在财税体制方面，我国采取中央地方分税制，这就要求各地政府必须重点关注本地经济的发展，尽量多地创造税收。北京作为首都，人口众多，要使整个城市顺畅地运转起来，就要发展经济，创造更多税收以支撑整个城市运行。而北京在发展经济的过程中，借助首都政治地位高的优势，会吸引各种优质生产要素向北京流动，包括对人口人才的强大吸引效应，使得人口不断聚集，自然对北京的基础设施、生态环境、办事效率、公共服务等方面带来了巨大压力，北京为了治理以上问题，又需要投入巨大的财政，而巨大的财政需求反过来要求经济快速发展，产业更大规模扩张，由此陷入恶性循环。这样的财税体制不但给北京城市发展带来问题，也对各区乡镇发展带来难题，各区乡镇也纷纷要以快速发展经济为导向，必然出现不惜以牺牲资源环境为代价，不考虑产业发展的内在规律以及城乡的融合发展。故此，在这种发展思路下势必导致更多的矛盾，陷入更大的困境。另一方面，在现存以行政区划为主的区域行政管理体制下，地区利益最大化成为各级官员的价值诉求，区域协同发展、一体化理念还没有成为领导干部必须具备和坚守的发展理念。北京要改变这种现状也是极其困难,北京作为国家首都,聚集了大量的国企央企、行政事业单位,通过北京自身来主动调控这些资源是非常困难的,需要以新发展理念为指引,建立健全区域调控机制,从制度创新上为京津冀协同发展提供保障。

第二节　习近平关于破解大城市病论述的理论价值与现实意义

一、习近平关于破解大城市病思想溯源

(一)尊重城市发展规律

城市和经济发展两者要相辅相成、相互促进。只有充分认识、尊重、顺应城市发展规律,端正城市发展指导思想,才能做好城市工作。中国城市未来发展之路应当怎样走,党的十八大以来,习近平在不同场合发表过不少相关论述。他通过对中国城市发展的反思,多次强调,我国城市发展必须要尊重城市发展规律。他指出,做好城市工作,重要的是要遵循城市发展科学规律,明确指导思想。2015 年,习近平主持召开中央财经领导小组第十一次会议研究经济结构性改革和城市工作时曾指出,要改革完善城市规划,改革规划管理体制。评价一个城市发展是否合理,首先要看城市规划,城市规划合理,发展后劲就足;城市规划不合理,发展过程中就会遇到很大问题;城市规划总折腾,城市发展就会走弯路。早在 2014 年 2 月,习近平在北京市考察工作时曾强调,首都规划务必坚持以人为本,统筹经济、环境、人口协调发展,建设宜居宜业的现代化都市。事实上,规划先行的理念一直贯穿于习近平城市建设的思路中。"城市规划是城市建设的龙头","城市建设首先要编制好城市规划"。习近平特别着重提出要"尊重城市发展规律",强调"科学规划城市空

间布局，实现紧凑集约、高效绿色发展"，"统筹规划、建设、管理三大环节，提高城市工作的系统性"。①习近平关于城市工作的一系列重要讲话，为城市发展指明了方向，提供了遵循。

（二）推动城市治理水平与治理能力现代化

城市治理是一个复杂的系统工程，包括政府、社会和企业三个主体，涉及城市发展和人民生产、生活等方方面面。习近平通过对中国城市治理的深入思考，告诫我们，城市治理既要尊重客观规律，又要在协同发展和协同创新方面取得新突破；我们既要吸取在治理城市方面的国际先进经验，又要树立系统治理理念，推动城市治理水平与治理能力的现代化。

第一，要坚持以人民为中心。城市建设也要紧紧围绕以人民为中心，城市作为人民生活的居住地，要让老百姓感受到宜居宜业，感受到城市发展进步带来的红利。

第二，要创新城市治理机制。在城市治理过程中，既要吸取国际先进经验，又要根据自身实际情况，创新城市治理机制。一方面，坚持以人为本，注重治理体系的完善和治理能力的提高；另一方面，坚持党的领导，建立权责明确、管理有序的治理格局，完善城市治理制度建设，加强城市治理手段的规范化。

第三，要坚持城市治理的法治化。法治化建设能保证城市发展朝着正确的轨道有条不紊地前进，完善的法律法规体系是城市治理体系和治理能力现代化的重要保证。

第四，要坚持智慧城市建设理念。智慧城市是城市发展方向，城市建设过程中要加快信息化和数字化平台建设，形成智慧政务、智慧交通等，智慧城市能提高城市管理效率，是实现城市治理现代化的必然要求。习近平曾指出：

---

① 中央城市工作会议提出着力提高城市发展持续性宜居性［EB/OL］. 中国新闻网，http://finance.chinanews.com/cj/2015/12-23/7683657.shtml，2019-02-08.

"一流城市要有一流治理。"①"一流治理",重点就在于城市治理的科学化、精细化、智能化。既要善于运用现代科技手段实现智能化,又要通过绣花般的细心、耐心、巧心提高精细化水平,"绣"出城市的品质品牌。

(三)城市建设必须坚持绿色发展理念

对于新时代中国城市发展,习近平曾提出,首先要在尊重其发展规律的基础上对城市发展进行科学定位、科学规划,避免走先发展后规划的路子;同时,城市建设要尊重自然,实现人与自然和谐共生;既要融入现代元素,又要重视城市文化,保护城市历史文化遗产,等等。这些思想无不渗透了他绿色发展新理念。党的十八大以来,习近平对绿色发展理念进行了系统阐述,绿色发展是绿色与发展的统一。城市绿色发展的要求是不应以牺牲环境为代价,城市发展过程中要注重对环境的保护,注重节约高效利用资源,可持续的发展经济,增进百姓福祉。在习近平看来,城镇化是一个自然历史过程,涉及面很广,"越是复杂的工作越要抓到点子上,突破一点,带动全局","不要拔苗助长,而要水到渠成,不要急于求成,而要积极稳妥"。而建设宜居城市,提高居民生活质量,是习近平一直关注的事。习近平曾指出:"城镇建设水平,不仅关系居民生活质量,而且也是城市生命力所在。"在提升城市建设水平的同时,必须注重防治各类城市病,给百姓创造一个宜居的空间。

(四)城市建设要从高速增长转向高质量发展

党的十九大报告明确指出,我国社会主要矛盾发生了重大转变。2017年中央经济工作会议上提出的"推动高质量发展"正是新时代解决新矛盾的必然要求。

对于城市发展而言,高质量的发展离不开中心城市对周边区域的带动引

---

① 上海:一流城市要有一流治[EB/OL].人民网. http://yuqing.people.com.cn/n1/2019/0910/c2090 43-31345502.html. 2019-09-10.

领作用。党的十九大报告提出"以城市群为主体,构建大中小城市协同发展格局"。城市群的发展需要核心城市和大小不等的中心城市支撑,这是世界城市发展的普遍规律。因为中心城市在国家发展中扮演着极为重要的角色。中心城市吸纳了国家发展中最主要的现代化要素,是国家创新主体和经济增长的中心。中心城市功能的发挥将对整个国家的高质量发展起到十分重要的作用。城市发展是融合在区域协同发展之中的,因此,城市群建设与区域一体化发展是相辅相成的。在京津冀协同发展的大背景下,构建大中小城市协同发展新格局,无疑就是把京津冀城市群打造成全国的新经济增长极,并通过城市群建设,解决首都大城市病、破解长期以来制约京津冀区域一体化发展的深层次问题。

二、习近平关于破解大城市病思想的理论价值

(一)坚持以人民为中心,走新型城镇化道路

坚持以人民为中心是习近平新时代中国特色社会主义思想的灵魂。党的十八大以来,习近平多次强调以人民为中心,把人民利益作为一切决策的出发点和落脚点。治理大城市病主要是为了人民,为了给人民群众创造一个宜居宜业的环境。首先,城市建设的主体是市民,所以城市建设要充分调动市民的积极性,提高市民的参与度。因为,建设什么样的城市,市民最清楚,所以在城市规划、建设、治理过程中要充分考虑市民的意见和要求,集思广益、群策群力,使老百姓真正成为城市建设的主人。其次。城市规模扩张要与以人民为中心的理念相结合。城市发展中要统筹考虑经济、人口、环境、交通等与城市规模之间的紧密联系。城市规模无度扩张必然引发人口膨胀、环境污染、交通拥堵等方面的问题。因此,要适度控制城市发展规模,以人的全面发展作为城市发展规模的考量标准。再次,把城市治理与坚持以人民为中心

相结合,在城市治理过程中,必须瞄准人的需求和诉求,实现以人民为中心与城市治理体系和治理能力现代化相结合。

(二)重视民生改善,传承城市文脉

治理大城市病既是城市高质量发展的必然要求,又关乎民生和民心。城市发展最终是为了市民,所以城市建设应该充分考虑市民的诉求,将人民群众的利益最大化,不能一味追求高速度,更要着眼于发展质量,逐步改变以往粗放型发展方式,把重心放在人民生活质量的提高、生态文明建设和城市文化遗产保护上。第一,要把改善民生作为城市发展的主要目标。以往城市建设过程中,过于追求规模的扩张和发展的速度,忽视了人在城市中的核心地位,导致了大城市病蔓延。今后城市发展要坚持把民生放在第一位,注重人民生活质量的不断提高,注重城市高质量发展和综合实力的提升。第二,重视城市文化传承。北京作为国际一流城市和我国首都,蕴藏着丰富的历史文化遗产,在城市建成中要高度重视对历史文化的保护和传承,要本着对人民负责,对历史负责的态度,保护好人文资源和生态资源,处理好建设与开发的关系,把首都建设成为和谐、宜居、文明之都。

(三)改善城市环境,建设低碳城市

首都建设必须统筹考虑经济、社会、生态一体化发展,坚持可持续发展理念。

第一,树立低碳发展理念。习近平指出,城市建设要以科学的规划为引领,在城市规划编纂过程中,必须坚持以人为本和可持续发展。提高经济发展质量,淘汰落后产能,重视使用新能源。要树立低碳发展理念,制定低碳城市发展规划。即从总体上制定京津冀低碳产业发展规划,打造创新、高质量发展的和谐之都。

第二,把生态文明摆在突出位置,即在城市建设中要坚持经济、社会、生

态一体化发展,重视生态文明建设,坚持以人民为中心,只有这样才能改善大城市病。重视生态文明建设就是要转变经济发展方式,重视城市生态环境的保护,构建宜居宜业的都市生活,保护城市传统文化,加快绿色基础设施建设,共同构筑经济发展、社会文明、绿色低碳的美丽首都。

三、习近平关于破解大城市病思想的现实意义

(一)抓住我国城市问题的实质,找到解决问题的关键

《规划纲要》指出,有序疏解非首都功能,是京津冀协同发展的关键环节和重中之重。党的十九大报告明确指出:"以疏解北京非首都功能为'牛鼻子'推动京津冀协同发展。"从 2014 年到 2019 年,习近平关于京津冀协同发展的几次重要讲话,每一次都提到了北京非首都功能的疏解。

2014 年 2 月,习近平考察北京时,明确提出京津冀协同发展是重大国家战略,明确定位北京为全国政治中心、文化中心、国际交往中心、科技创新中心,并提出:"要坚持和强化首都核心功能,调整和弱化不适宜首都的功能,把一些功能转移到河北、天津去,这就是大禹治水的道理。"

2015 年 2 月 10 日,习近平在中央财经领导小组第九次会议上指出:"疏解北京非首都功能、推进京津冀协同发展,是一个巨大的系统工程。目标要明确,通过疏解北京非首都功能,调整经济结构和空间结构,走出一条内涵集约发展的新路子,促进区域协调发展,形成新的增长极。"

2016 年 5 月 27 日,习近平在中共中央政治局会议上指出:"规划建设北京城市副中心,疏解北京非首都功能、推动京津冀协同发展是历史性工程。"

2017 年 2 月,习近平考察北京城市副中心建设时再次强调:"治理大城市病,要学大禹治水之法,光堵不疏不行。"

2017 年 4 月 1 日,中共中央、国务院宣布设立雄安新区。雄安新区的定

位首先是北京非首都功能的集中承载地。

2017 年 10 月 18 日，习近平在党的十九大报告中提出："以疏解北京非首都功能为'牛鼻子'推动京津冀协同发展，高起点规划、高标准建设雄安新区。"为深入推进京津冀协同发展指明了前进方向、提供了根本遵循。

2019 年 1 月 18 日，习近平在京津冀协同发展座谈会上发表重要讲话，为推动京津冀协同发展提出六个新要求，其中第一条是紧紧抓住"牛鼻子"不放松，积极稳妥有序疏解北京非首都功能。

从习近平关于京津冀协同发展的系列论述中可以看出，他无时无刻不在关注疏解北京非首都功能这个大事。并将其作为京津冀协同发展的关键、核心和牛鼻子。可以说这是抓住了问题的实质，找到了解决问题的关键。

（二）大视野、大格局为京津冀发展布棋落子

《规划纲要》对北京的城市功能定位为"四个中心"，要求北京紧紧围绕着功能定位，努力建设成为宜居宜业、人与自然和谐共生的国际一流都市。习近平多次强调，城市建设要规划先行，解决北京大城市病，需要提前布局、科学规划，以大视野、大格局为京津冀发展布棋落子。2016 年，习近平在听取关于建设北京城市副中心和设立雄安新区的情况汇报后，指出要把城市副中心和雄安新区作为北京发展的两翼，共同成为北京发展的双引擎。2017 年 4 月 1 日，雄安新区正式设立，是继深圳特区、浦东新区之后又一全国意义的新区，定位之高非常罕见，雄安新区的定位是北京非首都功能的集中承载地，国家赋予雄安新区七大任务，在京津冀协同发展中将承担重要历史使命。

（三）强烈的问题意识，鲜明的问题导向

习近平强调，城市建成要坚持以人为本，坚持问题导向，人民群众关心什么、需要什么，我们就解决什么。在首都发展过程中，有针对性地解决老百姓普遍关心的交通拥堵、房价高涨、环境污染等问题，并提出治理大城市病

的综合方案。针对老百姓普遍关心的首都大城市病问题，习近平多次强调，北京资源环境承载力已经达到了极限，要把疏解北京非首都功能作为推动京津冀协同发展的关键和牛鼻子，通过京津冀协同发展为北京腾出空间。2017年末，北京市常住人口出现了自2000年以来的首次负增长，非首都功能疏解取得明显成效。针对北京交通拥堵问题，习近平要求做好城市规划，不断提高交通服务水平，缓解交通压力。北京市从增加交通供给、提高科技支撑等方面采取多种措施缓解交通压力。针对北京房价高涨问题，习近平要求牢牢把握"房子是用来住的，不是用来炒的"定位，坚决遏制房价无序上涨。从习近平系列讲话中可以看出，习近平关于破解"大城市病"重要论述具有强烈的问题意识、鲜明的问题导向。

（四）谱写了首都发展新篇章

党的十八大以来，习近平把首都发展放在了突出位置，指出建设和管理好首都，是国家治理体系和治理能力现代化的重要内容。只有定位明确、找准方向，才能把握大势、赢得未来。长期以来，习近平非常关心北京的发展，从治国理政、国家战略角度大手笔布局、大力度推进，为北京发展指明方向。以习近平同志为核心的党中央始终把疏解非首都功能作为京津冀协同发展的关键，积极推动北京非首都功能疏解。习近平还指出，北京大城市病单靠北京自身没有办法解决，需要跳出去来看北京，需要把北京城市发展放在京津冀重大国家战略中去定位、去考量，打通北京城市发展的堵点，发挥北京优势，激发北京活力。京津冀协同发展以来，北京市紧紧围绕着城市功能定位，加快产业转型升级，重视科技创新，努力把北京建设成为宜居宜业的国际一流大都市。由此可见，这种以大视野、大格局为首都发展的布棋落子，正在谱写首都发展新篇章。

第三节　大城市病治理的实践及效果评析

一、新时代治理大城市病的实践

(一)落实城市战略定位,疏解非首都功能

2014年2月25日,习近平考察北京要求努力把北京建设成为国际一流的和谐宜居之都。《规划纲要》再次对北京进行了"四个中心"的功能定位。五年多来,北京紧紧围绕着城市功能定位,在疏解北京非首都功能,治理大城市病方面做出了积极努力。产业发展方面,北京紧紧围绕着城市功能定位,出台了产业发展限制目录,成为全国首个为治理大城市病而出台该政策的城市,在限制范围内的产业北京不予办理工商登记,大专院校和企事业单位积极推进新址建设工作,津冀地区积极推进产业承接平台建设,以实际行动承接北京企业转移,引导北京企业精准转移,聚集发展。积极探索北京企业产业转移税收分成机制,以便较快打破京津冀区域内行政壁垒,促进生产要素在区域内自由流动。

(二)以顶层设计为指导,大力推进京津冀协同发展

京津冀协同发展战略的提出,基本出发点是要解决北京大城市病,通过京津冀协同发展,引导生产要素在区域内自由流动,给北京发展腾出更大空间,解决区域内部发展不平衡、不协调问题,充分发挥京津辐射带动效应,带动整个京津冀乃至环渤海区域的发展,打造我国新的经济增长极。《规划纲要》从顶层设计方面为京津冀三地进行了定位,为京津冀协同发展战略提供了活力、指明了方向,京津冀协同发展由此进入全面实施、加快推进的新阶段。2016年2月,《"十三五"时期京津冀国民经济和社会发展规划》印发实

施。这是推动京津冀协同发展重大国家战略向纵深推进的重要指导性文件，明确了京津冀地区未来五年的发展目标。京津冀协同发展战略实施以来，三地以搭建产业合作平台为抓手，积极开展形式多样的对接活动，"4+N"产业合作格局加快构建，一批重大产业合作项目相继落地，产业协同发展步入快车道。如今，随着京津冀协同发展战略向纵深推进，京津冀协同发展取得了新的突破，三地协同能力不断增强，北京的一些重要项目相继在天津、河北等地落地。目前，三地在产业转移、环境联防联控联治、交通一体化等方面取得了一系列重大进展。

（三）建设通州城市副中心

通州副中心的设立是北京疏解非首都功能的重要手段，通州将和雄安新区一起作为北京的"两翼"，成为非首都功能的集中承载地。在北京郊区的通州建立行政副中心，是一项历史性举措，不再把一些行政资源固定在北京市中心。通州副中心的设立成为疏散北京市中心城区功能、解决大城市病的一剂"猛药"。要疏解人口，缓解交通拥堵，一种思路就是把功能疏解，把行政功能疏解到城市外围，以避免人口往城市中心集中。通州城市副中心的设立就是这种理念的具体实践。副中心规划是以习近平的重要讲话精神为遵循开展的，在城市副中心建设过程中，采取了国际一流标准，采用了国际先进理念，特别注重生态文明建设、城市文化继承，全力打造宜居宜业的和谐文明新城区。2019 年 1 月，北京四大班子正式迁入通州城市副中心，完成了搬迁工作。加强城市副中心与中心城区、新城的交通联系，提高通勤能力只是一方面，更重要的是要引导中心城区人口随功能转移，实现宜居宜业、职住平衡。

（四）设立雄安新区

2017 年 4 月 1 日，雄安新区设立。设立雄安新区目的是集中疏解北京非首都功能,缓解北京大城市病。这是以习近平同志为核心的党中央在吸取国际成功经验的基础上,结合我国实际情况做出的重大抉择,体现了尊重城市发展规律,找到了治理大城市病的良方,是创新城市发展模式的成功探索,对于培育我国北方增长极至关重要。

从国际经验来看,很多大城市在发展过程中都经历过大城市病,比如美国的纽约、英国的伦敦、法国的巴黎、日本的东京等,这些城市在面对大城市病时,都采取了跳出去建新城的做法,目前来看也是最成功的做法。从我国实际情况来看,改革开放以来,我们成功建设了深圳特区和浦东新区,深圳特区和浦东新区对于珠三角和长三角的崛起至关重要,成为我国两个经济增长极。

雄安新区的设立与首都城市副中心一起,共同形成北京的"两翼",成为北京非首都功能的集中承载地。雄安新区的设立,既是根据城市建设现实情况做出的重大创新探索,也是对国际先进经验的有益借鉴,为北京非首都功能疏解开辟了新的思路。雄安新区的设立对于补齐京津冀协同发展中河北省这一短板意义重大,河北省与京津相比,在经济社会等方面差距过大,雄安新区的设立,有利于吸引优质资源聚集河北,成为河北经济新引擎,培育形成新的区域增长极,带动河北省的发展。另外,雄安新区的设立,有利于打造区域创新协同发展新引擎,拓展新的发展空间,有利于推进京津冀世界级城市群建设。

(五)建设以首都为核心的世界级城市群

《规划纲要》对京津冀的整体定位为是建设以首都为核心的世界级城市群。发展城市群也是治理大城市病的有效对策,城市群建设有利于区域内城市之间共建共治、要素自由流动;有利于破解大城市病和解决区域内城市间不平衡不协调发展问题,是促进京津冀协同发展和形成新增长极的有效抓手。

京津冀地区既有国际化大都市,也有国内准一线城市,但是城市结构问题突出,缺少各方面实力比较强、创新能力较强的中等城市,大城市与小城镇之间缺乏中等城市的有效支撑,联系松散,京津对周边城市辐射带动效应又较弱,出现了两极分化。实现京津冀协同发展,需要城市群内各个城市之间互联互通、共建共治。一个区域的工业应该在其二级城市、三级城市发展,这些产业要向周边转移,周边的城市之间形成了分工,有了分工就必然有联系和合作,这样就形成了城市群。《北京城市总体规划(2016—2035年)》中提到,建设以首都为核心的世界级城市群,实现北京城市副中心和雄安新区"两翼"齐飞。一方面,确保北京城市副中心开好局、起好步,高标准、高质量建设城市副中心。另一方面,加强三地在生态环境、交通一体化、产业协同等方面的合作,鼓励支持首都行政事业单位,高校医院、总部企业、金融机构等积极疏解到雄安新区去。京津冀城市群要努力建设成为国内国际优质资源聚集地,成为带动国内经济增长的重要一极,成为国际上具有重要影响力的城市板块,成为中国在国际经济体系中具有强大竞争力的最重要支撑平台。

二、新时代治理大城市病的实践效果评析

(一)疏解北京非首都功能取得阶段性成果

京津冀协同发展战略实施以来,北京市紧紧抓住疏解北京非首都功能这个牛鼻子,积极有序疏解,寻找突破口和关键点,聚集重点领域开展积极行动,北京非首都功能疏解取得了阶段性成就。一方面,传统制造业疏解效果明显,以动物园批发市场为代表,北京的传统制造业、物流等行业积极疏解到河北、天津去,从而带动了人口的疏解。另一方面,严控增量,把不符合北京城市发展定位的产业禁止给予工商登记,减少人口聚集。截至2020年底,累计不予办理新设立或变更登记业务超过2.3万件,累计推动20多所北

京市属学校、医院向京郊转移,疏解一般制造业企业累计近 3000 家,疏解提升区域性批发市场和物流中心累计约 1000 个。

另外,北京严控沿街小商小贩,严格整治群租房、城乡接合部乱象,成功疏解出了部分人口。据相关资料显示,群租房、城乡接合部整治成功疏解北京人口 16.7 万人。2017 年,北京市启动为期三年的"疏解整治促提升"专项行动。教育医疗方面,与河北合作办校办院,积极把产业、人口等从北京疏解出去。京津冀协同发展以来,北京市各大高校累计向五环外疏解学生 1.6 万人。部分医院实现整体搬迁、合作办院,北京新机场建成运行,大大推动了北京人口疏解。2017 年, 北京市常住人口自 2000 年以来首次出现下降,2018年,北京市常住人口在 2017 年基础上继续下降,2020 年常住人口 2188 万人,如期完成总人口控制在 2300 万以内的目标,在人口疏解方面成效明显。

(二)京津冀协同发展取得明显成效

京津冀协同发展以来,在交通一体化、联合治霾、产业协同发展方面成效明显,三地协同水平不断推进,生态环境改善明显,经济结构转型升级步伐加快,产业对接平台不断完善,基本形成了京津冀协同发展新格局。

一是交通一体化加快。"轨道上的京津冀"正在提速。河北省有 356 条公交线路与京津联通,京港澳、首都地区环线等 12 条高速"断头路"和干线公路瓶颈陆续打通,京津冀 1 小时交通圈初步形成等等,这些三地交通基础设施互联互通的建设已经为京津冀交通一体化吹响了集结号。打通了一批断头路和瓶颈路,京津冀交通一卡通适用范围已覆盖区域内的多个城市,三地累计发行互通卡近百万张。二是产业转移协作有序推进。北京人才以及科技创新资源丰富,但长期以来,对天津和河北省的辐射带动作用不足,京津冀协同发展以来,三地加强创新共同体建设,打破行政壁垒,促进要素在区域内自由流动。北京向津冀输出的技术合同连年增加,在三地政府努力下,一批重大项目成功落地。北京新机场临空经济区等产业转移协作项目蓄势待发，京津冀大数据走廊、正定中关村集成电路封装测试园等项目开工建设等。三是京津冀空气治理联防联治联控工作机制初步确立，PM$_{2.5}$治理效果明显，提前完成预定目标。

（三）北京城市副中心正式启用

2018年12月底，党中央、国务院正式批复北京城市副中心控制性详细规划。2019年是北京城市副中心控规实施的开局之年，北京市以市级机关搬迁为契机，高质量推动北京城市副中心规划建设。2019年1月，北京市级行政机关第一批搬迁完成的35个部门、165家单位正式迁入北京城市副中心。

重要节点工程取得阶段性进展。北京市郊铁路副中心线已东延至乔庄东站，地铁八通线南延、7号线东延实现试通车；燕潮大桥、首都环线高速、京秦高速等一批重点道路桥梁建成通车。在生态环境建设方面，从污水治理、水生态环境、供水等方面，实施70项重点建设任务，大力实施碧水攻坚战，着力打造"三网、四带、多水面、多湿地"的水环境格局。在产业聚焦方面，创新设计产业高端环节、网络安全重点关键环节，吸引一批能形成产业链的、成长性好的企业在副中心落地，首批33家科创企业入驻北京城市副中心。在资源聚集方面，围绕提升通州园高精尖产业发展能力，支持资金、人才、技术等创新要素在通州园聚集，促进产业开放协同创新。在政策聚焦方面，结合副中心产业发展定位和现状，在落实好《支持张家湾设计小镇创新中心城市科技与创意设计产业发展的若干措施》的基础上，研究制定支持重点企业落地副中心"一企一策服务包"专项政策等。

（四）雄安新区建设稳步推进

雄安新区从设立至今，其规划建设一直在稳步推进。设立精干高效的办事机构，组建了雄安新区党工委、管委会，中央组织部通过层层筛选，选拔出综合能力强的领导干部到雄安新区指导工作，同时激励优秀人才到雄安新区奋斗创业,为雄安建设提供组织人才保障。另外,通过竞标组建国际顶尖优秀团队,对雄安新区进行规划设计。目前,《河北雄安新区规划纲要》已由中央政治局常委会审议通过,重大基础设施项目开始启动,2018年2月28日启动建设北京到雄安新区的城际铁路,标志重大基础设施项目拉开建设序幕;2019年,雄安新区全面建设大幕正式拉开。目前,雄安新区各项建设正有条不紊地推进。第一,做好雄安新区建设的顶层设计,加快编制完成指导雄安新区改革开放的综合性文件。第二,很好地完成了雄安新区前期规划工作,真正做到了把雄安新区每一寸土地都规划得清清楚楚之后才开工建设。第三,一些看得清、看得准的项目在有条不紊地推进,比如白洋淀水域的整治、高铁等基础设施建设、绿树造林等。第四,按照雄安新区高质量发展定位,积极促进北京高端项目转移到雄安新区来,做好项目落地工作。

(五)加快建设以首都为核心的世界级城市群

2015年,《规划纲要》正式出台,提出建设以首都为核心的世界级城市群。京津冀区域城市发展现状是"两头大、中间小","两头大"是指大城市和小城镇并存,京津冀区域内既有北京、天津两个特大型中心城市,也有国家级贫困县,环绕着京津两地还有一条"环京津贫困带",而各方面创新实力较强的中等城市缺乏,使得北京、天津的辐射带动效应不能够充分发挥,京津冀区域各城市之间形不成有效的梯度,造成了不平衡不协调发展现状。但是京津冀区域具备建设成为世界级城市群的潜力和基础,京津冀区域各项指标在国内排名前列,整体水平高出全国平均水平,整体城镇化水平领先全国,但内部不平衡不协调问题是不得不面对和必须解决的问题。

京津冀城市群建设重点主要包括:一是疏解北京非首都功能,通过集中疏解与分散疏解相结合的方式,打造承接北京非首都功能的载体,只有把北京的非首都功能转移至周边其他区域,才能有效治理大城市病,才能提升北京城市运行效率,才能在国际上具备更强的竞争力,才能建成宜居宜业、人与自然和谐共生的世界一流城市。二是功能分工、优化布局。在京津冀协同发展中，北京定位主要是发展先进性服务业，天津主要发展高端制造业，河北省则打造成为生产制造业聚集地，从而发挥京津冀城市群的强大整体效应。三是消除区域间壁垒，加强联系。京津冀协同发展要坚持交通先行，即三地基础设施建设要互联互通，构建区域交通网络化格局，提升京津冀区域交通现代化水平。以固定轨道交通为依托，发展高速公路、铁路、航空立体化交通格局，缩小区域内要素流动的时间成本，提升区域内通勤能力，为生产要素在区域内便捷、高效、快速流动提供基础支撑。同时，通过有效提升交通沿线产业和人口聚集能力，加快京津冀区域内各城市之间要素整合，充分发挥各自比较优势，把京津冀打造成为支撑我国经济发展的重要一极。

第七章

高质量建设雄安新区

　　我国经济已由高速增长阶段转向高质量发展阶段，这是我国经济发展进入新常态的基本特征。改革开放初期，党中央设立了深圳特区，创造了"深圳速度"，之后又设立浦东新区，创建了"浦东模式"，它们在改革开放和现代化建设中都发挥了重要的带动作用。新时代再起航，党中央设立河北雄安新区，要求创造"雄安质量"，必将在全面深化改革开放、全面建设社会主义现代化国家进程中发挥示范引领作用。新时代赋予新使命，雄安新区要成为新时代贯彻落实新发展理念的创新发展示范区、推动高质量发展的全国样板，使命光荣，责任重大。所以我们要坚持从全国发展大局来认识雄安新区的功能定位，用世界一流标准提升雄安新区的建设质量，真正使雄安新区成为样板、当好示范。我们要坚持用大历史观来深刻认识具有全国意义新区的时代坐标，深刻认识千年大计、国家大事的丰厚内涵，全力以赴把雄安新区打造成改革开放新高地，充分展示习近平新时代中国特色社会主义思想的理论成果和实践成果，充分展示中国共产党领导的政治优势和中国特色社会主义的制度优势。

第一节   雄安新区横空出世

2017年4月1日,中共中央、国务院印发通知,决定设立河北雄安新区。这是以习近平同志为核心的党中央作出的一项重大历史性战略选择,是继深圳经济特区和上海浦东新区之后又一个具有全国意义的新区,也是继规划建设北京城市副中心后又一推动京津冀协同发展的历史性战略部署,是千年大计、国家大事。

一、雄安新区设立背景:新时代我国城市建设的新要求

"80年代看深圳,90年代看浦东,21世纪看雄安",这是时代的召唤与历史的选择。改革开放初期,深圳经济特区作为对外开放的前沿阵地,为对外开放打开了窗口、创造了环境;市场经济发展新阶段,上海浦东新区设立,目的是提升对外开放水平、带动整个经济迈向外向型经济发展。经过多年发展,这两个国家级新区已分别成为珠三角城市群和长三角城市群的重要增长极,带动区域社会经济实现了快速发展。随着中国经济发展进入新常态,雄安新区横空出世,在进一步促进京津冀城市群协调发展的同时,也将成为新时代我国经济高质量发展的重要引擎。

首先,设立雄安新区是解决北京大城市病、推动城市健康发展的关键一招。随着经济高速增长,北京的地位和优势在全国城市体系中逐渐显现,大量要素不断向北京聚集,人口规模日益增加,住房紧张、交通拥堵等城市病也日益凸显。在此背景下,若能合理规划雄安新区,使其成为一个具有一定规模的、拥有更优发展环境的集中承载地,引导资源有序向新区流动,可有效分担北京城市发展的压力。一方面,将吸引部分功能在集中承载地集聚发

展,推进相关产业向新区转移,吸引大量原本流向北京的各类要素,有效缓解北京大城市病问题,助力北京"瘦身健体";另一方面,可以避免零打碎敲、盲目布局,提高北京非首都功能疏解效率。

其次,设立雄安新区是缩小城市间发展差距、实现京津冀协同发展的重要抓手。"京津双核"的极化效应使河北省与京津两地之间出现较大的落差,各城市间对资源和要素的争夺激烈,尚未真正形成合理分工与合作共赢的局面,导致资金、技术与人才资源的浪费与低效配置,京津冀区域亟待向格局更高级、分工更明确、结构更合理的形态演变。雄安新区的设立,是京津冀城市群打破僵局、推进协同发展的重要突破口,也是有效缓解京津冀地区落差的关键一环。雄安新区的设立在缓减北京城市病的同时,也为天津市的发展创造了激发其活力的良好机遇,并在河北省形成新的增长极带动其后发赶超。

最后,设立雄安新区是落实新发展理念、推动城市高质量发展的现实需要。建立雄安新区,是党中央高瞻远瞩、深谋远虑的战略决策,是要用新发展理念来建设一个高规格的新型新区。创新、协调、绿色、开放、共享的新发展理念,是管全局、管根本、管长远的先进发展理念,具有战略性、引领性。习近平非常重视运用新发展理念来引领中国当前的城市工作。在 2017 年 2 月 23 日河北雄安新区规划建设工作座谈会上,习近平强调:"要在党中央领导下,坚持稳中求进工作总基调,牢固树立和贯彻落实新发展理念",打造一座以新发展理念引领的现代新型城区。

二、高起点规划雄安新区:新时代我国城市建设的新方向

深圳经济特区和上海浦东新区,分别带动了广州、东莞、佛山等珠三角地区和整个长三角地区的经济增长和城市发展,雄安新区也将推动京津冀城市群的创新与协调发展。在安新县召开座谈会时习近平郑重强调:"雄安

新区将是我们留给子孙后代的历史遗产,必须坚持'世界眼光、国际标准、中国特色、高点定位'的理念,努力打造贯彻新发展理念的创新发展示范区。"由此可见,雄安新区建设起点之高。建设雄安新区的重大战略意义在于,它不仅在规划之初就被赋予了与深圳经济开发区和浦东新区同等高的战略定位,更重要的是,在中国经济发展进入转型期和换挡期的特殊历史方位下,它体现了对传统经济增长模式和城市发展模式的修正和完善,体现了新时代中国城市建设的新方向。

(一)定位:继深圳特区、浦东新区之后的重大历史性战略

深圳经济特区和上海浦东新区在中国经济发展的历史进程中发挥了重要的作用,它们的出现推动了中国从计划经济向市场经济的成功转变,引领了三十年的快速增长;在中国改革开放进入深水区、经济发展进入结构调整期的关键时刻,雄安新区被赋予了同等的战略定位,与前两个区域一样,它们都是保证中国经济在特定时期实现高效快速发展的重要力量。深圳经济特区是探索改革道路,提供发展经验,引领内地省份走向国际经济舞台的"桥头堡"。1980年,深圳特区拔地而起,掀开了改革开放的序幕,实现了从小渔村到大都市的跨越;2010年,《深圳市城市总体规划(2010—2020年)》将深圳特区打造成"三轴、两带、多中心"的新城市结构,并将创新作为核心驱动力,重点支持高新技术产业和高端制造业;随后在2015年又成立了前海蛇口自由贸易区,来提升深圳特区的服务业水平。2019年6月,《中共中央国务院关于支持深圳建设中国特色社会主义先行示范区的意见》出台,深圳要把握住粤港澳大湾区建设的重大机遇,深入贯彻和实施党中央对于深圳提出的创新驱动发展战略,强化自身作为核心引擎的功能,坚定不移地打造具有中国特色社会主义性质的先行示范区,树立作为社会主义现代化强国的城市范例。上海浦东新区以开发开放为契机,探索中国特色社会主义市场经济的发展规律,带动我国制造业的腾飞与聚集,塑造了一个代表中国参与国际竞争的超级基地。1990 年,浦东新区涅槃重生,立足发展现代服务业与金融业,建成集中央商务区、自由贸易区、出口加工区、高科技园区以及海港、空港、铁路枢纽于一体,城乡协调发展、具有高度文明和国际水平的现代化新区;2013 年上海自贸区的设立,助力浦东新区对外开放程度进一步提高。

在雄安新区谋划之际,习近平便在中共中央政治局会上指出:"雄安新区是党中央批准的首都功能拓展区,与广东深圳、上海浦东那样具有全国意义,这个定位一定要把握好。"与深圳特区、其他国家级新区相比,雄安新区的定位颇为不同,其现实意义与历史意义主要体现在以下方面:第一,我国改革已经进入深水区,普适性更强的改革开放经验亟待探索;第二,随着我国城镇化进程深入推进,亟须寻求特大城市人口疏解与农村人口城镇化的最佳结合路径;第三,在资源环境问题日益凸显的大背景下,重新在华北地区建设一座生态优良、环境宜人的绿色新城,可为我国众多人口密集地区可持续发展提供镜鉴。

(二)选址:与通州共同形成北京新两翼

习近平在 2016 年主持召开中央政治局会议时指出:"建设北京城市副中心,不仅是调整北京空间格局、治理大城市病、拓展发展新空间的需要,也是推动京津冀协同发展、探索人口经济密集地区优化开发模式的需要。"城市发展一般规律表明,建设城市承载区是城市高质量发展和区域创新的必由之路。习近平提出:"北京正面临一次历史性抉择,从'摊大饼'转向在北京中心城区之外,规划建设北京城市副中心和集中承载地,将形成北京新的'两翼',也是京津冀区域新的增长极。"高起点规划雄安新区有助于推进北京城市空间结构优化升级,是顺应城市发展规律的重要战略举措。

新区的选址需具备高起点高标准开发建设的基本条件,要对区位、交通、土地及环境承载能力、人口及经济社会发展状况等因素进行综合考虑。首先,雄安新区不仅拥有突出的区位优势,而且交通极为便捷。规划范围涵盖河北省雄县、容城、安新三县及周边部分区域的雄安新区，位于北京、天津、保定三城的中心位置。分别距离北京和天津 105 千米，距离保定 30 千米，距离石家庄 155 千米，可在短期内形成与北京、天津、石家庄半小时通勤圈。其次，雄安新区生态环境优良，资源丰富，开发程度低，发展空间充裕。新区地处太行山东麓、海河水系大清河流域腹地，九水汇集，坐拥华北明珠白洋淀，后期开发空间较大，拥有较为充足的空间承接北京非首都功能。最后，雄安新区历史文化底蕴丰厚。太行山东侧冲积平原自古繁华，从北到南屡建"首善之区"，被誉为中国"古都廊道"，北京、燕下都、灵寿故城、邯郸、邢都、邺城、安阳等古都均分布在这条廊道之上。

作为推进京津冀协同发展、疏解北京非首都功能、缓解北京大城市病的两项重要战略举措，通州城市副中心与河北雄安新区的规划建设，将在功能上实现分工和错位发展，在空间格局优化与功能疏解两方面形成北京的新两翼。行政功能和公共服务功能叠加性聚集是北京城市功能的一大特点，在此基础上若想最大效应地发挥规模效益，即可对行政功能以及部分对集聚发展要求较高的产业环节进行集中疏解。同时，北京作为我国首都城市，在城市功能定位方面最大的风险是越来越走向经济中心，而非政治文化中心，通州城市副中心和雄安新区的建设，表现出党和国家领导人从根本上改变北京政治经济生态的决心。

（三）功能：疏解北京非首都功能，探索人口经济密集地区优化新模式

在京津冀城市群内，一面是京津两极"肥胖"，一面是周边地区"瘦弱"，地区间发展差距较大。疏解北京非首都功能是京津冀协同发展的核心问题，通过降低北京市人口密度来促进经济社会发展与人口资源环境相协调。东京在面对严峻的人口、产业问题时，采用严格的行政手段和恰当的市场引导，通过适当的产业结构调整，促使劳动力逐渐转移，进而缩小东京的人口规模。2016 年 5 月 27 日，习近平明确"雄安新区是党中央批准的首都功能拓

展区"的定位,此定位包括两层内涵:一是党的十八大以来,我国加速转向创新驱动发展,政治、文化、科技创新和国际交往功能加速扩展,客观上要求拓展首都功能定位和空间;二是在市场经济条件下,雄安新区疏解北京非首都功能,要在尊重和发挥市场机制决定性作用的基础上,以从京迁出部分国家行政企事业单位为引擎,调整产业结构,促进人口流动,为北京人口调控提供有利条件。

以雄安新区为样板,探索人口经济密集地区优化发展新模式,并与北京中心城区、城市副中心形成功能分工、错位发展的新格局,为我国人口经济密集地区的城市发展和区域发展开辟出一条新路径。雄安新区规划建设层次先进高端,城市建设突出绿色、智慧,产业发展面向高端高新产业,体制机制改革更加突出市场决定、政府推动,全方位打造开放新高地和对外合作新平台,力争用新发展理念和高标准的要求,把雄安打造成城市建设的典范和标杆工程。

三、高标准建设雄安新区:新时代我国城市建设的新路径

雄安新区以"新"开路,探索以新发展理念引导现代化城市发展的建设新路径。在建设雄安新区的指导意见上,习近平从七个方面提出重点建设任务:建设智慧绿色新城,建成国际一流、智慧、现代、绿色城市;打造优美的生态环境,构建蓝绿交织、水城共融、清新明亮的生态城市;积极发展高端产业,积极吸纳集聚创新资源要素,培育发展新动能;提供优质公共服务,建设优质基础公共设施,创建城市管理新样板;构建快捷高效交通网,打造绿色交通体系;推动体制机制的改革,使市场在资源配置过程中更好发挥决定性作用和更好发挥政府作用,激活市场活力;扩大全方位对外开放,打造扩大开放新高地和对外合作新平台。从生态、创新、公共服务,到体制机制改革,再到扩大对外开放,是习近平为雄安新区设定的标准,涵盖人与自然、人与

人、人与经济社会之间的关系,凸显我国未来城市发展的大智慧。

(一)坚持生态优先,建设绿色生态宜居新城区

习近平指出:"绿水青山就是金山银山",成功化解了发展与保护之间的矛盾,是对马克思主义辩证统一思想的高度升华。雄安新区的规划建设,首先考虑的是打造宜居宜业的生态环境,落实习近平的"绿水青山就是金山银山"的生态思想。习近平在雄安新区规划建设工作座谈会上多次强调生态的重要性,"要坚持绿色发展、生态优先,划定开发边界和生态红线,实现两线合一,致力于建设智慧、森林、绿色、水城一体的新区"。生态优先不仅仅是对雄安新区建设提出的要求,更是对我国未来新城建设提出的理念要求及约束。

以绿色生态理念为引领,为宜居宜业的新城建设打好基础。雄安新区虽环绕享有"华北之肾"美誉的白洋淀,但白洋淀目前整体水系亟待治理,生态功能亟须恢复。因此,在生态建设方面,建设雄安新区的首要任务就是持续推进白洋淀地区生态建设,着力修复白洋淀生态环境、加强生态文明建设、推进环境综合治理等一系列建设工作,并制定生态保护和水环境保护的专项规划,开展植树造林和国土绿化,将生态湿地融入城市空间,采用先进技术,优化能源消费结构,保障生态和生活用水,加大上游地区生态环境综合整治力度,逐渐修复白洋淀"华北之肾"的重要功能,为后续的宜居新城建设奠定坚实的基础。

(二)坚持模式转型,建设创新驱动发展引领区

习近平在党的十九大报告中明确指出:"我国经济已由高速增长阶段转向高质量发展阶段",经济发展正处于从要素、投资驱动向创新驱动转变的关键时期。在京津冀协同发展座谈会上,习近平对京津冀协同发展提出的七方面要求之一,就是要下决心破除限制生产要素自由流动和优化配置的各

种体制机制障碍。在雄安新区的规划建设过程中，要始终以创新驱动为引领，以有序承接北京非首都核心功能疏解为依托，积极发展高端高新产业，积极吸纳和集聚创新要素资源，着力提高新区公共服务水平培育新动能，实现城市发展模式的转型升级，助力区域内创新发展平衡体系的形成。

转变传统的粗放式发展模式，建立创新驱动发展引领区，是以习近平同志为核心的党中央在顺应当下经济发展时局、紧跟时代潮流的背景下，对雄安新区作出的先进发展研判，充分体现了党领导打造一座创新发展之城的坚定信念。在产业方面，雄安新区以世界科技前沿为目标，积极吸纳和集聚创新资源与要素，从传统的中低端产业转向高端技术产业，致力于发展高端服务业，构建以科技创新、现代金融、实体经济和人力资源协同发展的现代化产业体系。在技术层面，雄安新区布局建设了一批国家级创新平台，加大与国外顶端教育科研机构和科技企业的合作力度，构建了以市场为导向、企业为主体、产学研深度融合的技术创新体系。在人才政策方面，雄安新区注重吸引集聚创新型人才，根据实际制定人才吸引和发展政策，营造创新创业文化氛围，改革科技合作发展模式，加大知识产权保护力度，着力构建国际一流创新服务体系。

（三）坚持科学布局，建设协调发展示范区

冀中南是河北省重要的工业地带，也是天津港的经济腹地，雄安新区的建设将为整个河北省的发展起到辐射带动作用。习近平强调指出：“雄安新区要集中承接疏解北京非首都功能，达到缓解北京‘大城市病’和实现天津、石家庄市区‘瘦身’的目标，促进河北地区城乡区域经济协调发展，提升地区整体基础公共服务水平，打造基本公共服务均等、资源环境可承载、要素自由流动有序、主体功能约束有效的区域协调发展示范区，为建设京津冀世界级城市群提供有力支撑。”这对雄安新区的建设提出了更高的要求，通过科学合理的功能布局以及对公共服务设施的建设，推动生产要素在区域间的

自由流动,协调京津冀城市群内部空间格局。

构建科学合理的规划布局,塑造新时代城市风貌。在整体国土空间格局上,以资源环境承载能力为刚性约束条件,形成规模适度、空间有序、用地节约集约的城乡发展新格局。在城乡空间格局上,充分结合雄安新区定位与目标,以城乡统筹、均衡发展和宜居宜业为标准,打造"一主、五辅、多节点"的新区城乡空间布局,划定特色小城镇开发边界,严禁大规模开发房地产。此外,在起步区空间布局中,要做到顺应自然、随形就势,综合考虑当地地形地貌与水文条件等生态环境要素,科学布局城市建设组团,构建"北城、中苑、南淀"的总体空间格局,最终形成协调发展示范区。

(四)坚持交流互动,建设开放发展先行区

综观历史,我国于不同时期设立的经济特区或国家级新区都担任着推动改革、引领开放、带动区域发展的重要使命,雄安新区同样肩负着引领京津冀城市群开放发展、探索新一轮开放发展新路径的重要使命。当前我国经济发展进入新常态,改革开放步入深水区,新形势下必须贯彻落实新发展理念,不断提高开放型经济水平。对此,习近平指出:"雄安新区规划建设要积极融入'一带一路'建设进程中,要加快政府职能转变,不断寻求管理模式创新,打造与国际贸易投资通行规则相衔接的制度创新体系,形成区域开放合作竞争新优势,建成扩大开放新高地和对外合作新平台。"

从深圳到浦东,再到雄安新区,开放是跟随时代潮流的标志,也是经济发展的优先选择。将雄安新区打造成建设开放发展先行区,首先,必须要以广阔的胸襟、富有远见的政策、接轨国际的规则,营造宽松的制度环境以及更加包容的创新文化,广泛吸纳国内外有影响力、牵动力和支撑力的科研教育机构、高端智库、跨国集团总部落户新区,汇集全球优质要素资源,打造国际要素聚集区,推动新区创新发展。再者,必须创新体制机制,搭建对外合作交流平台,全方位扩大开放,汇集国内外人才、资本等优质要素,秉承先进管

理理念,集中全球资源推动新区开发建设。雄安新区将积极与国外形成互动交流的合作机制,创建互利共赢的命运共同体,扩大对外开放,落实习近平新时代新发展理念。

第二节　打造具有国际竞争力的世界级城市群

2014年2月26日,习近平就科学推进京津冀世界级城市群建设提出了七个"着力",即着力加强顶层设计,抓紧编制首都经济圈一体化发展规划;着力推动协同发展,自觉打破自家"一亩三分地"的思维定式;着力推进产业对接协作;着力优化城市空间布局;着力扩大生态环境容量;着力构建现代化的交通网络体系;着力推进市场一体化进程。作为以习近平同志为核心的党中央确定的国家级新区,雄安新区将更加注重生态环境保护与人民福祉建设,旨在稳步推进京津冀协同发展,打造具有国际竞争力的世界级城市群。

一、以雄安新区建设推动京津冀城市融合发展

雄安新区作为京津冀协同发展的新动力,担负着"协同"京津冀的重大任务,其建设不仅仅是缓减北京城市病的重要抓手,也是激发天津创新发展的新引擎,更是河北奋起直追京津的新支点。以习近平同志为核心的党中央站在区域视角上统筹谋划,明确表示雄安新区建设要符合"一盘棋"的思想,实现雄安新区与北京、天津、石家庄和保定等地融合联动发展。只要各城市明确分工、错位发展,同时多在融合、协同上下功夫,就能形成优势互补、良性互动、多方共赢的新格局。

(一)雄安新区是京津冀城市群的新增长极

2015年习近平提出:"通过疏解北京非首都功能,调整经济发展结构和空间结构,探索出一条内涵集约发展的新路子,走出一种优化人口经济密集地区的新模式,促进区域协调发展,形成新增长极。"综观上海浦东新区、天津滨海新区、重庆两江新区的建设都显著带动了区域经济的发展,巩固了城市增长极的地位。雄安新区作为北京非首都功能疏解的集中承载地,将成为国家在区域经济发展战略上设立的新增长极,有效支撑整体经济动能的释放,系统提升区域经济服务水平。

京津冀城市群发展不平衡很大程度上归因于北京对周边地区的虹吸效应。雄安新区将在平衡京津冀城市群内经济发展的同时,为缓解北京城市病建立起一个具有示范作用的疏解承接地。其一,雄安新区将为北京非首都功能提供空间上的承载点,可以有效优化北京的空间发展格局。其二,通过雄安新区建设来处理好京津冀城市群与周边地区的竞合关系,避免新一轮城市发展的差距。其三,雄安新区将有效推进京津冀城市群经济活动与生产要素合理布局,既有利于借力借势形成新的经济活动重心,更有利于京津冀区域空间结构优化,加强与京津石之间的分工协作与空间联系,推动京津冀协同发展。

(二)雄安新区是京津冀城市群快速发展的新引擎

雄安新区的建设是京津冀协同发展大棋局中的一个突破口,不仅能够有效疏解北京非首都功能,优化首都空间格局,更将成为激发天津市改革创新发展的新引擎。雄安新区在京津冀协同发展战略的大棋盘上,与北京、天津形成一个等边三角形的三个支点,在支点间,天津市与雄安新区将形成互补关系。

天津市作为京津冀协同发展战略的参与者、建设者、受益者,面临新机遇,同时也肩负着新使命。一方面,雄安新区正处于规划阶段,天津市可利用自身的先发优势,发展自身的同时主动对接、支持、服务雄安新区,成为支撑雄安新区发展的重要依托。另一方面,天津市可在原有发展基础上抓紧这个机遇,积极应对挑战、改革创新,与雄安新区共同成为京津冀协同发展的新引擎,促进京津冀城市群向世界级城市群的目标迈进。

(三)雄安新区是京津冀城市群均衡发展的新支点

在世界城市群中,我国的长三角、珠三角城市群目前的发展已基本成形,要打造京津冀世界级城市群,燕赵腹地的发展还相对落后,只依靠市场力量是不够的,还需要借助政府的推动作用。京津冀城市群既要发展北京与天津,更要改变河北落差较大的现状。补齐河北短板,需要一个新的支点来平衡北京、天津与河北三地的发展格局,而雄安新区正是这样一个落实政府与市场双向作用的支点。

雄安新区的建设将成为激活河北发展的新动能,缩小河北与北京、天津之间经济发展的差距。以 2022 年北京冬奥会为契机,雄安新区可与张北地区共同形成河北的两翼,有力提升河北的产业层级、创新能力与公共服务水平,带领河北省走出一条加快转型、绿色发展、跨越提升的新路子。就雄安新区自身来说,应立足区位优势,以京津冀协同联动为基础,高标准、高起点、严要求,将自身打造成京津冀的标杆城市、示范城市,努力成为撬动京津冀区域经济发展的"新支点",在解决河北省经济发展滞后问题中发挥引领带动作用。

二、以雄安新区推动建设打造京津冀世界级城市群

雄安新区推动建设一方面体现了以习近平同志为核心的党中央在区域协同发展上的大局意识,另一方面体现了以人为本、人与自然和谐相处的大

智慧。目前，我国在经济动能、社会文化、生态环境等方面都表现出新的特点，雄安新区的设立标志着京津冀协同发展进入一个新的阶段，雄安新区将助力京津冀在新阶段突破发展瓶颈，提升城市群综合竞争力。

（一）雄安新区建设将成为京津冀城市群对外开放新高地

在发展新阶段，习近平指出改革开放是决定当代中国命运的关键一招，也是决定实现"两个一百年"奋斗目标、实现中华民族伟大复兴的关键一招。无论是人才、技术还是创新都离不开向外学习和引进，对外开放是最正确的战略选择。2017年国内三大城市群总体对外开放水平由高到低依次是珠三角城市群、长三角城市群、京津冀城市群。对于要打造世界级城市群的京津冀来说，对外开放是较大的短板。可以以雄安新区为突破点，形成"以点带面"的城市群发展模式，发挥京津冀各自的比较优势，打破"一亩三分地"的思维定式，提高对外开放水平，形成区域协同、互利共赢的新局面。

作为开放发展先行区，雄安新区需要全面拓展新时代对外开放的新空间。正如习近平指出的，"我们的事业是向世界开放学习的事业，关起门来搞建设不可能成功"。雄安新区建设必须适应经济发展新常态，主动顺应经济全球化浪潮，坚持对外开放，从范围、领域和层次三方面来全面提高我国开放型经济水平。在新区规划与建设中，始终把扩大全方位对外开放作为一项重点任务，自觉按照"世界眼光、国际标准、中国特色、高点定位"的时代要求，创新治理模式，形成与国际通行规则相衔接的管理体系，培育区域竞合新优势，打造京津冀城市群对外开放新高地、新平台。

（二）雄安新区建设助力京津冀推动环渤海经济区发展

环渤海经济区长期以来受自然条件和基础设施建设滞后等因素的限制，一直没有形成类似于珠三角、长三角经济圈的发展动力。习近平围绕经济带构建思路，提出了"以点带面，到从线到片，再到形成区域大合作"对目前已经逐步形成的新丝路经济带、长江经济带、环渤海经济带具有很强的指导意义。在京津冀城市群内,雄安新区即为"点",发挥雄安新区对京津冀协同发展的推动作用,助力京津冀城市群成为环渤海经济圈的龙头,带动环渤海沿岸地区实现跨越式发展,将有利于改变我国区域经济发展不平衡的现状。

从地理位置上看,渤海新区黄骅港距雄安新区170余千米,是距离渤海湾最近的港口之一,近年来沧州交通条件显著改善,充分迎合了雄安新区兴建的契机。黄骅港是近年来环渤海港口群中最具成长性的深水枢纽大港,也是中西部地区最便捷的出海口之一。雄安新区的建设,为黄骅港提供了更大的发展空间。渤海新区有望成为承接北京和雄安新区产业转移的首选地,应积极对接雄安新区,调整发展规划,实现错位发展,发挥黄骅港近距离运输优势,积极打造成为雄安新区的出海口。借力京津冀协同发展,雄安新区将推动环渤海经济圈的发展,在空间上实现从沿海向内地逐步推进的战略,打破区域发展不平衡的格局。

(三)雄安新区建设促进京津冀带动北方腹地发展

北方是我国的政治、文化中心,随着我国经济中心南移,南北各省地区生产总值的差距逐步扩大,全国经济总体上呈现出南强北弱的态势。我国的北方地区迫切需要一个能够拉动整个北方增长的经济中心,把京津冀打造成我国经济增长的第三极,与长江经济带并行,成为具有全球影响力的创新中心,助力我国南北方经济走向平衡。

作为引领国家发展的重大战略,共建"一带一路"虽已提出多时,但都局限在华东沿海地区的"一路"与西北各省的"一带",与京津冀地区关系较弱,雄安新区正好可以与"一带一路"建设对接。一方面,能够促进河北省后发赶超,为京津冀地区补齐发展短板。另一方面,可以倒逼天津奋力改革、深度开放,建设成为高新科技研发转化基地、北方高水平的现代制造业基地、北方国际航运中心、北方国际物流中心以及北方第一自贸区，与雄安新区实现差异化发展，在京津冀城市群内部形成协同发展的局势。最终以京津冀城市群作为北方腹地的经济增长极，带动北方腹地发展，实现南北区域均衡发展。

第三节　开创我国城市建设新方向新路径

雄安新区建设是以习近平同志为核心的党中央吸收西方经济学有益成分并实现超越的基础上，形成的具有中国特色的城市发展思想。从倡导分散的"田园城市"构想，到倡导集中的"光辉城市"，两种解决现代城市问题的有效途径均对我国大城市病的破解具有一定参考价值。在西方国家城市化高速增长期，与城郊繁荣相伴而生的是市中心的衰败，简·雅各布斯反思现代城市规划思想，倡导"基本功能的混合"，与彼得·卡尔索普的新城市主义相契合。精明增长、紧凑城市以及联合国人居三会议通过的《新城市议程》，为我国提供了新的城市治理思路。

关于雄安新区的建设，习近平提出了"四个坚持"，即坚持世界眼光、国际标准、中国特色、高点定位，坚持生态优先、绿色发展，坚持以人民为中心、注重保障和改善民生，坚持保护弘扬中华优秀传统文化、延续历史文脉。关于雄安新区的发展目标，习近平提出："改革开放初期设立了深圳经济特区，创造了深圳的速度，40年后的今天，我们设立雄安新区要瞄准2035年和本世纪中叶'两步走'的目标，创造'雄安质量'，把雄安建设成为能够推动高质量发展的全国样板。"雄安新区建设理念是以习近平同志为核心的党中央在借鉴人类文明优秀成果的基础上进行创新的结果，开创了我国城市发展的新方向新路径。

一、遵从雄安新区建设模式,开启新时代城市发展新方向

雄安新区建设是对传统城市建设模式的革新与突破,在培育创新驱动发展新引擎,进而探索城市发展新路径的同时,也要坚持深化行政体制改革,处理好政府与市场关系,还要在规划设计、城市管理、融合发展等方面进行一系列创新,为新时代我国城市发展改革树立新典范。

(一)协调空间、规模、产业结构,优化城市空间布局

习近平在中央城市工作会议上提出,"统筹空间、规模、产业三大结构,提高城市工作全局性"。各城市要结合资源禀赋和区位优势,明确主导产业和特色产业,强化大中小城市和小城镇产业协作协同,逐步形成横向错位发展、纵向分工协作的发展格局。各城市应形成结合要素禀赋和地区优势,大力发展主导和特色产业的横向错位发展模式和强调各级城市和小城镇产业合作协同的纵向分工协作相结合的发展格局。从京津冀城市群全域来看,北京、天津、雄安新区将成为京津冀协同发展的三个有力支点。雄安新区的建设有利于协调京津冀城市群内的空间布局、城市规模以及产业结构,形成差异化的发展格局以及合理的产业分工。

在空间上,一方面,雄安新区通过交通网络体系的建设,与北京、天津无缝对接,推动京津冀交通一体化的形成;另一方面,发展城市的同时需要协调好城乡关系,雄安新区建设可借助乡村振兴战略形成京津冀城乡一体化的新格局。在规模上,雄安新区作为京津冀城市群的第三极,其规模必然要与北京、天津这两极相当才有竞争的基础,而且需要在规划建设中考虑发展弹性。在产业上,河北过去十年一直在发展重化工和钢铁产业,给京津冀地区带来严重的环境污染,且传统产业以要素和投资驱动为主,易造成不同地区间的同质化竞争,不利于区域空间协调发展,因此河北省产业亟待转型升

级。借助雄安新区这一载体,将北京的央属企事业单位迁至河北,一方面可以带动当地服务业的发展;另一方面能够打破一直以来等级化的城市体制和资源过度向高等级城市聚集的趋势,促进优质资源的强制性再分配与再平衡,对区域格局的优化产生示范作用。

空间布局是城市功能定位在空间上的具体体现,也是优化资源配置、实现高质量发展的重要基础。新时代新城的建设在空间上需要结合资源禀赋和区位优势科学布局,实现紧凑集约与高效绿色发展。在城市规模优化方面,需要创新合作机制,共建开放高效的资源共享网络。在产业结构方面,需要向科技、金融、研发等方向拓展,与周边城市逐步形成横向错位发展与纵向分工协作,实现价值链上的差异化竞争。

(二)集合改革、科技、文化动力,培育创新驱动发展新引擎

习近平指出:"深圳经济特区从当年一小渔村发展到今天这样的程度,除了中央和各有关方面大力支持外,更多是靠改革创新。雄安新区现在还是一张白纸,受到各方面利益牵绊较少,要发扬改革创新精神,建立体制机制新高地。"同时,习近平强调要通过"统筹改革、科技、文化三大动力,提高城市发展持续性",进而加快城市发展动力转型的实现。改革创新对雄安新区来说是自身发展壮大的基础条件,对北京来说是完善首都功能、打造全国科技创新中心的重要支撑,对京津冀来说是全面推进协同发展的重要着力点。

雄安新区建设的重点是要紧跟世界发展潮流,有针对性地培育和发展科技创新企业,发展高端高新产业,积极吸纳和集聚创新要素,培育创新动能,让创新成为城市发展的主动力,打造在全国具有重要意义的创新驱动新引擎。其次,雄安新区建设要进一步加强研究农业转移人口市民化,统筹推进土地、财政、教育、就业、医疗等领域配套的改革。除此之外,文化也是城市创新发展的重要动力,弘扬中华优秀传统文化、延续城市历史文脉、保护城

市文化遗产都需要雄安新区结合自身特色，响应时代要求、打造城市精神，对外树立形象、对内凝聚人心。

在新时代科技革命的大背景下，改革、科技、文化是城市培育创新驱动发展不可或缺的重要因素，在未来城市发展中，集合三者的动力，打造独具特色的城市品牌，必将带动城市可持续发展。

（三）优化生产、生活、生态布局，构建城市"三生空间"

在面对当下城市高速现代化建设与生态环境保护之间的"两难困境"时，习近平提出"统筹生产、生活、生态三大布局，提高城市发展的宜居性"，将传统发展与保护对立的思维打破。2017 年习近平实地察看规划新区核心区概貌时，强调要安排好人民的生活和生产，并反复强调生态的重要性，对白洋淀的保护提出了明确的要求。在雄安新区建设初期，应贯彻落实习近平"绿水青山就是金山银山"的生态发展理念，积极修复生态功能，形成人民城市为人民的重要思想。

雄安新区"三生空间"的营造取决于人民，服务于人民，新区的建设将紧紧围绕"人"来谋篇布局。基本公共服务均等化是有序疏解北京非首都功能的重要前提，雄安新区基本公共服务的建设应始终把人民放在最高位置，增强人民的获得感、幸福感。提高基本公共服务水平，发展社会事业，优化教育医疗资源。同时，雄安新区建设要坚持以"生态优先、绿色发展"为理念，统筹生产空间、生活空间、生态空间，要想形成城乡协同发展、功能完备的组团式空间结构与布局疏密有致、水城共融的城市空间，只有促进蓝天青山绿水相交融、人与自然和谐共生。雄安新区"三生空间"的构建，将在京津冀城市群内形成空间格局优化的城市典范；在全国范围内，将形成未来宜居宜业城市空间的新样板。

在生态约束的大背景下，生产、生活、生态三者所形成的"三生空间"是新时代城市发展的新要求。雄安新区在建设发展过程中要把握好这三者之间的内在联系,在综合考虑环境容量与承载力的前提下,优化用地结构,适当提高生态生活之比,实现生产、生活、生态空间的集约高效、宜居适度、山清水秀,增强生产系统与生活系统的匹配衔接以及城市内部布局的合理性,提升城市的通透性和微循环能力。

(四)统筹政府、社会、市民主体,推进城市体制机制改革

习近平强调:"统筹政府、社会、市民三大主体,提高各方推动城市发展的积极性。"雄安新区建设需要政府、社会、市民三者共同参与,协调工作,打造共建、共治、共享的城市发展新格局。首先,作为中央政府推进京津冀协同发展的重要举措,雄安新区政府需致力于创新城市治理方式,提高雄安新区的比较优势与承接能力,保证北京非首都功能有序向外疏解,优化京津冀城市群空间结构。其次,新区政府将在公共保障系统、区域性交通系统等建设起步阶段发挥主导作用,但在必须投入的公共财政之外,需走一条开放的市场化道路。完成增量迁移后,后续存量调整还需市场带动,更多市场化改革举措将在雄安新区先试先行。最后,在政府、社会共同发挥作用的同时,市民也是一个不容忽视的重要主体。只有尊重市民对城市发展决策的知情权、参与权和监督权,鼓励企业和市民通过多种方式参与城市建设与城市管理,最终才能实现城市建设的共治共管、共建共享。此外,要尽可能地推动政府、社会、市民同心同向行动,促进政府有形、市场无形、市民勤劳之手同向发力。

统筹三大主体关系,有利于激发创新能力和新的社会治理模式,进一步落实习近平"既要有'有效的市场',也要有'有为的政府'"的先进理念。贯彻习近平"共产党就是为人民谋幸福的,人民群众什么方面感觉不幸福、不快乐、不满意,我们就在哪方面下功夫,千方百计为群众排忧解难"的指示要求,为推进未来城市体制机制改革探索新路径。

二、遵循雄安新区建设理念，开创新时代城市发展新路径

为深入贯彻落实习近平新时代城市建设理念要求，雄安新区建设应该把握两条主线：其一，高质量建设雄安新区，要求坚持以人为本，立足长远，生态优先，尊重城市发展规律，并注重历史文脉传承，突破以往的城市建设模式，增强其吸引力、聚集力和辐射力，最终产生国际影响力。其二，雄安新区主要任务是疏解北京非首都功能，这意味着雄安新区的建设不再重蹈大城市的覆辙，在建设中牢固树立并贯彻新发展理念，同时借鉴国外疏解经验，充分发挥新区建设长处，提升雄安新城建设国际品位。

（一）统筹雄安新区规划建设管理，实现城市可持续发展

城市在党和国家工作全局中占有举足轻重的地位，是我国经济、政治、文化、社会的活动中心，2015 年，习近平在中央城市工作会议中指出："做好城市工作，首先要认识、尊重、顺应城市发展规律，端正城市发展指导思想。"此次会议着重提出要"尊重城市发展规律"，强调科学规划城市空间布局，实现紧凑集约、高效绿色发展、统筹规划、建设、管理三大环节，提高城市工作的系统性，并在北京考察的时候提出"考察一个城市首先看规划，规划科学是最大的效益"，强调了规划引领对经济社会发展的突出作用。

雄安新区建设思路是习近平充分尊重城市发展规律的集中体现。首先，雄安新区的设立为白洋淀生态环境治理创造了新机遇。白洋淀生态脆弱，由于气候条件变化和社会经济的发展，面临着缺水困境，雄安新区从提出至今，一直着重于修复白洋淀生态环境，贯彻落实习近平规划先行的理念要求，顺应自然规律，注重人与生态的和谐关系。其次，在建设过程中对城市的空间立体、平面协调、风貌整体、文脉延续等方面加强管控，以确保可以留住城市原有的地域环境、文化特色、建筑风格等"基因"，坚持高标准建设。同

时,要注重交通枢纽站的重组与重建,尊重城市发展规律,稳步推进交通网络体系建设。最后,坚持高质量建设高水平管理,习近平强调:"建设雄安新区是千年大计。新区首先就要新在规划、建设的理念上,要体现出前瞻性、引领性。要全面贯彻新发展理念,坚持高质量发展要求,努力创造新时代高质量发展的标杆。"①他还提出:"要不断完善城市管理和服务,彻底改变粗放型管理方式。"北京非首都功能的疏解涉及行政与市场的关系,需要突破以往行政命令式的疏散方式,协调好政府市场主体关系,同时还涉及人民居住就业选址的问题,做好城市管理服务工作,让人民在城市中生活得更方便、更舒心、更美好。

雄安新区的规划建设与新城市主义理论内涵相契合,在区域经济发展动力向创新驱动转变的背景下,雄安新区目前要集中攻关网络系统与传统能源的匹配关系,旨在形成一个国内最好的能源物联网体系,有效协调可再生能源与传统能源之间的关系。在交通建设上,提倡公共交通优先,公共交通工具多元化使用也会在雄安新区当中得到最优先的推广。同时,在城市尺度上也不同于以往大型城市大尺度的功能分区,而是采用适度尺度组团,混合城市用地的方式,将人民日常生活圈能压缩在一个有效舒适的范围内。规划建设新区及创新管理体制不能一蹴而就,需要合理把握开发节奏、循序渐进、稳步推进。

(二)五位一体思想引领雄安新区建设,开创新时代城市发展新方向

党的十九大报告明确指出"以疏解北京非首都功能为'牛鼻子'推动京津冀协同发展",京津冀协同发展是我国区域协调发展的关键一步,是习近平新时代中国特色社会主义思想的重要组成部分,是统筹推进"五位一体"总体布局、协调推进"四个全面"战略布局的具体体现,对实现"两个一百年"奋斗目

---

① 河北履行主体责任高标准高质量规划建设雄安新区[EB/OL]. 河北新闻网. https://baijiahao. baidu.com/s?id=1695779723150506484&wfr=spider&for=pc. 2021-04-01.

标和实现中华民族伟大复兴的中国梦具有重大战略意义。雄安新区作为北京非首都功能的集中承载地,应遵循五位一体发展思想进行建设,为我国未来城市发展树样板。

五位一体思想引领雄安新区规划建设,是"经济、政治、文化、社会、生态文明"建设这一理念在空间上的表达。具体而言,五位一体思想与雄安新区七项重点建设任务相契合,包括建设绿色智慧新城、打造优美生态环境、发展高端高新产业、提供优质公共服务、构建快捷高效交通网、推进体制机制改革、扩大全方位对外开放,把雄安新区打造成人口适度、交通快捷高效有序、生态宜居城市。这七项重点任务,体现出雄安新区已突破当年设立深圳特区、浦东新区时所被赋予的经济建设任务,是党的十八大以来关于树立并深入贯彻落实新发展理念、适应把握引领经济发展新常态及推进供给侧结构性改革所有理论和实践创新的集合。

雄安新区将成为中国特色社会主义最新理论与实践创新成果的"试验田",将建设成为名副其实的中国特色社会主义示范区,为新时代中国特色社会主义城市发展开创新方向,向世界展示中国的道路自信、理论自信、制度自信和文化自信。

(三)五大发展理念指导雄安新区建设,开辟新时代城市发展新路径

2015年,党的十八届五中全会提出:"实现'十三五'时期发展目标,破解发展难题,厚植发展优势,必须牢固树立并深入贯彻落实'创新、协调、绿色、开放、共享'五大发展理念。"发展与增长是不同的概念,发展强调的是最优的增长、有质量的增长、结构性优化的增长。因此,新发展理念是更有质量、更有效率、更为公平的增长。新发展理念与"五位一体"总体布局一脉相承,是对协调推进"四个全面"战略布局的具体细化,具有明确的指向性和丰富的包容性。

以雄安新区建设为契机,将其打造成为五大发展理念的集中施展平台,

这对于创建全新发展理念的实践平台，并在全国更大范围内推进有重大示范意义。第一，创新引领雄安新区建设。在加快技术创新的同时，还要不断推进制度、科技、文化、商业模式、产业、业态、产品以及服务等创新。第二，协调发展示范区是雄安新区的重要功能定位。雄安新区通过有效疏解北京非首都功能，可发挥对河北省乃至京津冀地区的辐射带动作用，促进要素有序自由流动。第三，绿色生态是雄安新区规划建设过程的前提条件。新区规划充分保护生态农田以及生态环境脆弱区，完善生态功能，创造优良人居环境，实现人与自然和谐共生。第四，坚持开放是雄安新区得以高质量建设的必由之路。雄安新区建设积极与"一带一路"建设相融合，改革创新，加大对外开放合作力度，打破省域、市域之间的限制，形成了内生、自我发展的模式。

雄安新区是五大发展理念推行的示范区，其中创新发展是动力，协调发展是方法，绿色发展是方向，开放发展是战略，共享发展是归宿。五大发展理念概括了我国当前发展的主线与核心结构，是党执政中运用的基本原则，也是城市规划建设的指南。

第四节　雄安新区肩负世界期待

习近平新时代城市发展思想是习近平站在新的历史方位，对我国城市发展的新背景、新趋势和新特点进行审慎思考的基础上形成的一套成熟的理论体系，它是习近平新时代中国特色社会主义思想的重要组成部分，是新发展理念在城市建设与发展方面的具体应用，是当代中国城市发展的指南，具有重要的理论价值和实践价值。雄安新区建设思想是习近平新时代城市发展思想的具体体现，雄安新区作为国家级新区，蕴含着"中国智慧"，凝聚着世界的关注。其一，雄安新区是习近平新时代中国特色社会主义建设的必然产物，以疏解北京非首都功能、探索人口经济密集地区优化开发新模式为主要功能,以习近平城市发展新理念为指引,是我国传统城市发展模式的改革与创新,肩负世界期待。其二,习近平提出的京津冀协同发展战略是马克思主义中国化的重要体现。雄安新区以推动京津冀协同发展、打造京津冀世界级城市群为重要任务,是新时代我国解决区域发展不平衡、不协调问题的重要示范,对于实现"两个一百年"奋斗目标和中华民族伟大复兴中国梦具有重大战略意义。

一、雄安新区具有新时代国内外新城建设模式要义

规划建设雄安新区,是适应经济发展新常态,探索新时代城市建设新模式的重要举措。雄安新区是实施京津冀协同发展战略、积极稳妥有序疏解北京非首都功能,优化整合现有城镇体系,有利于探索解决大城市病的新模式,可向全国作出表率和示范,向全球展现中国智慧。

(一)着眼当下,雄安新区是新时代城市发展的新样本

2018 年《河北雄安新区规划纲要》向全社会公布,指出要高举中国特色社会主义伟大旗帜,深入学习贯彻习近平新时代中国特色社会主义思想和党的十九大精神。设立河北雄安新区是以习近平同志为核心的党中央深入推进京津冀协同发展作出的一项重大决策部署,是继深圳经济特区和上海浦东新区之后又一具有全国意义的新区,是千年大计、国家大事。雄安新区将着眼建设北京非首都功能疏解集中承载地,创造"雄安质量"和成为推动高质量发展的全国样板,建设现代化经济体系的新引擎。批复还明确,雄安新区要建设成为绿色生态宜居新城区、创新驱动发展引领区、协调发展示范区、开放发展先行区,努力打造贯彻落实新发展理念的创新发展示范区。

改革开放四十多年来,中国创造了诸多世界奇迹,其中最引人注目的实践之一是特区模式的成功。放眼未来,雄安连接着的京津冀渤海城市圈,是

中国为世界贡献的城市群建设新方案。建设雄安，不但要搞好总体规划，还要加强主要功能区块、主要景观、主要建筑物的设计，体现城市精神、展现城市特色、提升城市魅力。雄安新区诞生于 21 世纪，要有 21 世纪的眼光，回答好新时代城市发展新命题，探索新型城市发展之路，为我国和世界奉献一个精彩的样本。

雄安新区的建设不是以往任何一个城市的复制品，雄安新区将成为一座环境优美、交通便捷、设施先进、令人向往的宜居城市。雄安新区将以打造"雄安质量""雄安品牌"为目标，形成生态约束、科技革命引领下的新城建设新模式。其一，着力发展高端高新产业，在人工智能、大数据等领域率先发力，许多传统行业将得到革命性的改变和提升；其二，依托白洋淀得天独厚的生态基础，坚持生态可持续发展；其三，充分发挥政府引导调控作用和市场主体作用，合理配置资源，完善公共服务建设。

（二）放眼未来，雄安新区是我国贡献给世界城市群建设的新方案

城市群是在特定的区域范围内云集相当数量的不同性质、类型和等级规模的城市，一般以一个或两个（有少数的城市群是多核心的例外）特大城市（小型的城市群为大城市）为中心，依托一定的自然环境和交通条件，城市之间的内在联系不断加强，共同构成一个相对完整的城市"集合体"。但以北京、天津、河北三地为支撑的京津冀城市群，已形成断层式发展格局，雄安新区的建设能够调整优化京津冀城市群空间格局，对京津冀城市群一体化发展起积极作用。

首先，雄安新区以其便利的交通优势可充当京津冀打造世界级城市群的新枢纽。正在建设中的"轨道上的京津冀"使得以北京为中心的"半小时通勤圈"逐步扩大，让北京、天津、雄安三地城市之间的联系变得更加紧密。随着河北境内高铁密集建设，不仅使京津冀区域内的城市联系会更加紧密，京津冀与全国各地城市的联系也将更加便捷。其次，雄安新区设立后，国家在

政策方面将积极支持河北，带动河北的产业发展，统筹河北城乡发展，为河北和天津创造良好的机遇，推动京津冀城市群改变断层式发展格局。以雄安新区的建设来助力京津冀打造世界级城市群，是中国贡献给世界的城市群建设新方案。

二、雄安新区承担实现中华民族伟大复兴中国梦之重任

党中央、国务院设立河北雄安新区是一项功在当代、利在千秋的重大历史性战略选择。从理论意义上，雄安新区的建设思想根植于马克思主义基本原理，是对马克思主义城市思想的继承与创新，体现了马克思主义城市观的回归。从实践意义上，雄安新区的设立是深入推进京津冀协同发展战略、疏解北京非首都功能、参与更高层次国际合作和竞争的必由之路。

（一）雄安新区是实现我国区域空间跨越的重要引擎

雄安新区的设立符合区域空间结构演变规律。美国学者弗里德曼（Friedman）在 1966 年出版的《区域发展政策》一书中把区域空间结构的演变划分为四个阶段。第一，前工业阶段。此阶段区域内部各地区之间相对封闭，彼此很少联系。第二，过渡阶段。即工业化初期，此阶段区域空间结构由单个相对强大的经济中心与落后的外围地区所组成。第三，工业化阶段。在该阶段随着经济活动范围的扩展，在区域的其他地方产生了新的经济中心。第四，后工业化阶段。此时经济发展已达到较高水平，区域内各地区之间的经济交往日趋紧密。雄安新区的设立，意味着我国区域空间结构演进向第三、第四阶段跨越。

雄安新区是加快京津冀一体化的有效载体，也是实现我国区域协调发展的重要一环。雄安新区通过疏解北京非首都功能的"减法"，将取得京津冀城市群内部经济结构和空间结构优化的"加法"、雄安新区科技创新的"乘

法";将推动优质资源和要素合理配置、区域分工协作、优势互补,对于优化京津冀城市布局和空间结构、拓展区域发展新空间、带动我国北方腹地发展具有非常重要的作用。

(二)雄安新区是协调"一带一路"建设格局的重要节点

雄安新区的建设为"一带一路"建设的实施提供了新动能。通过分析我国地图,深圳、浦东和雄安呈梯度而上,分别占据我国南、中、北三个维度,将合力推动我国实现全局均衡发展,改变经济发展"南强北弱"的局面。其一,雄安新区坚持"引进来"和"走出去"并重,深化与"一带一路"共建国家经贸合作,是各个层面的积极参与,充分发挥自身优势,深入挖掘合作契机,积极开展与沿线国家的务实交流,优势互补,合作共赢。其二,"一带一路"建设的输出与雄安新区的升级将形成内外联动的局势,通过输出资金、技术、人才的方式,转移过剩产能到可能的经济洼地,饱和部分的国内资源就能实现更大的经济价值。

雄安新区将成为京津冀地区对接"一带一路"建设的窗口。其一,我国在基础设施建设、装备制造业、企业园区建设等方面都积累了大量经验,而"一带一路"共建国家大多是发展中国家,基础设施较落后,经济基础薄弱,沿线国家可学习借鉴我国新城建设的成功经验,发展自身经济。其二,雄安新区的建设还将加强与北京新机场、津冀各港口的协调联动,构建联通内外、安全通畅的综合交通运输网络,并通过帮助沿线落后地区国家,以互利互惠、合作共赢的方式,促进全球发展合作,努力成为"一带一路"建设的战略节点。雄安新区这片经济活力带将寻求催生出京津冀地区甚至更大范围内的发展活力,将会跳出传统经济中心,搭建我国经济升级版的顶级规划,服务于"一带一路"共建国家,将成为我国向西开放的新引擎,加快实现"两个一百年"奋斗目标、实现中华民族伟大复兴中国梦的步伐。

第八章

协同治理生态环境

习近平历来重视生态环境建设。2014 年全国"两会"召开前夕,习近平在严重雾霾的天气下对北京进行视察,主持召开了京津冀协同发展工作座谈会,把京津冀协同发展提升到重大国家战略高度,并将区域生态环境协同治理作为京津冀协同发展的三大重点突破的领域之一。这是对京津冀生态环境治理提出了全新的要求和重要指示。

党的十九大将生态文明建设放在重要战略位置,建设美丽中国成为建设社会主义现代化强国的目标之一。由此,京津冀地区生态环境协同治理是新时代深入推进京津冀协同发展的新抓手,是在新的历史起点上建设美丽中国的新举措。

第一节　京津冀生态环境协同治理必须重点突破

《规划纲要》指出,京津冀协同发展要率先重点突破交通一体化、生态环境保护和产业升级转移三大领域。把推进京津冀生态环境协同治理置于协同发展至关重要的位置,这是完全符合京津冀现实的必然抉择,也是美丽中国建设战略举措。

一、生态环境协同治理是京津冀协同发展的重要前提

当前，京津冀协同发展一方面受限于该地区自然资源和生态环境的先天不足。地区生态环境条件确实较为脆弱，生态环境保护面临的挑战仍异常艰巨。另一方面还受限于因发展不足、发展失当和发展失衡而带来的后天失调。整体来看，京津冀协同发展正处于生态环境压力叠加、负重前行的关键期，经济社会发展同生态环境保护之间的矛盾日益凸显且不断加剧，地区资源环境承载力已经达到或突破上限，新老环境问题错综复杂相互交织，布局性、区域性、结构性环境风险凸显，空气重污染、水体污染、垃圾围城、生态破坏等问题日益严峻。这些问题，已经成为民生之患、民心之痛，并且严重制约了京津冀地区经济社会的可持续发展。因此，推动京津冀协同发展战略的深入实施，协调解决好区域生态环境问题是重要的前提要求。

（一）京津冀协同发展战略源起环境问题

京津冀区域国土面积虽然只占全国的 2%，但 2014 年常住人口却占到全国的 8%，煤炭消费占全国的 9.2%，单位面积 SO_2、NO_x、烟粉尘排放量分别约为全国平均水平的 3 倍、4 倍和 5 倍。可见，京津冀发展过程中在人口、环境、资源配置等诸多方面存在问题。其中，雾霾和水资源短缺是两个最为突出的问题。

雾霾日益严重。京津冀地区受到地形、气象等条件影响，环境容量较小，空气污染威胁较大。从 2013—2016 年对全国 168 个重点监测城市的空气质量排名情况来看，河北省保定、邢台、石家庄、衡水、唐山、邯郸等城市多个年份排名后十位。京津冀地区是全国空气污染最为严重的地区之一，河北省尤为严重。除此之外，天津市也榜上有名。2016 年，京津冀地区优良天数比例为

56.8%，比全国平均比例低 22 个百分点。雾霾如此频繁和大规模出现不是一时一日，其治理也难一蹴而就。京津冀区域正处在工业化和后工业化过程叠加的时期，水泥、钢铁、炼油石化等高污染产业分布较多，能源消费以燃煤为主，导致本地区污染物排放强度较高。

水资源严重短缺。2015 年，北京、天津及河北人均水资源量分别为 124 立方米、83.6 立方米和 182.5 立方米，仅仅分别达到全国平均水平的 6.1%、4.1%和 8.9%。就整个区域来说，京津冀人均水资源量为 218 立方米，仅为全国平均水平的 1/9，是我国缺水最为严重的地区，缺水的程度超过以色列。同时，京津冀地区水生态环境长期严重超载。2001 至 2014 年间，京津冀年均地表水开发利用程度为 63%，浅层地下水开发利用程度 130%，综合地表水和地下水，区域水资源开发利用程度达到 109%。平原区形成 33 个降落漏斗，是全球最大的地下水漏斗区。环境保护部（现称为生态环境部）等七部门组成的联合调研组在对京津冀地区生态环境保护问题开展调研后，认为京津冀地区的水资源严重短缺、水环境严重污染、水生态严重受损，三者交互影响、彼此叠加，区域水生态安全堪忧。

京津冀地区的持续发展饱受生态环境条件的限制。习近平高度重视，亲自推动进京津冀协同发展战略的落实，并提出七点具体要求，其中就包括"要着力扩大环境容量生态空间，加强生态环境保护合作，在已经启动大气污染防治协作机制的基础上，完善防护林建设、水资源保护、水环境治理、清洁能源使用等领域的合作机制"[①]。京津冀协同发展战略的提出，就是要让三地的资源环境问题得到根本的解决。

---

① 按照系统工程的思路，全方位、全地域、全过程开展生态环境保护建设[EB/OL].中国共产党新闻网，http://theory.people.com.cn/n1/2018/0226/c417224-29834556.html，2019-06-18.

(二)京津冀生态环境治理重在区域协同

京津冀地区生态环境治理的难点:一方面,在于三地自身污染问题错综复杂,污染情况与造成污染原因各不相同;另一方面,在于京津冀三地存在区域之间污染传递且相互影响。

根据相关统计数据显示,一般情况下,北京地区 $PM_{2.5}$ 主要污染物来源区域输送占 25%左右;特定气象条件下,区域输送会达到 40%左右。粗放的工业及能源污染一直是京津冀大气污染的重要深层次原因,钢铁、水泥、有色金属等是大气污染物排放的重点行业。特别是以重化工业为主要产业的河北,长期以粗放型发展模式为主,在为京津冀地区创造巨大工业产值的同时,也消耗了大量能源。据统计,河北省煤炭消耗量占京津冀地区全年燃煤总量的 80%以上。巨大的能源消耗也带来了严重的污染问题,河北工业对京津冀地区大气污染造成了显著影响。因此,在京津冀地区大气污染治理问题上,区域内各地都无法独善其身,各方应全面正视自身问题,实现通力合作、统筹治理。

2014 年 2 月 26 日,习近平在专题听取京津冀协同发展工作汇报时指出,华北地区缺水问题本来就很严重,如果再不重视保护好涵养水源的森林、湖泊、湿地等生态空间,再继续超采地下水,自然报复的力度会更大。[①]近年来,随着经济社会的快速发展和城镇化的持续推进,工业发展迅猛,人口急剧膨胀,工业用水和生活用水量均处于持续增加趋势,由此也造成了京津地区的水资源紧张。以北京为例,据相关数据统计,近十年来北京平均年形成水资源量仅 21 亿立方米,而年用水总量达 36 亿立方米。面对巨大的用水缺口,只能通过外省市特别是河北省进行调水和超采地下水来缓解水资源紧张问题。相关数据显示,京津冀地区年超采地下水约 68 亿立方米,累计超采地下

---

① 按照系统工程的思路,全方位、全地域、全过程开展生态环境保护建设[EB/OL]. 中国共产党新闻网,http://theory.people.com.cn/n1/2018/0226/c417224-29834556.html,2019-06-18.

水超过 1550 亿立方米,地下水超采区面积已达平原区面积的 90% 以上。

从空间位置上看,京津冀三地同处华北平原,在地理上紧密相连;从经济与社会发展来看,京津冀三地人口、资源、环境等问题错综复杂、相互交织。因此,要从根本上解决三地发展过程中存在的各种生态环境难点问题与重点问题,必须实现三地紧密合作、相互配合,完善区域生态环境的顶层设及其组织体系,统筹考虑区域的可持续发展,推进京津冀生态环境协同治理;需要京津冀三地联合强化多污染物综合防控和区域联防联控,不断提高区域生态环境治理的系统化、科学化、法治化、精细化和信息化水平,加快推进生态环境领域治理体系和治理能力现代化;需要京津冀及周边地区深化污染联防联控协作机制,实现统一规划、统一标准、统一环评、统一监测、统一执法,推动形成区域环境治理新格局。①

二、京津冀生态环境协同治理引领美丽中国建设新境界

党的十八大首次把"美丽中国"作为生态文明建设的宏伟目标。党的十九大则明确发出了"在本世纪中叶建成富强民主文明和谐美丽的社会主义现代化强国"的动员令。十三届全国人大一次会议通过的宪法修正案,将这一目标载入宪法,进一步为建设美丽中国、实现中华民族永续发展提供了根本遵循和保障。在全国生态环境保护大会上,习近平进一步强调:"到本世纪中叶,物质文明、政治文明、精神文明、社会文明、生态文明全面提升,绿色发展方式和生活方式全面形成,人与自然和谐共生,生态环境领域国家治理体系和治理能力现代化全面实现,建成美丽中国。"美丽中国从来没有像今天这样如此深入人心。

"美丽中国"是生态文明建设的价值目标,是"中国梦"的重要组成部分,

---

① 习近平主持召开中央全面深化改革领导小组第三十五次会议[EB/OL].中华人民共和国中央人民政府门户网站,http://www.gov.cn/xinwen/2017-05/23/content_5196189.htm,2019-07-12.

也是对"建设什么样的中国、怎样建设中国"这一问题的具体回应。而推进京津冀协同发展是一个重大国家级战略决策，这一战略已经实施五年多，在生态环境治理和保护领域取得了显著成效。京津冀生态环境区域协同治理的方式为区域经济社会发展增添新助力，为生态城镇和美丽中国建设开创新实践，其立意之高远、影响之深厚显而易见。

（一）创新区域环境协同治理的新方式

当前，面对京津冀地区资源与环境、人与自然矛盾与危机日益突出的严峻形势，以区域生态环境协同治理的方式寻求三地经济社会发展、生态环境可持续与人民生活质量提升的路径，是实现区域人与自然和谐发展的新举措，是建设美丽中国的新尝试。

京津冀生态环境协同治理，探索三地生态利益最大公约数，创新治理新方式。推动京津冀生态环境协同治理，事关京津冀协同发展全局，事关整个区域乃至全国的生态环境防治与改善，要求必须跳脱"一亩三分地"思维方式，从京津冀协同发展的大局着眼，站在生态环境全局治理的高度进行考虑。从实际情况上看，三地的发展水平存在明显差异，产业结构和发展重点各有不同侧重，由此三地各自的发展政策理应存在不同。京津冀三地之中，北京作为首都，经济发展最为发达，并且空气污染、交通拥堵、水资源匮乏等问题最为突出，急需疏解非首都功能，主要的发展思路是做减法，对生态环境治理的渴望也最为迫切；而天津市和河北省作为北京非首都功能的转移承接地，与北京处在不同的发展阶段，仍然需要继续做加法的发展思路。如此可见，想要更好地激发区域环境治理的积极性，就必须找到三地利益的最大共同基数。由此，必须从实际情况出发，充分尊重各方利益，打破各种壁垒，创新采用京津冀生态环境协同治理的方式，努力实现目标同向、措施一体、优势互补、互利共赢的区域协同治理新方式。

京津冀生态环境协同治理，以地区生态环境问题为导向，创新治理新方式。京津冀地区近些年资源环境承载能力已达上限,生态条件已经长年高危运行,危机一触即发。过去那种依靠高资本积累、低劳动成本、消耗资源和牺牲环境为特征的粗放型经济增长方式早已难以为继。京津冀协同发展战略的提出与落实,必须充分考虑该地区的生态资源承载力的现状,以问题为导向,把生态环境区域协同治理放在较高的位置,视之为区域协同发展的重要前提和必要条件。京津冀生态环境协同治理,创新治理新模式,严格落实《规划纲要》及各专项规划生态环境保护要求,推动京津冀区域污染治理和环境保护统一协调、统一规划、统一监测、统一标准、统一执法、统一治理。

京津冀生态环境协同治理符合京津冀协同发展战略的内在要求,是实施战略的必然选择,是创新建设美丽中国的新举措。多年来,京津冀生态环境协同治理逐步走向深入,最初协同治理工作仅限于共同研究确定阶段性工作重点、互通工作信息,后来三地开始污染协同预警和环境联动执法,开展共同制定标准、实施政策、使用资金等深度合作。可见,区域协同治理得到了具体推动并取得了明显成效。

(二)打造高密度空间发展的新样板

京津冀地域面积 21.6 万平方千米,占全国的 2%,却拥有人口 1.1 亿,占全国的 8%,京津冀区域生产总值约占全国的 1/10,外商直接投资约占全国的 1/4,研发经费支出的占全国的 15%。可见,京津冀地区是我国经济发展最好、发展实力最为雄厚、吸纳人口最多的地区之一,同时也是拉动我国经济发展的重要引擎。但是京津冀地区长期以来的快速发展也伴随着诸多的困难和问题,尤其是北京有明显的"大城市病",水资源匮乏,人口规模已经接近上限。京津两地过于"肥胖"的同时周边的中小城市却过于"瘦弱",差距比较悬殊,区域发展严重不平衡。造成这种现象的主要原因之一在于长期以来京津冀三地并没有被视为一个完整的生态系统进而进行区域整体的生态空间科学布局。由此,为优化京津冀发展格局,应对区域人口密度日渐增大,资源环境压力逐渐增强、发展不平衡矛盾日益突出等棘手问题,亟须推动京津冀区域生态环境协同治理新方式。

《规划纲要》明确提出,京津冀协同发展战略的核心是有序疏解北京非首都功能,调整区域经济结构和空间结构,探索出一种人口经济高密度地区优化开发的模式,促进区域协调发展。

京津冀生态环境协同治理,开创高密度空间的优化开发新模式。京津冀地区经济已经得到了极大的发展,也集聚了海量的人口。同时,京津冀地区的生态环境问题也确实已经成为限制该地区可持续发展的"硬伤"。在如此大的人口规模、经济体量、如此高的空间密度和经济密度的基础上,实现优化开发,在世界经济发展史上前所未有,在我国改革发展史上也无先例。而这也正是在京津冀地区推动区域协同发展,特别是推动生态环境协同治理的意义所在。这种探索的经验必将影响我国其他地区乃至全世界的高密度空间的优化开发模式。

京津冀生态环境协同治理,打造高密度空间发展的新样板。京津冀生态环境协同治理要求统一协调控制开发强度,构建区域性科学合理的城市化格局、生态安全格局;逐渐淘汰资源能源消耗大、污染严重的落后产业,大力支持和发展节能环保产业;把节约资源和保护环境的要求贯彻到产业链的全过程,实现绿色低碳发展;倡导物质资料消费方式、精神生活方式和生活交往方式绿色低碳。可见,京津冀生态环境协同治理的本质就是要统筹考虑区域经济社会发展战略和生态环境保护承载力的要求,对区域空间生态环境基础状况与结构、功能、质量、属性进行系统评价,落实生态环境保护、污染物排放控制、资源开发利用等管控要求。而这就是在打造高密度空间发展的新样板。

(三)探索扩大生态环境容量的新路径

京津冀地区生态环境保护形势依然严峻,同时,人民群众对美好生活特别是良好生态环境的要求越来越强烈。习近平强调,着力扩大环境容量生态空间,加强生态环境保护合作。在京津冀区域以现有条件为基础,探索协同治理生态环境的新方式,扩大生态环境容量的新路径,符合京津冀协同发展战略要率先在生态环境领域有所突破的要求,是实施京津冀协同发展战略的又一重大内涵和要求。

京津冀生态环境协同治理,给自然生态留下休养生息的时间和空间。京津冀生态环境的协同治理不仅仅是对环境污染情况进行处理,以改善区域整体生态环境质量,更重要的是从根本上改变整体的生产方式和生活方式。着重从调整京津冀地区经济结构和能源消费结构入手,综合考虑区域整体条件优化产业布局,重点在于培育壮大节能环保产业,还要积极推进资源节约与清洁生产,实现生产与生活系统的循环链接,倡导绿色低碳的生产生活方式。以最少的资源消耗支撑京津冀地区经济社会持续发展,这才抓住了解决京津冀资源问题的根本与要害。京津冀生态环境协同治理要求持续推进经济发展方式的深刻转变,推动生态环境容量的扩大和质量的持续改善;在生态修复方面把以人工建设为主转向以自然恢复为主并与人工修复相结合,保护和建设重点由事后治理向事前保护转变,以实现生态环境容量的保持和扩大,给自然留下休养生息的时间和空间。

京津冀生态环境协同治理,探索扩大生态环境容量的新路径具有显著的示范效应。京津冀协同发展的内涵,不仅仅是指经济的持续增长,还强调人与自然的和谐发展。需要特别强调的是,北京作为首都,如果长期交通拥堵严重、空气质量堪忧、资源环境条件恶劣,难免成为其他地区的不良示范。久而久之,不仅会对京津冀地区的生产生活产生直接影响,而且将会破坏生态文明建设大局,甚至可能引起公众对政府宏观调控能力和公信力的质疑。因此,在京津冀协同发展过程中将扩大生态环境容量摆在生态文明建设中的突出显著位置是十分必要的。深入推进京津冀生态环境协同治理,将京津冀建设成为生态文明示范区和"美丽中国"建设的样板,切实发挥好京津冀地区探索扩大生态环境容量实现新路径的龙头带动和典型示范作用。

（四）尝试生态环境系统性保护的新举措

习近平主持审定2015年印发的《生态文明体制改革总体方案》将生态文明体制改革的理念归纳为："尊重自然、顺应自然、保护自然的理念，发展和保护相统一的理念，绿水青山就是金山银山的理念，自然价值和自然资本的理念，空间均衡的理念，山水林田湖是一个生命共同体的理念。"[①]在党的十九大报告中，他进一步提出"人与自然和谐共生"等理念，并在山水林田湖之后补充了"草"，提到"统筹山水林田湖草系统治理"。[②]在2021年两会期间，习近平参加内蒙古代表团审议时，进一步将"山水林田湖草系统治理"进一步拓展为"山水林田湖草沙系统治理"。

大自然作为一个整体，是一个相互依存且互相影响的系统。从根本上讲，生态环境系统性保护就是用何种态度对待自然、用何种方法保护自然、用何种方式修复自然。如果种树的只管种树、治水的只管治水、护田的单纯护田，很容易顾此失彼，最终造成生态的系统性破坏。[③]习近平明确指出了人与田、田与水、水与山、山与土、土与树之间彼此依赖、相互制约的循环关系，提出了"人与自然是生命共同体"的科学理念，为推进美丽中国建设提供了科学的方法论的指导。必须按照生态系统的整体性、系统性及其内在规律，统筹考虑自然生态各要素，进行整体保护、系统修复、综合治理。[④]

京津冀生态环境的协同治理就是三地进行生态环境系统性保护的新尝试。就京津冀区域来说，生态环境是一个系统体系，大气、河流、山川等都是跨越行政地界，那么改区域生态环境的治理必不能局限于一城一地。打造美丽

[①②]　中共中央 国务院印发《生态文明体制改革总体方案》[EB/OL]. 中华人民共和国中央人民政府网站, http://www.gov.cn/guowuyuan/2015-09/21/content_2936327.htm, 2019-03-16.

[③]　习近平总书记系列重要讲话读本（2016年版）——十三、绿水青山就是金山银山[N]. 人民日报. 2016-05-09(9).

[④]　中共中央宣传部. 习近平新时代中国特色社会主义思想三十讲[M]. 学习出版社, 2018.

生态环境是三地共同的奋斗目标，需要携手行动。京津冀生态环境协同治理，就是在充分考虑三地资源禀赋各有差异、功能定位也不尽相同的前提下，仍然秉持协同治理的理念，强化三地"一盘棋"格局，在更大区域范围内辗转腾挪。推动京津冀生态环境协同治理，是进行生态环境系统性保护与治理的新尝试和最大合力。

京津冀生态环境协同治理是为我国区域协调发展中推进生态环境系统性保护的新探索。京津冀协同发展不仅仅是解决北京、天津、河北三地发展面临的矛盾和问题的需要，是优化国家发展区域布局、优化社会生产力空间结构、形成新的经济发展方式的需要，更是探索生态环境系统性治理与保护的新尝试。京津冀面临的问题，是困扰我国诸多城市群的一个缩影，只是京津冀经济社会和生态协调发展不协调不平衡的矛盾最为突出、最为复杂，关注度最高，解决难度最大，一损俱损的关系体现得最为明显。由此，谋划推动京津冀三地生态环境协同治理，统筹兼顾、整体施策、多措并举，全方位、全地域、全过程开展生态环境治理与保护，坚持生态环境的系统性和整体性理念，按照系统工程的思路，构建区域生态环境治理体系，其示范和带动作用的影响极其深远。

第二节　京津冀生态环境协同治理契合美丽中国建设的新要求

党的十九大报告首次提出建设"富强民主文明和谐美丽"的社会主义现代化强国目标，比党的十八大提出的"富强民主文明和谐"有了进一步拓展。"美丽中国"一词，在报告中三次出现。"美丽"一词的加入，不仅把美丽上升为社会主义现代化强国的重要维度，而且把"建设人与自然和谐共生的现代化"这一新理念落实到了要实现的现代化目标上。这意味着，建设生态文明、建成美丽中国,是习近平新时代中国特色社会主义思想的重要组成部分。

　　新时代赋予京津冀协同发展战略新的内涵与新的要求,京津冀生态环境协同治理是建设美丽中国实践活动的一种区域协同方式的尝试,是应对京津冀地区生态环境污染问题的唯一正确选择,是让京津冀地区自然生态美景重返,还自然以宁静、和谐、美丽的基本实现路径,符合建设社会主义现代化强国的基本目标。京津冀地区作为全国生态环境问题尤其是雾霾和水资源短缺最严重的区域,并且区域的环境污染具有典型的交叉性和相互影响性,探索该区域生态环境污染问题的解决方式,倘若仅仅依靠某一具体部门或者某一地方政府是很难从根本上取得良好成效的,很明显需要京津冀三地之间相互配合协同。那么以美丽中国建设思想为指导,推进京津冀生态环境协同治理,是探索区域生态环境治理的具体实践,是符合新时代要求的美丽中国区域性目标的新模式。通过京津冀生态环境协同治理,区域生态环境必将得到根本好转,美丽京津冀必将铺展出更加壮美的图景。

一、把绿色发展摆在更加突出的位置

　　习近平深刻指出:"要充分认识形成绿色发展方式和生活方式的重要性、紧迫性、艰巨性,把推动形成绿色发展方式和生活方式摆在更加突出的位置。"[1]党的十九大报告中明确提出:"建立健全绿色低碳循环发展的经济体系。"京津冀地区坚持生态环境的协同治理,以绿色发展为治理发展方向,坚决打好污染防治攻坚战是解决区域现代化建设过程中遇到的资源环境制约问题的根本之策。

---

　　[1]　习近平主持中共中央政治局第四十一次集体学习[EB/OL].中国共产党新闻网,http://cpc.people.com.cn/n1/2017/0528/c64094-29305569.html,2019-03-15.

（一）京津冀生态环境协同治理是落实绿色发展的一场深刻革命

习近平指出："绿色发展，就其要义来讲，是要解决好人与自然和谐共生问题。"①绿色低碳循环发展是关于生产方式和生活方式的一场深刻变革，京津冀生态环境协同治理的方式是实施这场变革的具体尝试，必须坚持从源头抓起，采取扎扎实实的举措，形成内生动力机制。

京津冀生态环境协同治理，一方面必须切实加快构筑以尊崇自然和绿色发展为本质的经济社会发展生态体系，向发展求质量求效益，从根本上转变传统落后的生产生活方式，构建资源节约和环境友好型社会，使山长青、水长净、天常蓝、气常新，为人民群众日常生产生活打造良好的生态环境条件，也为子孙后代留下可持续发展的蓝天碧海和绿水青山的"绿色银行"；另一方面必须持续深入推进供给侧结构性改革，全面实施创新驱动发展战略，积极鼓励培育新业态和新模式，不断壮大新产业；充分利用互联网、大数据、人工智能等新技术，促进传统产业的数字化、科技化和智能化转型升级；加快推进节能环保产业发展，大力发展清洁能源，全面提升能源清洁化利用效率和利用水平；积极倡导节约绿色低碳可持续的生活方式，推动形成内需扩大和生态环境改善的良性循环。

（二）京津冀生态环境协同治理以绿色低碳循环为根本方向

绿色发展方式和生活方式的提出，正是我们对生态环境治理认识不断深化的集中体现。习近平在联合国日内瓦总部发表演讲时，把"坚持绿色低碳，建设一个清洁美丽的世界"②作为构建人类命运共同体的一个重要方面，并指出："我们要倡导绿色、低碳、循环、可持续的生产生活方式，平衡推进 2030 年

---

① 习近平在省部级主要领导干部学习贯彻党的十八届五中全会精神专题研讨班上的讲话[EB/OL].新华网，http://www.xinhuanet.com/politics/2016-05/10/c_128972667.htm，2019-02-24.

② 习近平.共同构建人类命运共同体[N].人民日报，2017-01-20(02).

可持续发展议程,不断开拓生产发展、生活富裕、生态良好的文明发展道路。"①同时,针对国内的发展情况,习近平也提出,要全面推动绿色发展。

由此,京津冀进行生态环境协同治理的时候,需要牢固树立绿色低碳循环的根本方向,以"保护生态环境就是保护生产力、改善生态环境就是发展生产力"②的思想意识为指导,坚持走经济社会发展与生态环保双赢之路。打好补齐京津冀协同发展中生态环境突出短板的攻坚战,全力解决群众关心的大气、水、土壤等生态环境保护热点难点问题,让群众共享"绿水青山"和"金山银山"。京津冀生态环境协同治理强调从源头上防治环境污染,重点是调整经济结构和能源消费结构,优化产业空间布局,推进资源循环利用,实现生产和生活系统的循环链接,倡导绿色低碳的生活方式。

(三)京津冀生态环境协同治理是化解资源环境难题的必然选择

京津冀生态环境协同治理是坚持环境友好,共同应对气候变化,保护好京津冀赖以生存发展的生态环境的一种必然选择。京津冀地区经济社会发展阶段存在明显差异,三地正在经历不同的工业化历程。三地工业化进程突飞猛进,创造了空前的物质财富,促使经济社会迅猛发展,但对生态系统也造成了不可磨灭的创伤。进入新时代,京津冀协同发展强调不能吃祖宗饭、断子孙后路,再用破坏性方式搞发展。京津冀生态环境协同治理需要牢固"树立尊重自然、顺应自然、保护自然的生态文明理念"③,解决好工业化带来的资源环境矛盾,实现区域整体的可持续发展。

京津冀是我国绿色发展的先行区,近年来在以绿色低碳化为指向进行产业转型升级和布局优化上取得重要进展,但是这一区域的环境资源承载力不

---

① 习近平. 共同构建人类命运共同体[N]. 人民日报,2017-01-20(02).

② 习近平. 建设美丽中国,改善生态环境就是发展生产力[EB/OL]. 人民网,http://cpc.people.com.cn/xuexi/n1/2016/1201/c385476-28916113.html,2019-05-14.

③ 习近平主持政治局第六次集体学习[EB/OL]. 中国经济网,http://www.ce.cn/xwzx/gnsz/szyw/201305/24/t20130524_24417883.shtml,2019-04-21.

足,各城市的环境质量高低差异也较突出。现在推动京津冀生态环境协同治理的进程,出路在于打破原有的路径依赖,积极倡导绿色、低碳、循环、可持续的生产生活方式,坚持以区域协同的科技创新应对气候变化,不断开拓生产发展、生活富裕、生态良好的发展路径,构筑尊崇自然、绿色发展的区域生态体系。

京津冀生态环境协同治理把绿色发展摆在更加突出的位置,就是以党的十九大报告中构建绿色低碳循环经济体系为遵循,以改善生态环境质量为核心的目标,向科技含量高、资源消耗低、环境污染少的产业结构和生产生活方式进行转变。习近平强调,要强化环境综合治理措施,将绿色低碳循环发展理念贯穿于政府治理、企业创新、行业发展、公众生活各方面。

二、区域协同发展是区域生态环境治理的重要方式

党的十九大报告中明确提出区域协调发展的要求,要"建立更加有效的区域协调发展新机制","以疏解北京非首都功能为'牛鼻子'推动京津冀协同发展"。京津冀协同发展就是实施区域协调发展战略其中一项重要的内容。

而京津冀协同发展源起于三地生态环境污染问题的日益突出,严重影响了京津冀地区的生产生活。同时,京津冀生态环境问题的成因是复杂的,三地之间地域相互连接,气候条件几乎相同,生态环境问题的影响是复合的,由此造成京津冀生态环境问题的治理也必须是综合的、相互协调的,需要区域整体推进、协调突破。京津冀生态环境协同治理作为一种区域环境治理的创新方式,要求统筹污染防治和生态保护,统筹城市和农村环境保护,坚持区域环境保护联防联控,推进多污染物综合防治,充分发挥综合治理的协同效应和区域流域的共治效应,以着手解决京津冀区域生态环境污染,进而从根本上改善该地区的生态环境质量,是京津冀协同发展战略的

重要内容。

(一)京津冀生态环境的治理只有以区域协同方式才可能推动

美丽中国建设的主体是人,受益者同样是人,同样的道理也适用于京津冀生态环境治理问题。要想实现京津冀生态环境之美的愿望,就需要以区域整体的视野去审视人与自然、人与社会、人与人的关系,在这个过程中,区域协同是手段,生态环境的防治是目标。

推进京津冀生态环境协同治理,着力解决突出环境问题,真正重要的是制度改革和创新,落脚点在区域协调。在京津冀生态环境协同治理过程中,要打破传统的行政区划限制,建立跨区域协同治理的管理架构,多元协同推进环境治理,推进自上而下的政府发展规划与自下而上的市场发展需求互联互通,推动建立京津冀区域生态环境治理一体化的发展格局和发展战略。也只有推进京津冀生态环境协同治理才可以推进京津冀生态环境治理在思维方式、行为方式、工作方式方面发生系统性全面变革。区域协调的治理方式涉及社会关系、利益关系、工作关系的调整,必须全面创新发展体制、重塑发展生态,创新是发展的动力之源,积极构建增强经济社会发展与生态良好的整体性、协调性、包容性、平衡性的体制机制,形成推动生态环境协同治理的思想自觉和行动自觉,协同治理举措才可能落地生根,协同治理的理念才可能转化为新实践、新行动,形成新的体制机制。

(二)京津冀生态环境协同治理是立足实际需要做出的重大战略举措

党的十八大以来,我国生态环境保护工作已由环境保护部门独自担责向党委、政府及相关部门共同负责转变,"一岗双责""党政同责"等治理制度也进一步完善了生态环境保护的治理体系。党的十九大明确要求要增强国家治理体系和治理能力的现代化,其中环境治理体系的建设就是一项重要内容。

从目前京津冀协同发展的组织架构来看,虽然已经建立了京津冀协同发展领导小组,但在很大程度上仍然依靠北京市、天津市和河北省三地政府和各个职能部门的自觉行动。特别是在生态环境治理领域,三地跨区域协调治理体系的建设尚且是处于起步阶段。创新的京津冀生态环境协同治理的方式就符合我国环境治理体系建设的要求与发展趋势。区域协同强调在京津冀范围内构建注重多元利益平衡的环境治理体系,通过跨区域行政主体与社会主体的互动沟通实现跨区域各主体利益的平衡,以满足人民日益增长的美好生活需要;通过跨区域多主体的协作配合实现区域环境协调治理的有序和有效,以真正实现生态环境保护领域的高质量发展。京津冀生态环境协同治理需要以推动环境治理体系和治理能力现代化为核心,在现有行政区划基础上,形成以议题为核心的区域协调治理网络,与以行政区划为核心的等级化政府网络相互呼应、分工协作,形成推进区域生态环境协调治理的两个主要工作框架体系。

（三）京津冀生态环境协同治理为全国乃至全球环境治理提供了中国方案

习近平指出:“要实施积极应对气候变化国家战略,推动和引导建立公平合理、合作共赢的全球气候治理体系,彰显我国负责任大国形象,推动构建人类命运共同体。”[①]那么在京津冀地区率先进行生态环境区域协调治理,推进绿色发展,探索区域环境协调治理的新方式、新路径、新方案,为我国其他地区乃至世界各国人口资源利用密集地区的环境问题的治理提供可参考的依据,为世界环境保护和可持续发展提供中国方案,是京津冀生态环境协同治理的神圣职责所在。

习近平生态文明思想反对零和博弈,赋予了京津冀协同发展新的内涵。在解决京津冀区域生态环境问题时,需要三地同心协力,共谋生态环境治理,

---

① 习近平. 推动我国生态文明建设迈上新台阶[J]. 求是,2019,(3):4–19.

也只有三地都承担起相应的责任，并积极、广泛参与到区域生态环境治理之中，才能解决整个区域的生态环境问题。京津冀生态环境协同治理以区域协同为基本方式，在区域内协调大工程、大投入带动大治理、大修复，强调站在区域整体的角度注重环境质量改善和污染物总量控制双约束，以推动区域生态环境质量总体持续改善，提高优质生态产品的供给能力。

京津冀生态环境以区域协同治理为实践方式，强调了生态环境不仅是架起绿水青山与金山银山之间的桥梁，也强调了实现区域均衡发展的重要基础。只有通过区域协同治理使得区域整体生态环境有所改善，"生态资源资产价值—生态产品价格—生态补偿成效"关系才可能顺畅，才有可能促使区域生产关系得到良好发展。

三、加强制度建设是区域生态环境治理的重要保障

党的十八大以来，以习近平同志为核心的党中央把生态文明建设作为统筹推进"五位一体"总体布局和协调推进"四个全面"战略布局的重要内容，开展一系列根本性、开创性、长远性工作，提出一系列新理念新思想新战略，形成了习近平生态文明思想。[1]

随着生态文明理念日益深入人心，美丽中国建设的目标越发明确，坚持目标导向和问题导向相统一，我们实施了最严格的环境保护制度。加强污染治理力度，频繁出台治理制度，严格治理监管执法尺度，推动生态环境保护发生历史性、转折性、全局性变化。

新时代推进京津冀生态环境协同治理，不仅需要指明绿色环保发展的方向、明确区域协同治理的方式，更重要的是在治理体制领域进行改革，让

---

[1] 新时代推进生态文明建设的重要遵循——二论学习贯彻习近平总书记全国生态环境保护大会重要讲话[N].人民日报，2019-05-21(01).

制度成为京津冀生态环境协同治理的刚性约束和不可触碰的高压线。

（一）京津冀生态环境协同治理以制度建设为保障，用最严格制度、最严密法治保护好美丽家园

习近平反复强调："在生态环境保护问题上，就是要不能越雷池一步，否则就应该受到惩罚。"①只有实行最严格的制度、最严密的法治，着重从根本性和长远性上构建制度和法制体系，才能为生态文明建设提供可靠保障。习近平主持审定的《生态文明体制改革总体方案》，公布自然资源资产产权制度、国土空间开发保护制度、资源有偿使用和生态补偿制度等八项制度成为生态文明制度体系的顶层设计。

实行京津冀生态环境的区域协同治理，是一场涉及生产生活方式、思考解决问题方式甚至是价值观念的彻底变革。要实现这样的变革，必须以最严格的制度和最严密的法治为保障。当前，京津冀生态环境存在突出问题：无序开发、过度开发、分散开发等导致生态空间被过度占用、生态破坏和环境污染严重；空间规划重叠甚至冲突、部门职责交叉或者空白；资源使用浪费严重、利用效率不高；甚至有的生态环保领域存在法律盲点，尤其是京津冀三地的环境违法的处罚执行标准不统一，导致区域内部生态环境治理成本高低不同。之所以这些突出问题难以解决，归根到底是京津冀在生态环境协同治理方面的体制不完善、机制不健全、法治不完备。从而必须把京津冀区域范围内的生态环境治理的制度建设作为推进京津冀生态环境协同治理的根本，加快推进区域生态文明体制改革，着力破解京津冀生态环境协同治理的体制机制障碍。

---

① 习近平主持政治局第六次集体学习［EB/OL］. 中国经济网，http://www.ce.cn/xwzx/gnsz/szyw/201305/24/t20130524_24417883.shtml，2019-04-21.

（二）京津冀生态环境协同治理以制度建设为保障，是落实环保责任制的基础所在

京津冀生态环境协同治理的实践证明，生态环境保护能否落到实处的关键在于领导干部环保责任制的落实是否到位。作为京津冀区域生态环境保护第一责任人，三地各级领导干部对区域的生态环境质量负总责，必须站在战略和全局的高度，将生态环境协同治理和保护摆在突出位置，敢于担当负责、勇于直面矛盾、善于解决问题，只有这样才能把京津冀区域环境污染治理好、把美丽京津冀建设好。

积极推动京津冀生态环境协同治理制度建设，强调严格落实主体责任，做到着力部署重要工作、着力过问重大问题、着力协调重要环节，自上而下压实各级责任，层层落实，贯彻依法依规、客观公正、科学认定、权责一致、终身追究的原则。这是京津冀三地各级领导干部担负起区域生态环境协同治理的环保责任和政治责任的基础。其中用好考核评价这根"指挥棒"显得尤为重要。"刑赏之本，在乎劝善而惩恶。"只有京津冀三地统一协调，构建合理的、科学的、标准的考核评价体系，对造成生态环境破坏、违反生态文明制度、对生态问题不担当不作为的领导干部要追究其直接责任，要从严追究、终身追究。只有这样，才能在京津冀各级领导干部中形成正确的导向，制度才不会成为"稻草人""橡皮筋"。

（三）京津冀生态环境协同治理以制度建设为保障，是打好污染防治攻坚战的关键所在

党的十九大报告专门用一个部分讲生态文明建设，重点讲的就是生态文明体制改革。习近平在全国生态环境保护大会上强调："要加快推进生态文明体制改革,抓好已出台改革举措的落地,及时制定新的改革方案。"①

随着京津冀地区经济社会的不断发展，人民群众开始对更优美环境的诉求更加热烈和迫切。因此,京津冀生态环境协同治理必须加快治理体系和治理能力现代化建设,为新时代打好污染防治攻坚战、解决错综复杂的生态环境问题提供制度保障。然而任何改革都是权力与利益的调整或重新分配,这便意味着一些机构和个人会失去手中的既得利益,如不能正确对待,就可能成为改革的阻力。京津冀三地各自旧有思想观念的束缚、旧有体制机制的障碍等均表明区域生态环境协同治理体制改革和制度建设的艰难。因而,必须增强动力,通过动力去克服阻力。京津冀进行生态环境协同治理制度建设要明确体制改革的重点在于加快生态文明制度体系建设,构建多主体参与、权责明确、激励约束相容、系统协调完整的生态文明制度体系,以此突破利益固化的藩篱,加快制度创新、优化制度执行、强化制度约束,让制度的刚性约束成为不可触碰的高压线。

生态环境文明体制改革本身就是生态文明建设的重头戏。京津冀生态环境协同治理要不断深入推动，就必须以区域生态环境协同治理的制度建设为保障。京津冀区域要着力推进生态文明建设体制机制改革,建立健全生态环境保护制度,构建完善的生态文明保护制度体系,保障生态环境保护措施得到严格执行,坚定走生产发展、生活富裕、生态良好的文明发展道路。

第三节　京津冀生态环境协同治理的伟大实践

京津冀协同发展战略实施多年来,取得了实质性的进展:中共中央、国务院印发实施《规划纲要》;全国第一个跨行政区的京津冀"十三五"规划编

---

① 习近平. 推动我国生态文明建设迈上新台阶[J]. 求是,2019,(3):4–19.

制实施;交通一体化、产业承接转移等专项领域取得很多进展。京津冀生态环境协同治理作为协同发展三个重点领域之一,强势推进,治理力度不断加大,积极成果有目共睹,三地居民感受深切。

2018年6月1日召开的京津冀协同发展领导小组会议指出,有序疏解北京非首都功能必须强化区域污染联控联治和生态环境共建,推动以打赢蓝天保卫战为重点的生态环境保护取得新突破。2019年1月,习近平赴京津冀考察时对协同发展提出六点要求,其中第五点就是"坚持绿水青山就是金山银山的理念,强化生态环境联建联防联治"。近年来,伴随着协同发展战略的推进,京津冀区域生态环境联防联控强势推进,环境治理握指成拳。

一、建立协调执法与应急联动机制

为逐步实现京津冀三地污染协同治理,共同打击区域内环境违法行为,2015年11月27日,京津冀三省(市)环保部门在北京召开首次京津冀环境执法与环境应急联动工作机制联席会议,标志着京津冀环境执法联动工作机制正式启动。在此基础上,三地共同成立京津冀环境执法联动工作领导小组,下设办公室,统一组织开展三省(市)环境执法协调联动工作,通过协调部署、统一行动、规范标准、相互支持、共同配合,实现区域生态环境协同治理。

联动工作机制包括五项工作制度:一是定期会商制度,领导小组每半年会商研究一次,领导小组办公室每季度会商一次,会商根据环境监察年度工作重点和阶段性工作重点,由三省市轮流组织;二是联动执法制度,三省市环保部门定期或不定期统一人员调配、统一执法时间、统一执法重点开展联动执法;三是联合检查制度,三地环保部门每年各牵头1至2次联动检查行动,互相派遣执法人员到对方辖区开展联动检查;四是重点案件联合后督察制度,对同时涉及京津冀的重点环境违法案件联合进行环境行政执法后督察;五是信息共享制度,相互共享本辖区环境监察执法信息。①

京津冀构建环境执法联动机制,以联席会议的形式推动运行。在京津冀环境执法联动工作机制领导小组的领导下,三地环境监察部门不断加强沟通联系,加大环境执法工作的指导、监督力度,保持环境执法检查的高压态势,严厉打击环境违法行为。目前,已经召开了八次联席会议,相继发布了《2018—2019年京津冀环境执法联动重点工作》《2021—2022年京津冀生态环境联合联动执法工作方案》等。此后,京津冀三地环保部门将继续深化区域污染联防联控,开展联动执法,共同排查、处置跨区域、流域的环境污染问题和环境违法案件。

二、联防联控大气污染

(一)建立京津冀大气污染防治组织机制

2013年9月,《大气污染防治行动计划》(简称《大气十条》)印发,明确规定,要建立京津冀、长三角区域大气污染防治协作机制。由此,京津冀及周边地区大气污染防治协作小组组建完成,该地区大气污染治理从各自为政分别治理逐步转向联防联控的模式。大气污染防治协作小组主要进行六大方面的具体工作:进行京津冀环境保护合作顶层设计;建立完善京津冀联动执法机制;深化"2+4"(北京与保定、廊坊;天津与唐山、沧州)结对合作机制;建立完善区域空气质量预报预警及应急联动机制;深入开展大气污染治理科研合作;统一区域排放标准。

2013年到2018年,协作小组共召开十一次全体会议。2018年7月11日,国务院办公厅印发通知,将"京津冀及周边地区大气污染防治协作小组"

---

① 京津冀环境执法联动工作机制昨日启动[EB/OL]. 人民网,http://sc.people.com.cn/n/2015/1128/c345453-27199375.html,2019-01-24.

调整为"京津冀及周边地区大气污染防治领导小组",由国务院副总理韩正担任组长。进一步强化京津冀区域协作机制的领导力与执行力,结合落实京津冀协同发展战略,加快区域空气质量改善进程。

(二)京津冀"2+26"城市执行大气污染物特别排放限值

早在 2013 年 2 月,环境保护部就印发了《关于执行大气污染物特别排放限值的公告》,要求在以京津冀区域为代表等"三区十群"19 个省(区、市)47个地级及以上城市的火电、钢铁、石化、水泥、有色、化工六大行业以及燃煤锅炉项目执行大气污染物特别排放限值。

2017 年 5 月,环境保护部向有关各方发出《关于京津冀及周边地区执行大气污染物特别排放限值的公告(征求意见稿)》。专门针对京津冀及周边地区,且实施范围由过去的 9 个城市①扩大至"2+26"城市;由主城区扩展至行政区域范围。2017 年 1 月 16 日发布了《关于京津冀大气污染传输通道城市执行大气污染物特别排放限值的公告》,决定自 2018 年 3 月 1 日起,在京津冀大气污染传输通道城市执行大气污染物特别排放限值。这是贯彻落实党的十九大关于"打赢蓝天保卫战""提高污染排放标准"的要求,切实加大京津冀及周边地区大气污染防治工作力度又一重大举措。

(三)京津冀及周边地区秋冬季大气污染综合治理行动连续实施

2017 年 8 月 24 日,环保部公布了《京津冀及周边地区 2017—2018 年秋冬季大气污染综合治理攻坚行动方案》。进一步加强区域大气污染监管执法,结合季节转换污染特征变化特点,2017 年 10 月 11 日起,京津冀三地环保部门加强环境执法联动,以列入"2+26"传输通道城市为重点,聚焦"散乱污"企

---

① 包括北京市,天津市,河北省唐山市、廊坊市、保定市、石家庄市,山东省济南市、淄博市以及山西省太原市。

业、煤烟型污染、重点工业企业、面源污染,开展不间断执法检查,强化与公安部门的执法联动,依法严厉查处各类大气环境违法行为。并且"2+26"城市统一预警分级标准,从严从高启动预警响应。统一各预警级别减排措施,统一区域应急联动。

继续抓好大气污染防治秋冬季攻坚行动,对巩固京津冀及周边地区大气污染防治成果,具有重要意义。2020年10月《京津冀及周边地区、汾渭平原2020—2021年秋冬季大气污染综合治理攻坚行动方案》公开发布,目标要求是全面完成《打赢蓝天保卫战三年行动计划》(以下简称《三年行动计划》)确定的2020年空气质量改善目标,协同控制温室气体排放。行动方案突出问题导向,要求区域内有序实施钢铁行业超低排放改造,力争2020年12月底前完成2亿吨钢铁产能超低排放改造;推进"公转铁"重点工程,提升铁路货运量,具有铁路专用线的大型工矿企业和新建物流园区,煤炭、焦炭、铁矿石等大宗货物铁路运输比例原则上达到80%以上;加快推进柴油货车治理,确保完成淘汰100万辆国三及以下营运类柴油货车的目标任务。

三、推进水环境和流域整体治理

(一)健全协作机制,共同推动水污染防治

2017年8月2日,京津冀环境执法联动机制第四次联席会议在天津市召开。三地环保部门以大气、水环境质量改善为核心,以解决区域内突出环境问题为重点,实施联动执法,加大环境监管执法力度,有效落实包括水污染防治在内的工作任务,进一步改善区域水环境质量,保障京津冀区域环境安全。

2018年8月4日,京津冀三地环保部门召开执法联动机制第五次联席会,启动了大清河、白洋淀流域水环境联合执法。明确2018年三季度,北京、

河北环保部门在大清河、白洋淀流域开展协同执法，重点对水污染物排入地表企业、垃圾处置设施、各级污水处理厂和涉"散乱污"企业开展检查和检测，严厉打击违法行为，加大京冀地区水污染治理，促进跨界流域水环境质量改善。

2021 年 6 月，京津冀三地生态环境部门共同召开生态环境执法联动工作视频会议，发布《2021—2022 年京津冀生态环境联合联动执法工作方案》，明确大气、水、固废(危废)、移动源以及交界处环境违法投诉举报五项重点执法联动内容。

(二)打破行政壁垒，上下游联动补充生态用水

永定河作为京津冀地区的生态主轴，长年断流、水体污染加剧、森林植被破坏严重、生态功能出现退化，严重制约了京津冀地区的经济社会健康发展。按照《规划纲要》"推进永定河等'六河'绿色生态河流廊道治理"的要求，2016 年底国家发改委、水利部、国家林业局联合印发《永定河综合治理与生态修复总体方案》，这也是我国首个国家层面、跨省(市)级行政区、通过市场化方式推进河道综合治理的文件。由此成立永定河综合治理与生态修复部省协调领导小组，部署启动实施永定河流域的综合治理与生态修复工作。京津冀联合山西共同推进永定河综合治理工作已于 2017 年 4 月份正式启动。

壶流河发源于山西境内，流经河北蔚县后在阳原县汇入桑干河，最终汇入官厅水库，是"首都水源涵养功能区"的重要水源地。从 2017 年 8 月开始到 2019 年，蔚县对境内 57 千米的壶流河沿线实施生态修复和保护，打造壶流河国家湿地公园。经过湿地的过滤，壶流河的整体水质将得到提升，更好地为京津冀地区供水。

引滦入津工程，是将河北省境内的滦河水跨流域引入天津市的城市供水工程，潘家口、大黑汀水库是引滦工程的源头，是天津市的重要水源地。但随着水源地上游地区经济社会的快速发展，城市生活污水和工业废水及库区大量网箱养鱼等对水库水质造成越来越严重的影响,潘、大水库水质呈现逐年恶化的趋势。2016年,海河水利委员会配合河北省制定了潘、大水库网箱养鱼清理方案,协调津冀双方初步建立了引滦上下游生态补偿机制。2017年5月,水库网箱养鱼全部清理完毕,水库和滦河的水质逐步好转。暂停一年多的引滦入津工程又正式恢复供水。

(三)建立生态补偿机制,保障区域水资源安全

多年以来,京津冀三地一直致力于协同推进水环境治理区域合作,在天津市与河北省跨界区域,通过不定期开展联合监测、共同取样、信息共享、数据交换等措施,不仅解决了区域内水质监测数据不统一的问题,而且实现了权责明确、消除争议,同时也为上下游补偿机制的建立奠定了数据基础。2017年,天津市与河北省正式签订《关于引滦入津上下游横向生态补偿的协议》,迈出了区域协同治理的关键性一步。每年获得中央财政奖励资金3亿元,天津、河北配套资金各1亿元。截至目前,已下达生态补偿金4.98亿元,用于滦河流域潘、大水库清网清鱼过程中的渔民补偿。河北省正在与北京市进行积极沟通,计划比照天津模式,对北京和河北张承(主要是张家口)地区进行水源保护。

第九章

京津冀城乡融合发展

党的十八大以来，以习近平同志为核心的党中央在高度总结中国特色社会主义城乡建设历史经验的基础上，深刻剖析了我国经济社会发展的时代背景与现实需求，提出一系列科学论断，为习近平新时代中国特色社会主义思想赋予了新的理论内涵。党中央高度重视城乡发展问题，站在全局和战略的高度，正确指导京津冀城乡建设工作，为京津冀协同发展战略的全面实施奠定了理论基础和实践经验，为我国城乡融合发展新格局的重塑和新路径的探索提供了新思路，为全面建成小康社会、实现社会主义现代化创造了条件。

第一节 京津冀城乡融合发展的新内涵

以习近平同志为核心的党中央坚持辩证唯物主义和历史唯物主义世界观、方法论，坚持"知行合一，实践第一"的观点，靠实践出真知，并坚定不移地坚持经过反复实践和比较得出的正确理论，实现理论与实践的统一结合，促使习近平新时代中国特色社会主义思想从萌芽到发展再到成熟，对京津冀地区城乡建设工作做出诸多指导。

新中国成立初期,中共中央结合当时国际环境和基本国情,确立"优先发展重工业"战略,提出农村支持城市、农业支持工业的发展策略,实行统购统销制度、户籍管理制度、城市劳动就业和福利制度、人民公社制度等一系列计划经济制度,促进了新中国成立初期国民经济的快速发展,但城市偏向的城乡发展战略使城乡关系、工农关系逐渐失衡。改革开放后,农村改革率先在家庭承包经营为基础、统分结合的集体经济经营方式上取得突破,如习近平所言:"这是我国农村改革的重大创新。"从正式承认包产到户合法性到放活农村工商业,发展农村商品生产,再到取消统购统销,增加农业投入,调整工农城乡关系等一系列政策方针,为农村经济发展创造条件,促进乡镇企业异军突起,改善了城乡二元结构。

21世纪以来,党中央结合我国发展实际,对城乡关系不断作出调整。党的十六大最早提出统筹城乡发展,建立起以工促农、以城带乡的长效机制,实现"工业反哺农业、城市支持农村"的历史性转变,并通过采取农业税费减免、新农村建设和推进农业现代化等措施支持农业与农村发展,农村经济稳步发展,农民生活水平显著提高,各项社会事业朝着全面协调可持续方向发展。在党的十七大报告提出"建立以工促农、以城带乡长效机制,城乡经济社会发展一体化"的基础上,党的十八大强调实施新型城镇化发展战略,持续推进城乡发展一体化。对此,习近平指出:"深入推进新型城镇化建设,要坚持'创新、协调、绿色、开放、共享'五大发展理念,勇于推动'三农'工作理论创新、实践创新、制度创新。"

在科学认知我国城乡发展阶段性特征的基础上,党的十九大报告首次将"城乡融合发展"写入党的文献,恰逢其时地提出"实施乡村振兴战略",开启了城乡融合发展新格局;2018年中央一号文件对实施乡村振兴战略进行了全面部署;2019年发布的《关于建立健全城乡融合发展体制机制和政策体系的意见》,从城乡要素、基本公共服务、基础设施等方面提出消除城乡融合体制机制障碍的意见,为未来我国城乡融合发展作出有效可行的规划安排。习近平及党中央在工作中对城乡建设的思考与探索,为重塑京津冀地区新型城乡关系奠定了理论与实践基础。

一、习近平关于京津冀城乡融合发展的重要论述

推动京津冀协同发展是面向未来打造新的首都经济圈、推进区域发展体制机制创新的重大国家战略,是实现京津冀优势互补、促进环渤海经济区发展、带动北方腹地发展的需要。习近平多次就京津冀协同发展作出重要指示,"健全城乡发展一体化体制机制""严守生态底线""推动要素自由流动""促进基本公共服务均等化"等一系列科学论断,为京津冀三地的城乡建设工作提供了创造性的指导思想和发展思路。

(一)健全城乡发展一体化体制机制

城市的发展离不开乡村的促进和支持,乡村的振兴与繁荣也离不开城市的辐射和带动。"加快推进城乡发展一体化,是党的十八大提出的战略任务,也是落实'四个全面'战略布局的必然要求",建立健全京津冀城乡发展一体化体制机制,为京津冀地区城乡建设工作提供了机制保障,为全国城乡发展提供了经验之谈。在此基础上,习近平明确强调"要把工业和农业、城市和乡村作为一个整体统筹谋划,促进城乡在规划布局、要素配置、产业发展、公共服务、生态保护等方面相互融合和共同发展",真正实现我国城乡的共生共荣。

《规划纲要》中不仅将"协同发展"作为京津冀区域经济发展的核心主题,同时提出"有序合作、整体加强、共同获益"的区域发展理念,为解决京津冀地区之间经济发展差距、公共资源配置不均衡、资源环境制约等难题指明方向,也为京津冀城乡间协调发展创造了条件。习近平提道"健全城乡发展

一体化体制机制,是一项关系全局、关系长远的重大任务",因此在持续推进京津冀地区城乡建设工作过程中,坚持超前谋划,强化顶层设计,加快体制机制创新,及时采取可操作性强有实践意义的政策举措,高效解决我国新时期城乡之间发展不平衡不充分问题。

(二)守住生态保护红线,加强生态环境保护合作

生态保护红线是保障国家生态安全的底线和生命线。划定红线对于落实一系列生态文明制度建设、维持生态平衡、支撑经济社会可持续发展具有重要作用,因此牢固树立生态红线观念,将"严守生态保护红线"作为生态保护与管控的必要手段,让良好的生态环境造福群众、普惠民生。基于此,习近平还多次强调"必须走生态优先、绿色发展之路,使绿水青山产生巨大的生态效益、经济效益和社会效益",同时,谋划开展了一系列根本性、长远性、开创性建设工作,通过大力度治理污染、密频度出台制度、严尺度监管执法、高质量改善环境等,推动我国生态环境保护从认识到实践经历了历史性、转折性和全局性的变化,进而带动京津冀地区生态文明建设工作持续推进。

以习近平同志为核心的党中央高度重视京津冀地区的环境改善和生态文明建设。在2014年2月26日京津冀协同发展座谈会上,习近平提出的推进京津冀协同发展的七个着力点之一便是对生态文明建设的关注,重点提出"着力扩大环境容量生态空间,加强生态环境保护合作,在已经启动大气污染防治协作机制的基础上,完善防护林建设、水资源保护、水环境治理、清洁能源使用等领域合作机制"的生态环境保护措施;此外,习近平在京津冀三省市考察并主持召开京津冀协同发展座谈会上指出"增加清洁能源供应,调整能源消费结构,持之以恒推进京津冀地区生态建设,加快形成节约资源和保护环境的空间格局、产业结构、生产方式、生活方式"。同时,京津冀三地要始终坚守发展、生态、民生三条底线,建立健全生态环境保护合作机制,走绿色循环低碳之路,构建绿色产业体系和空间格局,打造生态文明基础上的城

乡融合发展新格局。

(三)破除要素流动障碍,促进生产要素优化配置

城乡经济社会的全面协调和可持续发展,关键在于生产要素的双向流动和合理配置,建立起城乡平等的要素交换关系,破解城乡二元经济结构。对于京津冀区域间实现要素自由流动的体制机制创新,习近平于 2014 年 2 月 26 日主持召开的京津冀协同发展座谈会上指出:"下决心破除限制资本、技术、产权、人才、劳动力等生产要素自由流动和优化配置的各种体制机制障碍",推动劳动力、土地、资金等生产要素从低质低效领域向优质高效领域自由流动,并实现优化配置,促进劳动效率、资本效率、土地效率、资源效率、环境效率的不断提高,同时持续提升科技进步贡献率和全要素生产率,促进新时代经济高质量发展。

在持续推进实践探索工作中,党和政府要深刻认识和全面把握制约我国城乡要素平等交换的体制障碍,并切实发挥市场配置资源的决定性作用,破除城乡之间要素流动障碍,促进城乡生产要素的合理流动和优化配置。此外,建立城乡平等的要素交换关系,实现区域间优势互补,提高经济整体发展质量和效益,是正确处理城乡关系、推进城乡发展一体化的关键问题,是实现城乡融合发展的重要方面,对推进社会主义现代化建设具有重要现实意义。

(四)推进基本公共服务均等化,补齐发展短板

推动京津冀协同发展的目标任务之一就是建设设施均衡、覆盖城乡的基本公共服务体系,不断提高公共服务建设水平,推进京津冀地区基本公共服务均等化,实现共享发展。党的十九大报告中也明确指出:"到 2035 年,我国将基本实现社会主义现代化,城乡区域发展差距和居民生活水平差距显著缩小,基本公共服务均等化基本实现。"2019 年 1 月,习近平在京津冀考察

时特别强调,要坚持以人民为中心,促进基本公共服务共建共享;要着力解决百姓关心、涉及切身利益的热点难点问题,优化教育医疗资源布局。

京津冀三地都应将基础设施、公共服务与要素市场的一体化、均等化建设摆在首位,建设更加完善的基础设施,配套更高水平的公共服务,加快改善交通网络、休闲公园和公共绿地建设,科学配置生产空间、生活空间、生态空间,吸引生产要素的自由流动和资源设施的优化联通,并且在不同收入水平的城市与乡村之间,探索建立公共服务协同管理的体制机制以及公共服务均等化的实现标准和具体方式,推动教育、医疗等公共服务资源和社会服务、信息资源在区域内的共建共享,统筹推进基本公共服务体系建设,补齐各地区的发展短板,同时带动周边地区的繁荣发展。

二、关于京津冀城乡融合发展重要论述
体现新时代我国城乡发展新内涵

习近平就京津冀城乡建设工作所提出的一系列指导思想和方针政策,不仅为北京、天津、河北三地的城乡关系发展指明了方向,同时也为全国各地的城乡建设工作提供了新思路,丰富了我国新时代城乡融合发展的理论内涵。

(一)城乡融合发展的新理念:守住生态底线

加强生态保护意识,推进生态文明建设,是新时代城乡关系向融合共生发展的基础。党的十八大以来习近平,多次对生态文明建设作出重要指示,反复强调"绿水青山就是金山银山","既要金山银山,又要绿水青山","强化生态环境联建联防联治";党的十九大也提出要牢固树立社会主义生态文明观,推动形成人与自然和谐发展现代化建设格局。生态是发展的红线,更是生存的底线,城乡建设工作的开展始终要坚持生态优先发展观念,划定并严

守生态保护红线,实施精准保护,提升环境质量。

坚守生态保护红线,划定"红线"范围,按照主体功能区定位要求,明确区域发展定位、国土空间格局以及资源优势,合理确定城镇空间、农业空间和生态空间;同时,充分发挥"红线"强制性保护功能,严格监管并促使"红线"落地;此外,做好过程监管和责任追究,完善生态补偿机制,自觉维护生态安全,走好城乡融合过程中的绿色发展之路,以促进区域经济社会的协调发展。在上升到国家战略高度的京津冀协同发展推进过程中,严格落实生态红线政策,探索城乡生态空间有机融合、经济社会生态环境有序发展的新型城乡融合发展示范区,不仅是京津冀协同发展的重要内容,同时也为全国城乡融合发展的推进提供了新理念新思路。

(二)城乡融合发展的新举措:乡村振兴战略

基于对我国所处历史方位的科学研判,对我国现阶段社会主要矛盾的准确分析和对我国经济社会发展面临主要问题的深刻认识,乡村振兴战略对我国发展具有重要意义。党的十九大指出乡村振兴战略是我国经济社会发展的七大全局性战略之一和贯彻新发展理念、建设现代化经济体系的六项重大任务之一;2018年中央一号文件指明"实施乡村振兴战略,是决胜全面建成小康社会、全面建设社会主义现代化国家的重大历史任务",对其赋予了更加深刻的现实价值,这在很大程度上凸显了乡村振兴战略的重要地位。

作为推进新时代城乡融合发展的新举措,实施乡村振兴战略是迅速补齐我国城乡发展不平衡短板的必然选择。首先,实施乡村振兴战略是推进我国经济社会全国发展的必然要求。改革开放四十多年来,城镇化、工业化进程不断加快,城市发展取得显著成效,而农业农村发展相对滞后,出现许多不容忽视的瓶颈问题,影响和制约着我国经济社会的全面发展,而实施乡村振兴战略正是解决这一难题的得力之举。其次,实施乡村振兴战略是实现全面建成社会主义现代化国家目标的必然要求。随着全面建成小康社会目标的实现,我国已经开启全面建成社会主义现代化国家新征程。但农业农村发展任务依然异常艰巨,必须采取重大战略措施全面提升农业和农村的发展速度和水平,只有实现农业农村农民的现代化才是全面的社会主义现代化。最后,实施乡村振兴战略是实现全国协调发展必然要求。协调发展既包括区域内城市间协调发展,也包括城乡协调发展。京津冀协同发展的初衷就是为解决区域内城市间、城乡间发展不平衡,以及东西、南北区域间发展不平衡的问题,在某些方面与乡村振兴战略具有共同的战略目标。因此,推动京津冀协同发展必然要坚决落实乡村振兴战略。

(三)城乡融合发展的新模式:三产融合发展

一二三产业融合发展是实现乡村振兴、促进农业现代化的主要抓手,是推进新时代城乡关系向融合共生发展的创新模式,能够有效解决好小农户生产与大市场需求的对接,实现小农经济与现代化规模化生产经营的高效连接。党的十九大指出"促进农村一二三产业融合发展",2018 年中央一号文件进一步强调"产业兴旺是乡村振兴的重点,要构建农村一二三产业融合发展体系"。促进一二三产业融合发展是新时代做好"三农"工作的重要任务,是推动农业增效、农村繁荣、农民增收的重要途径,同时也有利于优化要素配置、强化产业集聚效应、改善市场形态及城乡格局,促进整个国民经济发展。2021 年中央一号文件进一步指出,要构建现代乡村产业体系,推进农村一二三产业融合发展的示范园和科技示范园区建设。

从我国发展新的历史方位看,一二三产业融合发展具有更为广阔的空间。加快促进农村一二三产业融合发展,有效整合当地优势资源,实现产业和区域间的优势互补、良性互动。从我国经济转向高质量发展阶段看,一二三产业融合发展路径更加明晰。促进一二三产业融合发展,有利于产业结构优化,提升农业农村经济发展的质量和效益,促进农民增收。从实施乡村振兴战略新部署看,一二三产业融合发展作用更加突出。促进一二三产业融合发展,对于激发农业经济发展竞争活力具有重要作用,为产业兴旺提供发展新动能。促进京津冀城乡融合发展必须首先解决城乡之间的产业落差,最有效的举措就是推动第一产业与二三产业融合发展,通过经济融合带动社会融合、制度融合、文化融合、生态融合。

(四)城乡融合发展的新保障:基本公共服务均等化

在新型城乡关系发展进程中,实现城乡公共服务的差异化和基本公共服务的均等化,是推进我国城乡基础设施建设的基本要求。习近平强调:"实现城乡发展一体化,目标是逐步实现城乡居民基本权益平等化、城乡基本公共服务均等化、城乡居民收入均衡化、城乡要素配置合理化,以及城乡产业发展融合化。"实现城乡基本公共服务均等化是健全城乡发展一体化体制机制的关键环节,是破解城乡二元体制的突破口,也是加大强农惠农富农政策力度的基本保障。构建城乡基本公共服务均等化的实现机制是破除城乡二元体制、实现社会公平正义的基本要旨,也是构建城乡要素统一市场的前提条件,更是缩小城乡差距的必然选择。

作为推进新时代城乡融合发展的新保障,首先,完善城乡基本公共服务均等化的实现机制是促进城乡平权、缩小城乡差距的出发点。实现城乡基本公共服务均等化,凸显和回应了"公平正义"的社会价值诉求,是保障农民基本权益、促进城乡平权的出发点。其次,完善城乡基本公共服务均等化的实现机制是深化统筹城乡改革、建立城乡要素统一市场的着力点。我国社会主义市场经济体制不健全的表现主要是城乡要素不能充分流动,均等化配置的基本公共服务体系能够保障各类生产要素在城乡间的合理配置与自由流动。最后,完善城乡基本公共服务均等化的实现机制是促进社会公平正义的归着点。实现城乡基本公共服务均等化,旨在构建城乡居民享有起点公平与机会公平的基本公共服务体制机制,保障农民享受与城市居民平等的政治、经济、文化、社会权益和同质化的基本公共服务。在京津冀区域探索实现公共服务均等化的新路径,关键是从体制机制入手,构建公共服务资源共享的社会管理体制新框架。

第二节　京津冀城乡融合发展的现实意义

京津冀城乡融合发展符合新时代中国特色社会主义的本质要求,是京津冀地区建设特色小镇、高效实施乡村振兴战略、推进基本公共服务均等化、实现城乡高质量建设的有效途径,是引导京津冀三地打破城乡间分割壁垒,促进要素流动、公共服务均等化,实现资源最优配置的客观需要。放眼未来,习近平关于京津冀城乡融合发展的指示精神,不仅为我国实现"两个一百年目标"奠定了理论基础,同时也为实现共产主义远大理想提供了实践指导。

一、破除城乡"二元思维",为实现"两个一百年目标"夯实基础

(一)为全面建成小康社会指明新方向

在持续推进城乡建设进程中, 习近平重点强调:"要抓紧工作、加大投入,努力在统筹城乡关系上取得重大突破,特别是要在破解城乡二元结构、推进城乡要素平等交换和公共资源均衡配置上取得重大突破, 给农村发展注入新的动力,让广大农民平等参与改革发展进程、共同享受改革发展成果。"这一重要思想深刻揭示了城市与乡村发展的本质和必然联系,把城市和乡村作为一个有机整体, 促进城乡生产要素平等交换和公共资源均衡配置,破除传统的城乡二元结构,推动城乡统筹协调和共同发展,构建和谐共生的城乡关系,为我国新时代城乡融合发展增添活力,为全面建成小康社会

指明了新方向。

（二）为建设社会主义现代化强国开辟新路径

城乡融合发展是解决我国新时代社会主要矛盾的必然选择，是实现社会主义现代化的必然要求。实现城乡融合发展，是对未来新型城乡发展关系做出的重大战略部署，是加快推进农业农村现代化、实现乡村振兴的重要指导方针。

城乡融合发展的本质是为了引领乡村地区全面振兴而实现繁荣兴盛，促进城市与乡村的一体化联动，实现城乡等值、共处共荣，进而解决人民日益增长的美好生活需要和不平衡不充分的发展之间的矛盾。概而论之，城乡融合发展是中央在全面建成小康社会决胜阶段解决好"三农"问题的新方略，体现了我国新时代中国特色社会主义建设的阶段特征，体现了中央政府优先发展农业农村的决心和魄力，为我国社会主义现代化强国建设开辟了新路径。

（三）破除城乡二元思维，促进精神境界极大提高

由于我国城乡关系发展长期以来形成的城乡二元经济结构，导致城市居民和农村居民在思想观念上均形成一种致使城乡分割愈发严重的城乡二元思维，在这种错误思维的影响下，青年人开始向往城市生活并离开农村，农村老龄化日渐严重，使得城乡间发展差距逐渐增大，对城乡融合发展产生不利影响。因此，推进新时代城乡融合发展，必须首先破除"城市先进、农村落后"，"城市与乡村是两个相互独立的生活圈"，"城市与乡村具有不同价值观念的传统思维"等一系列城乡二元思维，站在全局和战略的高度，以科学的眼光，重新认识和理解城乡融合发展的内涵和意义，树立新时代城乡融合发展的新思想、新观念，并拓展城乡交流的平台与渠道，探寻城乡融合发展新路径，建立城乡互帮互助的体制机制，促进新时代城乡经济社

会的繁荣发展。

二、打破城乡二元结构，重塑我国城乡融合发展新格局

"城乡二元结构是制约城乡发展一体化的主要障碍。"城乡二元结构的存在，限制城乡之间生产要素自由流动，使得城乡间基本公共服务配置失衡，城乡间要素自由流动受阻，造成我国城乡发展不平衡。因而打破城乡二元结构，破除要素流动障碍，促进城乡间生产要素的自由流动和双向互补，实现城乡基本公共服务的均衡配置，对健全我国城乡融合发展体制机制具有深刻意义，为重塑我国城乡融合发展格局创造条件。

（一）消除城乡差距，实现物质财富极大丰富

马克思、恩格斯在设想和擘画共产主义社会时，其中一个重要方面，就是要消灭工农之间、城乡之间、体力劳动与脑力劳动之间的差别和对立，这其中的差别和对立与城乡关系的改变直接相关，他们认为"城乡关系发生改变，整个社会也会跟着改变"，因此城乡关系的改变对于我国经济社会当前和未来的发展具有重要意义。推进新时代城乡融合发展，是我国乡村走向现代化的一场空前深刻的历史性变革，它不仅将会是农村生产力水平和农民生活水平提高的过程，也将是农村生产方式和农民生活方式进步的过程，必将有利于消除工农间和城乡间的对立与差距，实现物质财富方面的极大丰富，有力地推进中国特色社会主义发展进程，为实现共产主义远大理想奠定坚实的物质基础。

（二）推进城乡要素双向流动，建立健全城乡融合发展机制

实现城市和乡村的互利共生、共同繁荣，是新时代城乡融合发展的核心。然而由于当前我国城乡间存在较大的生产力水平差异，劳动力、资金、土

地等各种生产发展要素仍从乡村单向流入城市，再加上城市对乡村的"反哺"程度小,对乡村建设发展投入要素不足,致使我国乡村处于"贫血"状态,乡村建设动力不足。可见,目前我国还没有建立科学合理的城乡间要素流动机制,存在要素交换不合理现象,以致城乡的融合发展还存在一定的障碍。

全面推进城乡间要素的双向互补流动, 务必要破解城乡间要素流动阻碍,引导劳动力、资金、土地、技术等发展要素的合理流动,实现城乡人口对流、要素对流、文化对流;同时,强调市场在资源配置中的决定性作用,通过市场机制建设使城乡间资源实现整合和公共资源的均衡配置, 构建支撑城乡融合发展的体制机制和政策体系。就资本流通问题来说,要改变当前我国乡村资本净流出的"失血"现状,鼓励引导社会资本流入农村建设环境,深化农村金融改革,完善农村金融体系,以提高农村金融服务的有效供给水平,提高农村金融服务的便利性和可得性。同时,建立城乡间新型互动关系,强化二者间的分工与合作,补齐乡村基础设施建设短板,率先推动城乡基础设施的互联互通、共建共享,改变原有城乡间基础设施建设水平差距巨大的现实问题,满足新时代背景下我国人民对城乡功能的多样化需求,不断缩小城乡发展差距。

(三)促进基本公共服务均衡配置,破解我国城乡二元结构

统筹公共资源在城乡间的均衡配置是从根本上消除城乡二元结构的必然要求,须建立健全覆盖全民、普惠共享、城乡一体、服务均等的基本公共服务体系。近年来,各级地方政府坚持把解决好农业农村农民问题作为重中之重,加大公共服务向"三农"配置的力度,加快健全城乡发展一体化体制机制,城乡收入差距明显缩小,在破除城乡二元结构上迈出重要步伐。但相比城市而言, 基本公共服务对农村的覆盖范围和支持力度仍然不够,不能满足农业农村发展对各种公共产品的实际需要,包括公共基础设施建设投资体制、教育卫生文化等公共服务体制、社会保障制度等仍带有明显

的二元特点。

推动城乡公共服务均衡配置是破除城乡二元结构的关键之举，这有助于打破长期以来形成的城市对农村的吸附效应与资源单向汲取格局，从而促进城乡建设规划、基础设施、公共服务和社会保障等一体化发展。因此，需要统筹建设公共服务体系，实现优质公共服务资源在二者间的双向流动；统筹建设公共医疗卫生体制，推动城乡居民基本医疗保险制度建设，合理配置优质卫生医疗资源；统筹建设教育体制，提高农村教师的工资福利水平，实现教师资源在城乡间的合理配置，缩小二者间的教育服务水平差距，最终实现教育资源在城乡间的均等化配置；统筹建设社会保障体制，加大对农村地区社会保障建设的资金投入力度，完善其低保制度建设；统筹建设就业管理制度，通过政策建设保障城乡间就业环境平等，重视农村剩余劳动力的就业转移，创造平等的创业支持环境，实现城乡统一公平就业。

三、缩小城乡发展差距，开辟我国城乡融合发展新路径

缩小城乡间发展差距，并不意味着使城市与乡村完全相同，而是要保持城乡之间的功能差异。京津冀对高品质特色小镇的培育创建、对乡村振兴战略的全面实施，从经济、政治、文化、社会及生态文明等方面加强了对我国城乡接合部及广大乡村腹地的建设水平，加快推进了农业农村现代化建设进程，逐渐缩小城乡差距，但仍保持了城乡间功能的差异化，为我国城乡融合发展开辟了新路径。

（一）培育创建优质特色小镇，助推我国乡村全面振兴

特色小镇以产业"特而强"、功能"聚而合"、形态"小而美"、机制"新而活"的独特优势，成为实现创新创业者梦想、加快供给侧结构性改革、促进产业转型升级、培育经济新动能、建设服务型政府的新平台。特色小镇连接大

中小城市和乡村，使工业和农业、城市和乡村在要素配置、产业发展、生态保护等方面实现有机联系，是农产品加工和农村一二三产业融合的空间载体，是城乡之间各类资源要素在大中小城市和乡村之间自由流动的桥梁和纽带，特色小镇的培育创建扩大了我国城乡融合发展思路，为城乡融合发展工作的推进提供了重要突破口，对乡村振兴战略的实施产生了巨大的助推作用，这践行了习近平强调的"特色小镇、小城镇建设对经济转型升级、新型城镇化建设，都具有重要意义"。

培育创建高质量的特色小镇，对于推动我国经济转型升级和加强城乡发展一体化建设都具有重要意义。特色小镇秉持新时代五大发展理念，依照"特色牵引、市场主导、产业支撑"的发展原则，成为区域经济和产业从重"量"到重"质"、从模仿到创新的突破力量，也成为拉动我国经济发展的新引擎。特色小镇的高质量建设，能够改变乡村与城市的不平衡格局，加速人口在城乡之间的自由流动，实现资本在城乡之间的优化布局、完善土地在城乡之间的合理配置，推动城乡之间资源的均衡互动，进而带动乡村农业和其他特色产业的发展，实现特色产业集聚、农村剩余劳动力转移和农业生产率的提高，能够加快我国农业农村现代化建设进程，实现我国城乡发展一体化。

（二）全面实施乡村振兴战略，带动我国城乡融合发展

农业农村农民问题是关系国计民生的根本性问题，没有农业农村的现代化，就没有国家的现代化。2007 年党的十七大提出"形成城乡经济社会发展一体化"，在此基础上，党的十九大首次提出乡村振兴战略，习近平对此作出重要指示："实施乡村振兴战略，是党的十九大作出的重大决策部署，是新时代做好'三农'工作的总抓手"，顺应了我国广大农民群体对美好生活的期待，标志着工农城乡关系进入新的历史时期，城乡融合发展指日可待。《中华人民共和国国民经济和社会发展第十四个五年规划和 2035 年远景目标纲要》提出"坚持农业农村优先发展，全面推进乡村振兴"，进一步对新阶段"三

农"工作作出新的战略部署。

实施乡村振兴战略是一项长期的历史性任务。首先,将工业与农业、城市与乡村、城镇居民与农村居民作为一个整体,纳入决胜全面建成小康社会和建设社会主义现代化国家的全过程,并从根本上改变我国乡村与城市的长期从属关系。其次,改变以城市为中心的城乡发展路径,转变以工统农、以城统乡的传统模式。在乡村振兴战略实施进程中,优先保障资金投入,优先提升公共服务水平,补齐农村发展短板,缩小城乡发展差距,带动城市和乡村均衡发展。最后,协调农村经济、政治、文化、社会及生态文明等方面与党建之间的关系,进一步完善城乡融合发展体制机制和政策体系。此外,也要加快实现农业农村生产方式和生活方式的现代化发展,加快提升乡村治理能力和乡村治理体系的现代化建设。实施乡村振兴战略是一篇大文章,要统筹谋划,科学推进,全方位实现乡村振兴,引领全国各地走城乡融合发展之路。

第三节　京津冀城乡融合发展的实践探索

在习近平关于京津冀城乡融合发展思想的指导下,京津冀三地立足实际发展情况,开展了一系列城乡建设探索工作,为推动京津冀城乡融合发展提供丰富的实践经验。以疏解北京非首都功能为契机,积极探索特色小镇建设模式,为新时代城乡融合发展的持续推进打造新的发展模式;在科学认识城市和乡村发展规律的基础上,高效落实各地区的"三农"工作,全面实施乡村振兴战略;同时,主动发挥政府引导作用,引入市场机制,统筹配置公共资源,提升京津冀区域的基本服务均等化水平。

一、大力推进特色小镇建设,开创京津冀城乡融合发展新局面

特色小镇是推进国家新型城镇化、促进城乡融合发展的主体之一,是京津冀城市群建设的坚强基石。特色小镇作为连接城市和乡村的重要着力点和支撑点, 在推进京津冀城乡融合发展建设工作中起到重要作用,《规划纲要》中也提到要"培育中小城市和特色小城镇"。在实际探索工作中,以疏解北京非首都功能为契机,科学规划特色小镇生产、生活、生态空间,带动京津冀乡村地区的特色产业发展,加速人口、资本等生产要素在城乡间的自由流动,并探索各类建设模式,最终消除"环首都贫困带",开创京津冀城乡融合发展新局面。

(一)以疏解北京非首都功能为契机,大力推进京津冀特色小镇建设

党的十九大报告指出:"实现区域协调发展,以城市群为主体构建大中小城市和小城镇协调发展的城镇格局,以疏解北京非首都功能为'牛鼻子'推动京津冀协同发展。"习近平在 2015 年 2 月 10 日中央财经领导小组第九次会议上也明确指出:"通过疏解北京非首都功能,调整经济结构和空间结构,走出一条内涵集约发展的新路子。"有序疏解北京非首都功能,是推动京津冀协同发展的重中之重,而特色小镇以其承接溢出人口与产业的能力,成为疏解北京非首都功能、推进京津冀协同发展的重要途径。

习近平将疏解北京非首都功能视为推动京津冀协同发展、实现北京优化城市建设和规划的"牛鼻子",从城市现实问题的深层次根源着手,强调北京的发展要着眼于可持续发展,依据环境资源承载力的各项约束指标,规定城市开发边界、生态保护红线和城市人口总量的范围,并且通过城市功能转移来推动产业转移,进而带动人口迁移,从根本上破解各个地区因资源环境承载力不足而导致的大城市病。从城市供应和市民需求的关系来看,非首都功

能疏解实质上是城市发展的供给侧结构性改革。在实践过程中，要跳出单个城市的空间改造，立足京津冀整体区域来探索功能疏解的通道，推动资源要素共享互补，改善城市与乡村的生态环境、提升城市与乡村的生存空间质量和生活品质。以此为契机，科学规划布局特色小镇，大力推进京津冀三地对特色小镇的培育创建，实现京津冀城市与乡村之间的良性互动。

（二）探索大都市区特色小镇建设模式，消除"环首都贫困带"

在北京地区周边，河北省数个集中的贫困县构成"环首都贫困带"，由于自然条件不适宜等多方面原因，发展一直处于比较落后的水平。"环首都贫困带"是河北之殇，消除贫困带是推动京津冀协同发展的必然要求，也是实现京津冀协同发展必将解决的重要问题。《河北蓝皮书：京津冀协同发展报告（2017）》指出，要从战略上考虑借助京津冀协同发展的先试先行政策和其他优惠政策红利，来实施各项扶贫工作以解决乡村居民的基本生活需求。习近平认为："特色小镇建设对经济转型升级、新型城镇化建设都具有重要意义。"因此，建设特色小镇是消除"环首都贫困带"的重要突破口，能够有效带动周边农村基础设施建设和公共服务发展，推动城市文明迅速向乡村扩展，促进大都市区城乡融合发展。

在河北省贫困地区选择生态优势明显、特色民俗文化浓郁的乡村，规划建设一批环首都脱贫示范区，引入龙头企业建设特色小镇的模式，率先建成一批与美丽乡村相结合、与文化旅游相融合的特色小镇（村），以此为基点，带动周边贫困乡村脱贫。同时，在河北生态涵养区加大生态环境保护建设，凭借独特的生态优势，抢抓开展环首都国家公园试点的机遇，加快生态涵养区的高标准生态环境建设，创建一批高水平的生态宜居小镇。在此基础上，针对贫困山区闲置农舍较多的特点，引入龙头企业，将闲置农舍盘活和改造为古色古香、体现地域文化特色的休闲民宿；激发京津冀地区城市居民休养生息的市场需求，打造一批休闲养生产业园、河北贫困区独特的休闲养生小镇,带动当地和周边地区的经济发展,逐渐消除"环首都贫困带"。

(三)科学规划特色小镇三生空间,优化京津冀城乡空间布局

《规划纲要》提出了"功能互补、区域联动、轴向集聚、节点支撑"的空间布局原则,在城市功能互补重组、节点城市多点支撑的基础上,形成一批特色城镇,构建起协同推进的城乡发展格局,优化京津冀城乡协同发展的空间布局。坚持以人为核心,进行高起点规划,统筹生产、生活、生态空间布局,逐渐完善城镇功能,提高人民群众的获得感和幸福感,均是科学规划特色小镇的重点部分,其中的生产、生活、生态"三生融合"的开发理念,是培育创建特色小镇的重中之重。

特色小镇建设必须坚持生态优先,坚守生态良好底线,根据地形地貌和生态条件做好整体规划、形象设计,硬件设施和软件建设都应实现"一镇一风格",充分体现"小镇味道",同时要特别重视生产和生态融合发展,实现特色小镇生态特色与产业特色、当地自然风貌的协调发展。首先,明确特色产业定位,打造完整的产业生态链,集聚高端资源要素,打造特而强的产业业态;其次,提升社区品质,培育文化特色,实现聚而合的多元精致生活;最后,以产业资源为引导,旅游业态为载体,充分考虑各项基础设施建设,加强对外宣传和保障机制,塑造精而美的特色生态空间。

二、因地制宜推进乡村振兴战略,促进京津冀城乡融合新发展

实施乡村振兴战略,是以习近平同志为核心的党中央从党和国家事业全局、着眼于实现"两个一百年"奋斗目标、顺应亿万农民对美好生活的向往作出的重大决策,对解决"三农"问题具有重要战略意义。以习近平新时代城乡融合发展思想为指导,逐步推进乡村振兴工作,助推京津冀协同发展。

(一)科学认知城市发展阶段,有序实施乡村振兴战略

无论是城市或乡村,首先科学研判经济社会发展所处的历史方位,明晰发展阶段性特征,对此,习近平在 2015 年中央城市工作会议上指出:"做好城市工作,首先要认识、尊重、顺应城市发展规律,端正城市发展指导思想。"因此,要在科学认知城市发展规律的基础上,有序推进京津冀地区乡村振兴工作,实现京津冀地区城乡融合发展。乡村振兴战略是党中央做出的一个重大战略部署,是关系全局性、长远性、前瞻性的国家总布局。从历史角度看,乡村振兴是在新的起点上深入推进城乡发展一体化,既总结过去又谋划未来,有助于从根本上解决城乡差异、城乡发展失衡等带来的问题,也有利于实现我国整体的均衡发展和实现城乡融合共生的可持续发展。

中国特色社会主义进入新时代,实施乡村振兴战略成为"三农"工作的总抓手,也是解决我国社会主要矛盾的迫切要求。随着我国社会主要矛盾的转化,人民对美好生活的需求要求经济社会发展向更高层次迈进,因此需要在认识、尊重、顺应城市发展规律的基础上,深刻把握北京、天津、河北的战略定位,以核心城市作为突破口,确立城市群结构与功能定位的逻辑起点,从城市的全局、系统、部分,空间、规模、产业,规划、建设、管理等方面,统筹京津冀城市群未来的发展。同时,认真总结并遵循城乡发展规律,准确把握乡村振兴的科学内涵,加快补齐农业农村短板,促进乡村全面振兴,实现城乡等值化。

(二)实现"三农"现代化,推进乡村振兴战略稳步实施

1. 构建农业三大体系,推进农业现代化建设

农业发展是全面建成小康社会、实现社会主义现代化的基础,推动农业现代化发展也是我国农业发展的重要目标,习近平也强调:"没有农业现代化,国家现代化是不完整、不全面、不牢固的。"依据习近平的重要指示,

要统筹现代农业的"三大体系"的稳步发展，将现代农业产业体系、生产体系、经营体系作为发展的核心，带动农业现代化的整体发展。具体来说，现代农业产业体系的构建需要促进农村产业的横向拓展和纵向延伸的有机统一，提升农业资源要素配置和农产品供给效率，实现农业整体素质和竞争力的提高；现代农业生产体系的完善需要结合先进的生产手段和生产技术，提升农业的发展动力和生产效率；现代农业经营体系的营造需要统筹协调农业经营主体、组织方式、服务模式的整体发展和升级，提升农民的收益和经营效益。

2. 培育新型职业农民，健全农民增收长效机制

农民是农业农村生产活动的主要参与者，也是实施乡村战略的核心主体。随着现代农业的快速发展，以及对农民技术教育培训工作的开展，一大批"爱农业、懂技术、善经营"的新型职业农民快速成长，并逐渐成为现代农业建设的主导力量，成为适度规模经营的主体，为现代农业发展注入新鲜血液。新型职业农民的大力培育，提高了农民的科学文化素质和生产经营能力，造就了高素质的新型农业生产经营者队伍，有效解决了"谁来种地""如何种好地"的现实难题，确保国家粮食安全；同时，吸引中高等院校毕业生、科技人员等创新人才积极到乡村地区创新创业，带动资金、技术、管理等要素逐渐流向乡村，培育新产业新业态，激活发展动力，拓宽农民增收渠道，建立持续增收的长效机制。

3. 完善农村土地制度，统筹农村改革体系深化

习近平在 2016 年农村改革座谈会上强调："新形势下深化农村改革，主线仍然是处理好农民与土地的关系。"土地制度作为农村各项制度的基础，决定着城市和农村经济社会的全局建设，要将稳定土地承包关系、引导土地有序流转、保障农民财产权益作为其改革的核心。第一，实行非常严格的耕地保护制度与用地节约制度，根据明确的产权，使用控制，严格的管理和节约集约的要求。第二，积极探索现有土地承包关系和承包地确权的具体方式和

方法,建立健全土地承包经营权流转市场,完善农村土地承包制度。第三,建立可以转让农村集体经营性建设用地产权的市场,完善土地二级市场,积极探索土地增值收益分配机制,可以兼顾国家、集体和个人三方。第四,加快推进征地制度改革,完善对被征地农民合理、规范、多元的保障机制。

(三)统筹推进"五位一体"总体布局,实现京津冀乡村全面振兴

1. 加强经济建设,找准产业融合发展定位

乡村振兴问题归根结底是发展的问题。实施乡村振兴战略的首位任务是实现产业兴旺,为乡村居民提供良好的生活保障和可靠的收入来源,为乡村振兴汇聚更强大的人才队伍和人力资源,为乡村振兴的可持续发展提供重要保证。基于乡村自身实际情况,重点发展核心农业,结合比较优势找准一二三产业融合发展定位点,促进特色产业集聚融合,不断壮大乡村经济实力,为乡村经济、政治、文化、社会和生态文明建设提供物质基础,增强乡村振兴内生动力。

首先,乡村的核心产业是农业。激发农业发展内生动力,要始终坚持"质量兴农、效益优先、绿色导向"的基本原则,以农业供给侧结构性改革为主线,推进农业政策从增产导向转向提质导向,使农业成为一个具有无限生机的美好产业。其次,因地制宜、因时制宜,把大力发展农村生产力放在突出位置,依据各地区独有的资源优势、区位优势以及在发展过程中所积累的其他比较优势,明确适合本地长期发展的主导产业,发挥其集聚效应与溢出效应,形成符合市场需要的产业结构。最后,高度重视第一产业、第二产业和第三产业的占比和融合,充分挖掘和扩大农业产业的多维功能,大力发展加工业和服务业,以第三产业带动一二产业发展,实现地区产业发展的动态平衡。

2. 坚持生态优先,打造生态宜居美丽家园

乡村的生态宜居性是人们改善生活的需求。习近平提出的"坚持绿色发

展，加强农村突出环境问题综合治理，让良好生态成为乡村振兴支撑点"要求，体现了生态振兴在乡村振兴战略中的重要位置，为推动乡村生态文明建设指明了方向。在实施乡村振兴战略中，深刻认识到实施农村生态振兴的重要性和必要性，始终坚持生态优先和绿色发展的理念，加强农村人居环境的整治，继续推动农村"厕所革命"建设工作，完善各类基础设施和公共服务，建设绿色宜居的美丽乡村，促进乡村振兴战略健康有序的发展。

第一，坚持生态绿色发展理念。根据生态优先和绿色生产方式的要求，调整农业生产结构，优化各产业的空间布局，促进农业与资源环境的协调发展；同时，坚持保护与发展相结合的原则，不断开发生态产品，促进产业链纵向延伸和横行拓展。第二，加快建设美丽乡村。加强农村突出环境问题的综合治理，例如污水、垃圾、空气污染、噪音等，加快推进"厕所革命"，提高建设质量；另外，坚持以人民为中心，从人民群众反映最强烈、需求最迫切的问题入手，持续改善乡村生态环境，提升自然环境质量。第三，完善长效机制。推动高起点、高质量、高水平的规划、建设、管理实施工作，使农村基础更加牢固、环境更加优美、生态更加优越；同时，调动广大农民的积极性和创新性，把对美好生活的向往转为推动乡村生态振兴的动力，共同建设绿色宜居的美丽家园。

3. 弘扬文化精髓，传递乡风文明优质能量

2013 年中央农村工作会议指出："农村是我国传统文明的发源地，乡土文化的根不能断，农村不能成为荒芜的农村、留守的农村、记忆中的家园。"乡风是维系乡愁的重要纽带，是传承文明的重要载体，习近平指出："乡村振兴既要塑形，也要铸魂"，乡风文明是乡村振兴的核心和灵魂，蕴含丰富的文化内涵，是乡村振兴战略中最基本、最深沉、最持久的力量，不仅为实施乡村振兴战略指明方向，也对加强乡村精神文明建设提出新要求。乡风文明能够有效吸引城市要素资源向乡村地区转移，进而促进产业兴旺，能够为美丽乡村建设提供优良的人文环境，实现生态宜居，是治理有效的重要条件和成效

体现,是生活富裕的重要内涵。

以乡风文明助力乡村振兴,把优秀传统文化和现代文化融为一体,潜移默化地渗透到乡村生产和社会生活方式中,并转变成居民的自觉行动,内化为居民的信仰和习惯,使乡风文明渗透到乡村建设各个方面。乡风文明为乡村发展提供强大的精神力量和道德滋养,在培育乡村优质能量时,进一步加强乡村群众的思想道德建设,丰富群众精神文化生活,充分发挥乡村文化设施作用,弘扬中华民族优秀传统文化,打造农民有情怀可安放、有乡愁可寄托的精神家园。同时,充分认识乡村文化价值和乡风文明建设的综合性与发展性特点,更好地推进京津冀乡村与城市之间的乡风文明建设工作,实现城乡间文化的融合互动,传递优质能量。

4. 创新制度供给,探索乡村治理新模式

乡村治理既是国家治理体系的重要组成部分,也是实现乡村振兴的基石。治理有效是乡村振兴战略的基础,是实现乡村社会的和谐安定的重要保障,要创新乡村治理机制,保障相应的制度供给,推进自治、法治、德治"三治"融合,以自治为核心实现乡村治理有力,以法治为前提实现乡村治理有序,以德治为引领实现乡村治理有魂, 这不仅是加强基层民主法治建设的应有之义,也是农村经济社会发展的必然要求,更是促进国家治理体系和治理能力现代化的重要内容。

加强乡村治理工作稳步推进,建立健全自治、法治、德治相结合的乡村治理体系。第一,增强村民自治的自我管理、自我服务功能,引导乡村基层组织、社会组织和广大村民有序地参与乡村各项治理工作与事务。第二,提高乡村治理的法治水平,灵活运用各类法治知识和法律手段解决各类问题,加强乡村法治建设,建立健全基本公共法律服务体系,为广大农民提供优质高效的法律服务。第三,德治在培育良好村风民风、加强和改善乡村治理方面发挥了基础性作用,因此坚持以文化人、以文养德,实施文化惠民工程,不断丰富广大农民群众的文化生活,实现乡村高效治理。

5. 提高民生水平，不断增加农民获得感

生活富裕是农民的基本向往，也是实现乡村振兴的根本要求。生活富裕就是要让农民达到经济宽裕、衣食无忧、生活便利的水平，拓宽农民增收渠道，提高农村民生保障水平，是乡村振兴战略中的重要发力点，关键是要解决农民的就业和收入问题，不断增加农民获得感和幸福感。但近年来农业发展质量、效益、竞争力不高，乡村自我发展能力较弱，农民生产生活压力不断增大，社会压力逐渐增强。因此，提高保障和改善民生水平，确保农民收入持续稳定增长，增加农民获得感、幸福感、安全感，是现阶段实施乡村振兴战略的根本任务。

保持民生水平稳定提高，要采取超常规振兴措施，把高质量发展的要求落到实处，坚持质量第一、效益优先，在城乡融合发展制度设计和政策创新方面想办法、求突破，加快推动速度到质量、规模到效益、传统到现代的提升，不断推进城乡产业融合发展，让广大农民群众具有全面摆脱贫困的能力、创新创业的能力、持续发展的能力，共享现代化的美好生活。在提高乡村民生水平的具体措施方面，保障广大农民既能"就好医"，也能"好就医"，并早日实现安居宜居，从"居者有屋"转变为"住有所居"。同时，推进农民在家庭经营收入、工资性收入、财产性收入、转移性收入等多渠道的增收机制建设，持续增加农民收入，提升农民获得感。

（四）探索城乡要素互动机制，加快京津冀城乡融合发展

引导资源要素向乡村流动是实施乡村振兴战略的基本前提和重要途径，探索城乡间要素互动发展模式，是促进京津冀城乡联动发展的关键环节，能有效加快京津冀城乡发展一体化进程。当前，资源要素向乡村回流的拐点开始呈现，但仍处于起步阶段，资源要素持续向城市净流入的基本格局并未发生很大改变。因此，必须抓住城乡资源要素互动增强的新趋势、新机遇，积极探索资源要素向乡村流动的有效形式。例如，探索多种形式的农业

转移人口返乡创业的支持政策,探索市民下乡、能人回乡、企业兴乡"三乡"工程,推进工商资本下乡,更大规模、更广范围、更为持续地推动资源要素向乡村流动,扭转农业农村发展的劣势局面,促进京津冀地区乡村全面振兴。

积极探索城乡要素互动机制,探索要素流动发展的多种形式,搭建起资源要素向乡村流动的桥梁。第一,积极推动农业转移人口和创新人才回乡,加强城乡间人才交流合作,积极探索有利于人才流动的户籍、社会保障政策,鼓励人才跨区域流动;回乡农业转移人口和创新人才具有一定的资本、技能、管理能力和丰富的创业经验、广阔的产业平台、通达的营销渠道,是接通资源要素向乡村流动的重要途径。第二,积极推动企业和资本下乡,满足乡村发展必要的金融服务和产业化组织,鼓励和引导有社会责任感、有经济实力的金融机构和工商企业到乡村提供金融服务和投资兴业,切实解决农村融资难、融资贵难题和产业化、组织化程度低的困境。第三,积极推动市民下乡,扩大和升级乡村市场的发展,鼓励和引导市民下乡过田园生活,为农村新消费、新投资、新业态带来新机遇,激发乡村消费市场、资本市场、资源市场的崛起。第四,完善农民闲置宅基地和闲置农房政策,推进宅基地"三权分置"改革,激发土地要素的价值活力。

三、促进基本公共服务均等化,推动京津冀城乡融合发展

实现基本公共服务均等化是疏解北京非首都功能的重要前提。《规划纲要》中明确提出:"把实现公共服务均等化作为京津冀协同发展的目标之一。"京津冀三地要发挥政府引导作用,引入市场机制,深化公共服务供给侧改革,统筹配置公共资源,支持多主体参与,实现京津冀公共服务规划和政策统筹衔接,缩小河北与京津地区在公共服务方面的差距,促进基本公共服务均等化水平的提升,形成公共服务共建共享体制机制,推动京津冀城乡融合发展。

(一)深化供给侧改革,提升基本公共服务均等化水平

目前,我国城乡之间、不同区域之间以及不同群体之间在基本公共服务的获得上还存在着较大的不平衡性和不公平性,形成阻碍全面建成小康社会和建设社会主义现代化国家的短板。对此,习近平提出"加快推进基本公共服务均等化""完善公共服务体系,保障群众基本生活"等重要观点。深化公共服务领域供给侧结构性改革,坚守公平底线,完善运行机制,提升基本公共服务均等化水平,促进京津冀城乡融合互动。

如何提升基本公共服务均等化水平,习近平提出要"发挥社会组织作用,实现政府治理和社会调节、居民自治的良性互动"。第一,培育多元主体供给机制。政府要对自己承担的公共服务职能进行全面梳理和评估,引导社会力量参与公共服务供给。第二,创新政社协作机制。实现基本公共服务的多样化供给,利用信息技术发展"互联网+公共服务",提高公共服务供给质量。第三,完善政府购买机制。一方面,立法规范基本公共服务市场准入规则,对积极参与基本公共服务供给的社会组织提出明确要求;另一方面,健全公共服务的供给资源保障机制,提高公共服务设施利用效率,同时,制定并完善"公共服务人才规划",为深化供给侧改革提供技术支撑。

(二)统筹公共资源,优化公共服务均衡布局

统筹城乡区域公共资源,进一步优化公共服务的均衡配置,是实现城乡公共服务均等化的有力抓手。统筹城乡基础设施建设和社区建设,合理配置城乡公共资源,推进城乡基本公共服务均等化,有利于缩小城乡差距,破除城乡二元结构、实现城乡经济社会可持续发展,为建立新型工农城乡关系、实现城乡一体化发展奠定坚实基础。

促进城乡公共资源均衡配置,要求统筹运用各层级、各领域的公共资源,推进科学布局、均衡配置并进行优化整合。其一,整合相关资源,大幅增

加农村公共产品的数量和质量,持续改善各类公共服务设施条件,逐步增强农村地区公共服务供给能力, 打破长期以来形成的城市对农村的吸附效应与资源单向汲取格局。其二,在政策改革上要转换发展思路,逐步取消以户籍制度作为配置、享用公共资源标准的制度,探索科学合理的城乡公共资源配置方式和公共服务供给模式。

(三)强化政府职责,保障资源配置制度供给

转变政府职能、强化政府职责是供给侧结构性改革的题中应有之义,以"放管服"改革为突破口,加快政府职能转变,强化政府服务职责,转职能,提效能,促进去产能、去库存、去杠杆、降成本、补短板,为推进供给侧结构性改革助力。从基层出发,强化政府职责要求深化简政放权、放管结合、优化服务改革,划清政府与市场界限,强化公共财政保障和监督问责,增强政府基本公共服务职责,提高政府提供公共服务的能力。

强化政府为农村提供公共服务的职能, 逐步建成能够适应农村社会发展的服务型政府体系。首先,政府要提高加强和改善农村公共服务的职责意识,创新管理理念,明确职能,健全职责体系。其次,努力建设服务型政府,对农民和各类经济主体进行示范引导。最后,明确各级政府的供给职责,切实加大公共财政对农村建设的支持力度, 逐步缩小城乡居民生活水平与享有的公共服务过大差距。

(四)发挥市场作用,支持各类主体平等参与

推进基本公共服务均等化,是全面建成小康社会的应有之义,对于增进人民福祉、增强全体人民在共建共享发展中的获得感、促进社会公平正义、实现中华民族伟大复兴的中国梦,都具有十分重要的意义。而我国现阶段的在基本公共服务配置过程中,仍存在规模不足、质量不高以及发展不平衡不充分的短板,包括人才短缺严重、社会力量参与不足等问题。

在推动我国城乡基本公共服务均等化发展进程中，充分发挥市场在资源配置中的决定性作用，积极引导社会力量参与，逐步使社会力量成为促进基本公共服务均等化建设的主体，支持各类主体平等参与，并形成强大的供给合力，以多种形式营造平等参与、公平竞争的市场环境，提供方便可及的各类基础设施，满足群众对公共服务的多样化、多层次需求。同时，按照优势互补、互利共赢、长期合作、共同发展的原则，通过政府引导、企业协作、社会帮扶、人才交流、职业培训等多种形式深化基本公共服务的建设，推广政府和社会资本合作（PPP）模式，推动京津冀城乡间基本公共服务的均等化建设。

参考文献

一、著作

1.马克思恩格斯文集(第2卷)[M].北京:人民出版社,2009.

2.马克思恩格斯选集(第1卷)[M].北京:人民出版社,2012.

3.习近平.决胜全面建成小康社会 夺取新时代中国特色社会主义伟大胜利——在中国共产党第十九次全国代表大会上的报告[M].北京:人民出版社,2017.

4.习近平.之江新语[M].杭州:浙江人民出版社,2007.

5.习近平谈治国理政(第二卷)[M].北京:外文出版社,2017.

6.习近平谈治国理政[M].北京:外文出版社,2014.

7.党的十九大报告辅导读本[M].北京:人民出版社,2017.

8.陈秀山,张可云.区域经济理论[M].北京:商务印书馆,2003.

9.国家发展和改革委员会.《中华人民共和国国民经济和社会发展第十三个五年规划纲要》辅导读本[M].北京:人民出版社,2016.

10.李钒主编.区域经济学[M].天津:天津大学出版社,2013.

11.陆大道.区域发展及其空间结构[M].北京:科学出版社,1999。

12.罗平汉.治国理政这五年:十八大以来中国新巨变[M].北京:人民出

版社,2017.

13.人民论坛.中国区域发展新思维:顶层设计与战略布局[M].北京:人民出版社,2016.

14.人民日报海外版"学习小组"编.学习关键词[M].北京:人民出版社,2016.

15.文魁,祝尔娟等.京津冀发展报告2016:协同发展指数研究[M].北京:社会科学文献出版社,2016.

16.吴敬琏,刘鹤,樊纲.中国经济新方位[M].北京:中信出版社,2017.

17.张占斌.中国改革新起点[M].北京:人民出版社,2017.

18.中共中央文献研究室.习近平关于社会主义经济建设论述摘编[M].北京:中央文献出版社,2017.

19.中共中央文献研究室.习近平关于社会主义生态文明建设论述摘编[M].北京:中央文献出版社,2017.

20.中共中央宣传部.习近平新时代中国特色社会主义思想三十讲[M].北京:学习出版社,2018.

21.中共中央宣传部.习近平总书记系列重要讲话读本[M].北京:学习出版社,人民出版社,2016.

22.周其仁.城乡中国(上)[M].北京:中信出版社,2013.

二、报刊论文

1.白永秀,王颂吉.城乡发展一体化的实质及其实现路径[J].复旦学报(社会科学版),2013,55(4).

2.毕夫.城乡融合是带动乡村振兴的核心引擎[N].中国青年报,2018-01-22(2).

3.蔡奇.推动京津冀协同发展[N].人民日报,2017-11-20(6).

4.蔡永飞.实现城乡发展一体化、解决"三农"问题的根本指导思想:十八大以来习近平关于推进城乡发展一体化问题的论述[J].中国延安干部学院学报,2014,7(3).

5.曹昆.站在时代的潮头,筑造历史性工程——以习近平同志为核心的党中央谋划指导京津冀协同发展三周年纪实[N].人民日报,2017-02-27(1).

6.常雪梅,程宏毅,赵克志.坚定自觉落实京津冀协同发展战略[N].人民日报,2018-08-09(9).

7.陈明珠.新常态下动态城乡关系构建路径探析[J].哈尔滨市委党校学报,2015(4).

8.陈润儿.加快推进城乡发展一体化[N].人民日报,2015-07-21(7).

9.陈学斌,胡欣然.农村改革40年回顾与展望[J].宏观经济管理,2018(11).

10.陈耀,汪彬.大城市群协同发展障碍及实现机制研究[J].区域经济评论,2016(2).

11.陈甬军.雄安新区:实现南北平衡的突破口[J].党政研究,2017(4).

12.陈宇韬.马克思区域经济发展理论研究[D].咸阳:西北农林科技大学,2010.

13.陈拯.当代共产党人区域非经济发展战略思想研究[D].石家庄:河北大学,2010.

14.程必定,郝寿义,陈耀,刘士林,廖元和.雄安新区与中国区域协调发展[J].区域经济评论,2017(5).

15.崔东.奋力开创京津冀协同发展新局面[N].人民日报,2018-08-08(13).

16.担负起生态文明建设的政治责任——四论学习贯彻习近平总书记全国生态环境保护大会重要讲话[N].人民日报,2018-05-23(1).

17.邓世平.乡村振兴:习近平对毛泽东农村发展思想的继承与发展[J].

广西师范大学学报(哲学社会科学版),2018,54(3).

18.邓羽,孙超.生态文明建设须树立底线思维[N].人民日报,2017-10-20(17).

19.杜香.我国城乡关系的历史演变及启示[J].山东工商学院学报,2011,25(3).

20.方创琳.京津冀城市群协同发展的理论基础与规律性分析[J].地理科学进展,2017(1).

21.方大春,裴梦迪.雄安新区建设后京津冀城市群空间特征研究[J].当代经济管理,2018,40(4).

22.高长武.解决"三农"问题的根本途径:学习习近平总书记关于推进城乡发展一体化的思想[J].世界社会主义研究,2017,2(3).

23.葛全胜,董晓峰等.雄安新区:如何建成生态与创新之都[J].地理研究,2018,37(5).

24.韩琳.深化公共服务供给侧改革提升基本公共服务均等化水平[N].大连日报,2018-04-27.

25.韩长赋.用习近平总书记"三农"思想指导乡村振兴[N].学习时报,2018-03-29.

26.郝寿义.作为国家级新区的雄安新区在中国区域协调发展中的作用[J].区域经济评论:2017(5).

27.何仁伟.城乡融合与乡村振兴:理论探讨、机理阐释与实现路径[J].地理研究,2018,37(11).

28.胡鞍钢,张新.习近平经济思想与政策框架[J].现代财经(天津财经大学学报),2018,38(3).

29.胡柯.中央城市工作会议关键词解读[J].小康(财智),2016(1).

30.黄国华.论马克思主义的区域协调思想及其当代实现模式[J].学校党建与思想教育,2010(16).

31.坚定不移走中国特色城市发展道路：认真学习贯彻习近平总书记关于新型城镇化的战略思想[J].政策瞭望,2016(8).

32.坚决打好污染防治攻坚战,推动生态文明建设迈上新台阶[N].人民日报,2018-05-20(1).

33.坚决打好污染防治攻坚战——三论学习贯彻习近平总书记全国生态环境保护大会重要讲话[N].人民日报,2018-05-22(1).

34.江曼琦.从京津冀协同发展目标看雄安新区的定位与发展策略[J].经济与管理,2017(5).

35.蒋安全,李志伟.中国生态文明理念走向世界[N].人民日报,2016-05-28(11).

36.蒋永穆,赵苏丹,周宇晗.习近平城乡发展一体化思想探析[J].政治经济学评论,2016,7(5).

37.京津冀三地党刊联合课题组.京津冀协同发展的工作成果与未来展望[J].前线,2017(9).

38.孔祥智.产业兴旺是乡村振兴的基础[J].农村金融研究,2018(2).

39.阔步走在中华民族伟大复兴的历史征程上[N].人民日报,2016-01-05(1).

40.李国平,宋昌耀.雄安新区高质量发展的战略选择[J].改革,2018(4).

41.李婧.习近平城乡一体化思想研究[D].昆明:云南农业大学,2017.

42.李兰冰,郭琪,吕程.雄安新区与京津冀世界级城市群建设[J].南开学报(哲学社会科学版),2017(4).

43.李全喜.习近平生态文明建设思想的内涵体系、理论创新与现实践履[J].河海大学学报(哲学社会科学版),2015,17(3).

44.李群荣,朱梅.毛泽东的区域经济思想[J].海南农业大学学报(社会科学版)2009,10(6).

45.林湘.习近平统筹城乡协调发展新思想探析[J].珠海潮,2018(2).

46.刘秉镰,孙哲.京津冀区域协同的路径与雄安新区改革[J].南开学报（哲学社会科学版）,2017(4).

47.刘秉镰.雄安新区与京津冀协同开放战略[J].经济学动态,2017(7).

48.刘海云,谢会冰.以促进公共服务均等化推动京津冀协同发展:2015年京津冀协同发展正定论坛会议综述(一)[J].经济与管理,2015,29(6).

49.刘建军.跨界治理:京津冀协同发展的体制机制创新研究[A].//河北省社会科学界联合会.第九届河北省社会科学学术年会论文集[C],2014.

50.刘磊.习近平新时代生态文明建设思想研究[J].上海经济研究,2018(3).

51.刘守英,王一鸽.从乡土中国到城乡中国:中国转型的乡村变迁视角[J].管理世界,2018,34(10).

52.刘伟.建国以来党的区域发展战略思想研究[D].西安:陕西师范大学,2011.

53.刘雪芹,张贵.京津冀产业协同创新路径与策略[J].中国流通经济,2015(9).

54.刘彦随,严镔,王艳飞.新时期中国城乡发展的主要问题与转型对策[J].经济地理,2016,36(7).

55.刘彦随.中国新时代城乡融合与乡村振兴[J].地理学报,2018,73(4).

56.刘禹君.加快建立健全城乡融合发展体制机制[N].吉林日报,2018-07-06(8).

57.罗兴奇,孙菲.城乡发展一体化的保障机制及协同策略[J].农村经济,2016(6).

58.吕建微.邓小平区域经济发展思想与实践研究[D].大庆:东北石油大学,2014.

59.吕媛,徐晶.基于政府与市场关系的京津冀协同发展机制研究[J].代营销(下旬刊),2016(10).

60.梅浩.习近平城乡融合发展思想的理论逻辑与实践路径[J].中共乐山市委党校学报,2018,20(4).

61.深刻认识加强生态文明建设的重大意义——一论学习贯彻习近平总书记全国生态环境保护大会重要讲话[N].人民日报,2018-05-20(1).

62.孙久文,姚鹏.京津冀产业空间转移、地区专业化与协同发展:基于新经济地理学的分析框架[J].南开学报(哲学社会科学版),2015(1).

63.孙秀艳.守住国家生态安全的底线[N].人民日报,2017-02-08(14).

64.孙彦明.京津冀产业协同发展的路径及对策[J].宏观经济管理,2017(9).

65.谈镇.习近平区域经济发展思想及其实践展开[J].南京社会科学,2015(4).

66.唐少清,谢茜.京津冀协同发展的新支点:雄安新区分析[J].燕山大学学报(哲学社会科学版),2017,18(4).

67.王东峰.深入贯彻习近平新时代中国特色社会主义思想奋力开创雄安新区高质量发展新局面[J].人民论坛,2018(19).

68.王吉全,黄策舆.新城区新理念[N].人民日报,2017-07-17(3).

69.王吉全.选址·功能·开发:设立雄安新区热点三问(大家之言)——访京津冀协同发展专家咨询委员会组长徐匡迪[N].人民日报.海外版,2017-04-11(5).

70.王振宇.马克思恩格斯区域协调发展思想研究[J].实事求是,2011(6).

71.魏后凯.公平协调共享习近平区域发展战略思想支点与特征[J].人民论坛,2014(15).

72.魏后凯.重塑京津冀发展空间格局[N].经济日报,2014-06-06.

73.邬巧飞.马克思的城乡融合思想及其当代启示[J].科学社会主义,2014(4).

74.肖金成,马燕坤.京津冀协同与大城市病治理[J].中国金融,2016(2).

75.肖金成.京津冀一体化与空间布局优化研究[J].天津师范大学学报(社会科学版),2014(5).

76.新时代推进生态文明建设的重要遵循——二论学习贯彻习近平总书记全国生态环境保护大会重要讲话[N].人民日报,2018-05-21(1).

77.修伟,张军.我国城乡发展一体化的制度困境与路径选择[J].甘肃理论学刊,2013(6).

78.徐军.以"特"为魂,打造"三生融合"的特色小镇[N].嘉兴日报,2017-02-24(15).

79.许彩玲,李建建.习近平城乡发展一体化思想的多维透视[J].福建论坛(人文社会科学版),2015(3).

80.许光.习近平新时代劳动力转移思想研究[J].上海经济研究,2018(7).

81.杨三省.推进城乡统筹实现城乡发展一体化[J].西部学刊,2013(1).

82.叶昌友,张量.论马克思、恩格斯的城乡融合思想[J].求索,2009(12).

83.叶小文.新征程:建设社会主义现代化强国[N].北京日报,2017-10-23(16).

84.袁勃.京津冀协同发展开新局(砥砺奋进的五年)[N].人民日报,2017-10-06(1).

85.张春雷.雄安新区承接北京非首都功能疏解支撑体系的构建[J].河北大学学报(哲学社会科学版),2017,42(6).

86.张翼.推动基本公共服务均等化[N].人民日报,2016-09-27(20).

87.张莹.协同发展背景下京津冀高新技术产业链构建研究[D].北京:首都经济贸易大学,2016.

88.赵成福.深入推进基本公共服务均等化[N].人民日报,2015-09-30(7).

89.赵弘.习近平京津冀协同发展思想的内涵和意义[J].前线,2018(3).

90.赵伟.习近平统筹城乡发展思想研究[J].井冈山大学学报(社会科学

版),2014,35(6).

91.赵新峰,王浦劬.京津冀协同发展背景下雄安新区治理理念的变革与重塑[J].行政论坛,2018,25(2).

92.中共中央国务院.关于实施乡村振兴战略的意见[N].光明日报,2018-02-05(1).

93.中共中央国务院印发《关于加大改革创新力度加快农业现代化建设的若干意见》[N].人民日报,2015-02-02(1).

94.朱建江.习近平新时代中国特色社会主义乡村振兴思想研究[J].上海经济研究,2018(11).

95.朱竞若,贺勇,余荣华.治理"大城市病"北京修改规划[N].人民日报,2014-01-18(3).

96.宗国英.努力在京津冀协同发展中发挥示范作用(人民要论)[N].人民日报,2017-03-24(7).

后　记

　　中国改革开放四十多年的快速发展创造了人类社会发展史、世界经济发展史上的新奇迹，使我国前所未有地更加接近中华民族伟大复兴中国梦的实现。与这一光辉历程相伴随的，是中国区域空间格局不平衡现象的进一步加剧，不仅是四大发展区域之间发展不平衡，即使同在发达的东部地区，南北之间的发展也是不平衡的。珠三角、长三角、京津冀区域是中国经济发展水平最高的三个集聚发展区，国家政策向三大区域的倾斜也是一以贯之的。尽管从总体上看，三大区域的发展平稳有序，持续担当着中国发展增长极的作用，但强弱差别却是非常显著的。位于华南地区的珠三角区域和位于华东地区的长三角区域一直保持着强劲的发展势头，特别是在发展动能转换、发展模式转变、产业结构调整的关键期、窗口期表现突出，引领发展新趋势的能力充足，极化效应和引擎作用不断增强。相比而言，京津冀区域的发展在众多领域均有较大提升空间。由此可见，站在新的历史方位上，面对新形势、新任务、新要求，我们需要深化对京津冀协同发展这个重大国家战略的认识，认真剖析京津冀区域在现实发展中存在的各种矛盾问题，找到阻碍京津冀协同发展的症结所在。同时，在深刻领会习近平关于京津冀协同发展战略重要论述的基础上，通过思维革命来探索京津冀协同发展的新路径。

　　本书作为天津市哲学社会科学重点委托项目的成果，是习近平新时代中国特色社会主义思想系列研究作品之一，是天津市贯彻落实京津冀协同发展战略,以改革创新精神推动京津冀协同发展的重要理论和实践成果。在研究过程中自始至终得到了中共天津市委宣传部的大力支持,天津社联副主席、天津中国特色社会主义研究中心的袁世军主任从题目设计到框架构建都给予精心指导。以我为主要负责人的中共天津市委党校京津冀协同发展研究专项课题组,长期致力于京津冀发展理论与现实问题的研究,对京津冀区域发展问题有着深厚的学术积累和调查研究。我作为课题组组长,历任中共天津市委党校经济发展战略研究所所长、经济学教研部主任,现任中共天津市委党校教育长,曾主持完成多项有关京津冀区域发展的国家级、省部级课题,带领课题组成员参与多部《京津冀发展报告》分报告的撰写。由我及课题组成员完成的《京津冀循环产业协同创新体系研究》《非首都功能疏解与京津产业对接研究》《京津冀地区生态承载力可持续发展研究》等多篇关于京津冀协同发展的理论文章,在中文核心期刊发表。

课题组成员包括:李燕,中共天津市委党校群团教研部教授,博士。王振坡,天津城建大学经济与管理学院副院长,教授,博士,硕士研究生导师。王丽艳,天津城建大学经济与管理学院经济系教授,硕士研究生导师。刘东生,中共天津市委党校经济学教研部副教授。于明言,中共天津市委党校经济学教研部副教授,博士。罗琼,中共天津市委党校生态文明教研部副教授,博士。孙媛,中共天津市委党校经济学教研部讲师,博士。王坤岩,中共天津市委党校生态文明教研部讲师,博士。韩祁祺,硕士毕业于天津城建大学经济与管理学院,现为东北财经大学经济与社会发展研究院博士研究生。毛志仪,天津城建大学经济与管理学院硕士研究生。刘璐,硕士毕业于天津城建大学经济与管理学院,现为东华大学旭日工商管理学院博士研究生。张安琪,硕士毕业于天津城建大学经济与管理学院,现为云南大学经济学院博士研究生。张艳玲,天津城建大学经济与管理学院硕士研究生。王欣雅,天津城建大学经济与管理学院硕士研究生。

本书由我主持研究、统筹撰写,从课题设计到框架构建以及各章节把握,我与课题组成员(后附成果名单)反复修改。全书凝结了课题组大量心血和劳动,是课题组成员集体智慧的结晶。中共天津市委党校京津冀协同发展研究专项课题组承担了本书的主要写作任务,天津城建大学王振坡教授带领的城建大学课题组承担了本书的部分写作任务。在本书付梓之际,特向付出辛勤劳动的课题组成员表示衷心的感谢,其中,课题组成员王坤岩博士在课题研究和书稿撰写过程中一直与我并肩作战,几乎每一章节都饱含她辛勤的劳动。同时,还要特别感谢天津社会科学院原城市经济研究所所长韩士元研究员在本书撰写过程中给予的悉心指导和帮助。天津出版传媒集团纪秀荣同志及天津人民出版社王玚编辑在该书出版过程中都给予了无私的帮助与关心,在此一并致谢。

中共天津市委党校领导对本书的撰写与出版给予了多方面的鼓励与支持,常务副校长刘中同志、副校长徐中同志,在本书研究与编撰的过程中,均高度关注并多次悉心指导,使课题组能够始终以高度的热情、坚定的信念和严谨的态度投入到书稿的写作中。本书不仅是中共天津市委党校教学、科研、咨政工作的有效延伸,也是天津市委、市政府服从服务京津冀协同发展大局的有力体现,是天津各界共同致力于推动京津冀协同发展战略落实的集中体现。本书借鉴了同行学者专家关于京津冀问题研究的有益成果,并从一个全新的视角呈现了课题组对京津冀发展问题的全新思考,受水平限制,难免有不妥之处,欢迎读者朋友批评指正。

臧学英

2021 年 7 月